천천히 섬여행

천천히 섬 여행

초판 인쇄일 2017년 5월 16일
초판 발행일 2017년 5월 23일

지은이 변귀옥
발행인 박정모
등록번호 제9-295호
발행처 도서출판 혜지원
주소 (10881) 경기도 파주시 회동길 445-4(문발동 638) 302호
전화 031) 955-9221~5 **팩스** 031) 955-9220
홈페이지 www.hyejiwon.co.kr

기획 · 진행 엄진영
디자인 김희진
영업마케팅 김남권, 황대일, 서지영
ISBN 978-89-8379-934-0
정가 16,000원

Copyright ⓒ 2017 by 변귀옥 All rights reserved.

No Part of this book may be reproduced or transmitted in any form,
by any means without the prior written permission on the publisher.

이 책은 저작권법에 의해 보호를 받는 저작물이므로 어떠한 형태의 무단 전재나 복제도 금합니다.
본문 중에 인용한 제품명은 각 개발사의 등록상표이며, 특허법과 저작권법 등에 의해 보호를 받고 있습니다.

이 도서의 국립중앙도서관 출판시도서목록(CIP)은 서지정보유통지원시스템 홈페이지(http://seoji.nl.go.kr)와 국가자료공동목록시스템(http://www.nl.go.kr/kolisnet)에서 이용하실 수 있습니다.(CIP제어번호 : CIP2017009479)

천천히 섬 여행

산과 바다 그리고 바닷길과 갈매기가 함께 하는 힐링 로드

혜지원

머리말

쉽게 다가갈 수 없는 섬, 미지의 세계인 섬으로 떠나는 여행은 언제나 설렘과 두려움을 동반한다. 그러므로 그 희열과 성취감, 만족감은 배가 된다.

여행은 또 다른 여행을 낳는다. 깊이를 알 수 없는 짙푸른 바다위에 보석처럼 뿌려져 있는 크고 작은 섬들은 늘 꿈이었고 그리움이었다. 그 섬의 이름을 알던 모르던, 크던 작던 간에 말이다. 여행과 야생화를 좋아하다보니 우연이든 의도적이든 언제인가부터 그 그리움의 섬에 발을 들여 놓게 되었고 점점 더 섬들이 안겨주는 천태만상의 자연풍광에 빠져들게 되었다.

때 묻지 않은 순수한 자연의 모습 그대로를 선사하는 아름다운 섬으로 가는 길은 어렵고도 쉽다. 배를 타고 들어가야만 하는 만큼 바닷길이 허락하지 않으면 결코 접근할 수 없으니 그야말로 도도하기 짝이 없다. 그러나 마음씨 넉넉한 바다는 열 번 중 아홉 번 혹은 운이 좋으면 열 번 다 길을 열어준다. 결국 녹록치는 않지만 가고자하면 길은 열린다는 얘기다. 눈이 시리도록 푸른 바다와 때 묻지 않은 천혜의 자연 풍광을 덤으로 만날 수 있는 섬, 그 섬은 회색빛 도심에서 쌓인 심신의 피로를 말끔하게 날려버릴 수 있는 최적의 힐링 플레이스다.

물론 섬은 불편하다. 섬이라는 특성상 육지와 같은 번듯한 숙소나 식사를 제공받지 못할 수도 있다. 그러나 사람의 발길이 많이 닿지 않은 원시 상태의 아름다운 자연풍광을 오롯이 품을 수 있는 것만으로도 그 불편함 쯤은 충분히 보상이 되고도 남는다. 무엇보다 여느 여행지처럼 번잡스럽지 않아서 좋다. 그런 연유로 자꾸만 섬을 찾게 된다.

여행은 삶의 쉼표다. 잠시 일상을 내려놓고 유유자적 느림의 시간을 보내는 치유의 시간이다. 가끔은 낡은 거미줄에 걸린 잠자리처럼 마음의 날개를 퍼덕이며, 숨통을 조여 오는 거미줄을 벗어나 하늘을 맘껏 날 수 있기를 애타게 갈망하게 될 때가 있다. 그럴 때면 시간을 쪼개어 순수한 자연을 찾아 훌쩍 여행을 떠나게 된다. 여행은 느리게 걸을수록, 오래 머무를수록 더 많은 것을 보고 느낄 수 있거늘 늘 쫓기듯 서둘렀던 것이 아쉽다. 섬 여행은 산과 바다 그리고 바닷길과 갈매기가 더해진 힐링로드, 느리게 걸을수록 더 많은 것을 보고 더 많은 감동을 느낄 수 있다.

사실, 이 책을 쓰게 된 동기는 그동안 아름다운 섬들을 여행하면서 느꼈던 감동과 흔적을 기록으로 남기려는 마음과 여행을 떠나려는 사람들에게 유용한 정보를 제공하려는 마음에서이다. 하지만 그보다 더 큰 이유는 여행을 떠나고 싶어도 바쁜 일상으로 혹은 여건이 허락하지 않아 쉽게 떠나지 못하는 많은 사람들에게 아직 때 묻지 않은 순수한 섬이 보여주는 대자연의 아름다움과 그 길을 걸으며 느꼈던 순간순간의 즐거움들을 함께 공유하고, 함께 치유하고 싶은 마음에서였다. 주제 넘는 이야기일 수는 있으나 부족하지만 이 자그마한 한 권의 책이 좀 더 많은 사람들의 지친 심신을 치유할 수 있는 힐링의 공간이 되었으면 하는 바람이다.

피곤함에도 불구하고 흔쾌히 대한민국 구석구석으로 데려다 준 남편에게 '고맙다'는 말 대신 오히려 '내가 아니면 누가 이렇게 멋진 곳을 구경시켜 주겠느냐'는 말로 얼버무리곤 했었으나 정말 고맙고 또 고맙다. 남편이 아니면 누가 나를 허구한 날 그 많고 많은 여행지로 데려다 주었겠는가? 아마도 그 소중한 시간들은 결국 이 책을 쓰게 된 밑거름이 되었을 것이다.

서툴고 보잘것없는 여행기를 이렇게 한 권의 책으로 다시 태어나게 해주신 도서출판 혜지원 관계자 분들께 감사의 말씀을 드린다. 더불어 오랜 기간 동안 따뜻한 격려를 아끼지 않아왔던 블로그 이웃님들께도 고마움을 전하고 싶다. 끝으로 늘 옆에서 소리 없이 응원해주는 가족들에게도 진심으로 고마움을 전한다.

저자 변귀옥

목차

1
때 묻지 않은 원시의 섬
인천의 여러 섬
· 008

머리말	· 004
굴업도	· 010
승봉도	· 044
대이작도	· 069
신도 · 시도 · 모도	· 100
무의도 · 소무의도 · 실미도	· 119
세어도(細於島)	· 149

2
천혜의 해안 절경을 품은
여수의 여러 섬
· 174

하화도(下花島)	· 176
사도(沙島) · 추도(鰍島)	· 206
금오도(金鰲島)	· 238
안도(安島)	· 288

3
태곳적 신비를 간직한
통영의 여러 섬
· 312

매물도	· 314
소매물도 & 등대섬	· 350
비진도	· 371
연대도	· 396

1
때 묻지 않은 원시의 섬
인천의 여러 섬

한강의 하류, 한반도의 중서부에 위치한 인천광역시가 품고 있는 섬들은 모두 168개, 그 중에서 유인도가 33개이다. 이렇듯 서울에서 가장 가까운 인천 앞바다에 오밀조밀하게 무수히 떠 있는 크고 작은 섬들 중에서도 꼭 가봐야 할 섬인 굴업도와 승봉도, 대이작도를 먼저 소개한다. 다음으로는 수도권에서 당일치기로 쉽게 다녀올 수 있는 신도, 시도, 모도와 무의도, 소무의도, 실미도, 세어도 순으로 총 10개의 섬을 소개한다.

인천에서 남서쪽으로 약 60여km 떨어진 해상에 위치한 굴업도는 뱃길로 3~4시간이나 달려야 만날 수 있다. 비록 뱃길은 멀고 불편하지만 여느 섬에서 볼 수 없는 때 묻지 않은 청정 자연경관과 독특한 해안 절경, 멸종 위기의 야생 동·식물들을 만날 수 있다는 점만으로도 굴업도는 서해의 보석과도 같은 귀한 섬이다.

신비의 모래섬 '풀등'이 나타났다 사라지기를 반복하는 대이작도와 해안 곳곳에 기암괴석들이 늘어서 있는 승봉도는 인천에서 뱃길로 2시간이면 닿을 수 있는데도 불구하고 아름다운 자연경관과 한적함을 간직하고 있다. 무엇보다 많은 관광객들로 붐비지 않는다는 장점이 있다.

영종도에서 배로 10분이면 닿을 수 있는 삼형제의 섬, 신·시·모도와 무의도, 소무의도, 실미도 등은 수도권에서 가까운 만큼 마음만 먹으면 언제든지 훌쩍 떠날 수 있는 섬으로 수도권 최고의 섬 여행지이다.

가깝고도 먼 섬, 세어도는 하루 2회 왕복 운행하는 행정선을 타고 들어가야 하는 아주 작은 섬이다. 청정 숲길과 갈대숲, 갯벌 그리고 섬 속의 섬(소세어도)까지 도심 속의 오지 섬답게 소소한 볼거리를 제공하는 섬이다.

인천 굴업도

천혜의 자연이 빚어낸 원시의 섬

굴업도는 해식와를 품은 토끼섬 그리고 드넓은 초지와 부드러운 능선 길을 품은 느다시뿌리, 맑고 고운 모래사장을 지닌 굴업도해수욕장, 양쪽에 바다를 거느린 목기미해변, 섬 전체를 한눈에 조망할 수 있는 연평산과 덕물산 등을 비롯하여 사구습지, 해안사구, 해식지형, 붉은모래해변, 멸종 위기의 야생 동·식물, 기암절벽 등 이루 다 헤아릴 수 없을 만큼 자랑할 것이 많은 아름다운 섬이다.

해질 무렵 느다시뿌리에서는 바다와 하늘이 온통 오렌지빛 노을로 물드는 장관을 볼 수 있다. 여느 곳에서 보는 석양하고는 분명히 격이 다르니 잊지 말고 꼭 챙겨보자. 아침저녁으로 일교차가 큰 계절에는 굴업도해변의 짙은 해무가 장관이다. 해변은 바로 마을 앞에 있으니 이른 새벽 해무가 모락모락 피어오르는 이 광경도 놓치지 말자.

작아서 더 아름다운 섬 굴업도는 어느 곳이든 도보로 이동이 가능하다. 천혜의 비경을 맘껏 즐기며 거북이 걸음으로 유유자적 도심에서 찌든 심신을 치유하기에 안성맞춤이다.

굴업도 1박 2일 코스

첫째날 인천항 ··· 덕적도 ··· 굴업도 선착장 ··· 굴업도해변 ··· 토끼섬 ··· 느다시뿌리

둘째날 굴업도마을 ··· 목기미해변 ··· 덕물산 ··· 굴업도 선착장 ··· 덕적도 ··· 인천항

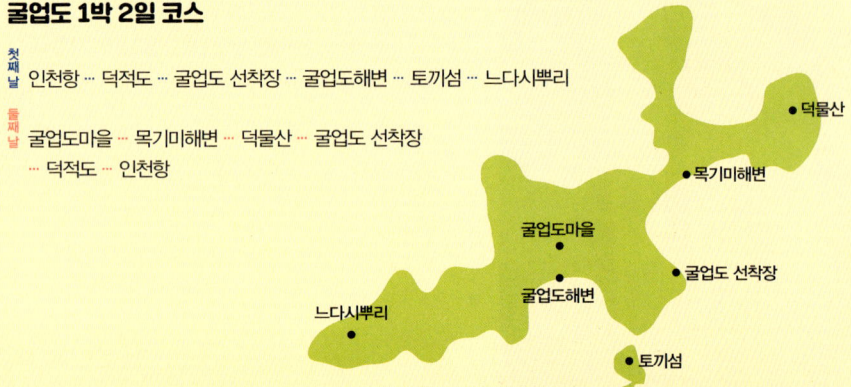

굴업도, 그 섬으로 가는 길

꽃사슴이 뛰어노는 꿈의 섬, 원시의 비경을 고스란히 간직한 섬 굴업도는 꿈이고 그리움이다. 언제든지 다시 달려가고 싶은 섬, 생각만 해도 가슴이 두근두근 방망이질을 하는 영원한 힐링 플레이스이다.

연분홍 꽃바람이 한바탕 지나가고 온 산하에 녹음이 짙어지는 유월 어느 날에 잔뜩 부푼 꽃봉오리마냥 설레는 가슴을 안고 그 섬으로 가는 길이다. 지난 5월 말부터 약 한 달 동안을 맘 졸이며 기다린 끝에 드디어 그 꿈의 섬으로 첫발을 내딛게 된 것이다. 이른 새벽에 서울을 떠나 마침내 인천항 연안여객터미널에 도착한다.

오전 9시 10분, 드디어 개찰이 시작되었다. 차례를 기다려 개찰구를 빠져나오니 선착장에는 덕적도로 향하는 쾌속선이 기다리고 있다. 가슴은 벌써부터 콩닥콩닥, 서둘러 쾌속선에 몸을 싣는다.

덕적도행 쾌속선을 타는 여행객들

오전 9시 30분, 드디어 여객선이 움직이기 시작했다. 은빛 물살을 가르며 꿈의 섬으로 향하는 뱃길, 곧 우리나라에서 가장 긴 다리인 인천대교가 그 수려한 자태를 드러내고, 우리가 탄 여객선은 미끄러지듯 그 아래를 지난다.

인천항을 출발하고 약 1시간여의 뱃길을 달린 끝에 마침내 덕적도 진리도우 선착장에 닿는다. 굴업도로 들어가는 배로 갈아타려면 약 30분 정도를 더 기다려야 한다.

대합실 앞에는 덕적도 섬 내 순회버스 2대가 늘어서 있더니 배에서 내린 몇몇 여행객들을 싣고는 곧 떠나버린다. 선착장 주변에 잠시 정적이 흐르는가 싶더니 여객선 한 척이 들어오자 방금 배에서 내린 여행객들로 다시 왁자지껄 소란스러워진다. 선착장 옆에는 아주머니들이 좌판을 벌려 놓고 갑오징어와 간재미, 소라, 게 등을 즉석에서 손질해서 팔고 있는데 지나던 여행객들은 신기한 듯 발걸음을 멈추고 구경을 하거나 싱싱한 회를 포장해가기도 한다.

1, 2, 3 덕적도 진리도우 선착장 풍경
4 굴업도행 울도선 나래호

작은 고깃배와 여객선들이 쉼 없이 드나드는 선착장에서 이런저런 풍경을 보며 시간을 보내는 사이에 굴업도로 데려다 줄 여객선 '나래호'가 나타났다. 설레는 가슴을 안고 나래호에 승선, 오전 11시 20분이 되자 드디어 굴업도를 향하여 배가 움직이기 시작했다.

굴업도로 향하는 뱃길 풍경

그렇게 바닷길을 달려 어느덧 문갑도에 닿는다. 굴업도행 '울도선'은 덕적도 인근에 있는 5개 섬을 순회하는 여객선으로, 짝·홀수일에 따라 운항 순서가 다르다. 홀수일에는 덕적도 진리도우 선착장을 떠나 문갑도를 거쳐 바로 굴업도 선착장에 닿게 된다. 하지만 짝수일에는 그 반대로 문갑도, 지도, 울도, 백아도를 거친 다음에야 굴업도에 닿게 되므로 소요시간은 약 1시간 30분 정도 더 걸리게 된다.

여객선은 다시 문갑도를 떠나 굴업도로 향하고, 아름다운 바닷길에 마음 빼앗기다 보니 어느덧 바다 위에 떠있는 굴업도 섬이 아스라이 보이기 시작한다. 심장이 멈출 듯 그 설렘은 점점 더 커져만 가고 천혜의 자연경관이 살아 숨 쉬는 꿈의 섬, 그 섬은 점점 내게로 다가온다.

'굴업도(掘業島)'라는 지명은 섬의 지형이 마치 사람이 엎드려 일하는 형상과 닮았다 하여 유래된 이름이다. 지금 배위에서 보이는 부분은 굴업도 서쪽에 위치한 섬으로, 언뜻 보기에는 개가 납작 엎드려 있는 형상으로 보인다. 그래서 이쪽 능선 이름이 '개머리능선'이라 불리는 걸까? 개머리능선은 개머리언덕 또는 '느다시뿌리'로 불리기도 한다. 한편, 오른쪽으로 보이는 섬은 굴업도 동쪽 끝에 위치하고 있어 '동뿌리'라고 불리는 섬으로, 덕물산과 연평산, 목기미해변 그리고 독특한 해안사구가 펼쳐져 있는 곳이다.

드디어 안개와 소금이 어우러져 만들어낸 비경, 활모양의 거대한 해식와(海蝕窪)를 품은 토끼섬이 왼쪽으로 보이는가 싶더니 곧 목기미해변과 연평산, 덕물산이 바로 코앞으로 다가왔다.

뱃길에서 본 굴업도 전경
1 동뿌리 - 연평산과 덕물산, 목기미해변
2 서뿌리 - 개머리능선과 굴업도해변

1 굴업도 토끼섬
2 토끼섬 해식와(海蝕窪)
3 굴업도 연평산과 목기미해변

선착장에서 본 남쪽해안

천혜의 자연이 빚어낸 화산섬 굴업도

8천만~9천만 년 전 중생대 백악기 말 화산활동으로 빚어진 화산섬 굴업도(掘業島)는 인천광역시 옹진군 덕적면에 속해 있는 섬이다. 전체면적 1.71㎢(약 52만평), 해안선길이 12㎞, 최고점은 덕물산(122m)으로 아주 작은 섬이다. 현재 굴업도에는 10여 가구의 주민들이 굴업도해변 부근에 마을을 이루어 살고 있으며, 대부분이 민박을 운영하고 있다. 또한 굴업도에는 멸종 위기 야생 동·식물 1급인 먹구렁이와 매를 비롯하여 2급인 검은머리물떼새, 애기뿔소똥구리, 왕은점표범나비 등이 서식하고 있으며 금방망이와 두루미천남성, 큰천남성 등 희귀식물들이 군락을 이루어 자생하고 있다. 한편 굴업도는

2009년에 '꼭 지켜야할 자연·문화유산'으로 선정되어 환경부장관상을 수상했으며 '제 10회 아름다운 숲 전국대회'에서도 아름다운 생명상(대상)을 수상한 바 있다.

마침내 꿈에 그리던 섬, 굴업도에 도착했다. 벅차오르는 가슴을 안고 첫발을 들여놓으니 감개무량이다. 정신을 차려보니 뱃시간에 맞춰 미리 마중을 나와 있던 민박집 트럭들이 저만치 서있는 것이 보인다. 사실 선착장에서 민박집이 있는 마을까지는 약 1.2Km 남짓, 천천히 걸어도 한 30분이면 충분히 닿을 수 있는 거리이다. 하지만 짐도 있고 초행길이니만큼 차를 타고 이동을 하는 것이 좋다.

민박집 트럭을 타는 여행객들

굴업도 선착장 풍경

트럭을 타고 마을로 들어가는 길에 가장 먼저 눈길을 끄는 것은 어둑한 숲속에 큰천남성이 군락을 이루고 있는 놀라운 광경이다. 큰천남성은 주로 남부지방의 숲속이나 서해안 섬 지역에 자생하므로 서울근교에서는 좀처럼 보기 힘든 식물인데 이렇듯 군락을 이룬 모습을 보니 눈이 저절로 휘둥그레진다.

뒤이어 때 이른 매미 울음소리가 요란하게 들려오는 길을 터덜터덜 지나다 보니 언덕 아래쪽으로 시원한 바다풍경이 장쾌하게 펼쳐지더니 이내 지붕들이 오순도순 모여 있는 굴업도 마을이 모습을 드러낸다.

큰천남성

천남성과의 다년생초본으로 제주도와 서해안 섬에서 자생한다. 짙은 녹색의 잎은 천남성에 비해 크기가 크며, 앞면에 광택이 많이 나고 뒷면은 분백색을 띤다. 꽃은 5~7월에 피고 꽃차례를 싸고 있는 불염포는 자색 또는 녹색을 띠며 자주색 줄무늬가 선명하다. 열매는 8~9월에 붉은 색으로 익는다. 두루미천남성과 함께 유독성 식물이다.

굴업도민박 회화나무와 마을 풍경

소박함이 묻어나는 굴업도 마을과 해변

마을 초입에 있는 민박집에 도착하니 제법 운치 있는 늙은 회화나무가 반기듯 서있고 회화나무 그늘 아래에는 너른 평상이 놓여있어 그 운치를 더한다. 서둘러 여장을 풀기위해 민박집으로 들어서니 푸짐하게 잘 차려진 밥상이 기다리고 있다.

이곳 민박집 주인아주머니의 음식솜씨는 여행자들 사이에 이미 정평이 나있을 정도로 수준급이다. 매끼니마다 다른 반찬으로 푸짐하게 차려지는데, 그 종류도 꽃게무침, 꽃게탕, 고사리나물, 배추김치, 우뭇가사리, 달래장아찌, 고동무침, 김국, 간재미찜, 우럭매운탕 등 종류가 매우 다양하다. 모두 굴업도 섬에서 직접 채취한 신선한 재료를 사용한다는데, 그 음식 솜씨에 반해서 이번 여행에 다시 오게 된 일행도 있을 정도다.

첫날 점심은 꽃게무침에 머윗잎쌈, 산채나물, 배추김치, 돌미역무침, 고추장아찌, 우럭매운탕 등으로 푸짐하게 한상이 차려졌다. 이른 새벽부터 먼 길을 오느라 시장했던 터에 맛있는 음식을 보니 정신이 없다. 모두들 둘러앉아 맛있게 먹고는 마을을 둘러보기 위해 밖으로 나선다.

민박집 회화나무 그늘을 벗어나니 작고 허름한 집들이 차례로 눈에 들어온다. 집 담벼락에는 민박집임을 알리는 작은 간판들이 붙어 있는데, 민박집 이름도 고씨네, 장씨네, 굴업도민박 등으로 꽤나 정겹다. 마을 초입 골목 안에는 '천주교 인천교구 굴업도 공소'가 자리하고 있어 눈길을 끈다. 이런저런 마을 풍경을 둘러보며 진홍빛 접시꽃이 반기는 마을길을 따라 굴업도해변으로 천천히 발걸음을 옮긴다.

늙은 회화나무가 서있는 굴업도민박

〰〰〰 회화나무 〰〰〰

콩과에 속하는 낙엽활엽교목으로 7~8월경에 노란색을 띤 흰색 꽃이 피는데 그 꽃의 모양은 아카시아 꽃과 흡사하다. 예로부터 잡귀를 물리치는 나무로 알려진 회화나무는 주로 궁궐이나 사찰, 서원, 지체 높은 양반가에 많이 심었으며, 회화나무를 집안에 심으면 가문이 번창하고 큰 학자나 인물이 태어난다고 하여 학자수로도 불린다. 창덕궁 돈화문 안마당에 서있는 회화나무 노거수 8그루는 천연기념물 제472호로 지정 보호되고 있다.

1 해안가 민박집 모습 2 굴업도민박 백반

1 해안사구에 핀 갯메꽃
2 굴업도해변 풍경

굴업도해변에 도착하니 드넓은 은빛 모래사장이 시원스레 눈앞에 펼쳐진다. 모래사장 왼쪽 끝자락으로는 토끼섬이 물위에 떠있고, 오른쪽으로는 해안사구 뒤로 개머리능선이 그리고 맞은편 바다 멀리에는 작은 섬들이 아스라이 떠있는 모습이 한데 어우러져 마치 한 폭의 그림을 보는 듯 아름답다.

파도와 바람소리만이 들려오는 한적한 바닷가로 내려서니, 거친 통보리사초 사이에 피어있는 연분홍 갯메꽃과 갯방풍, 갯씀바귀 등의 갯가식물들이 반기고 옆으로는 순비기나무가 모래사장에 비스듬히 누워있다. 그 뒤로는 곱디고운 모래사장 위로 신부의 드레스 자락처럼 펼쳐졌다 오므라드는 하얀 파도와 맑고 투명한 옥빛바다가 아련하게 펼쳐지는데, 그 아름다운 풍광은 한순간에 여행자의 마음을 빼앗아 버리기에 충분하다.

토끼섬 전경

국내 최장 해식와를 품은 토끼섬

청량한 바닷바람을 맞으며 사그락 사그락 천천히 모래사장을 거닐어 보니 모래가 어찌나 고운지 발자국도 남지 않는다. 하염없이 밀려오는 아름다운 파도에 넋을 빼앗긴 채 해안가 왼쪽 끝자락에 있는 토끼섬으로 천천히 발걸음을 옮긴다. 오른쪽으로는 아름다운 파도와 점점이 떠있는 작은 섬들이, 왼쪽으로는 켜켜이 신비를 품은 기암괴석들이 절경을 이루고 있다. 그 아름다운 풍경에 취해 곱디고운 모래사장을 유유자적 거닐다보니 어느덧 토끼섬에 닿는다.

간조 시에만 들어갈 수 있는 토끼섬, 다행히 바닷물이 빠져 토끼섬으로 들어갈 수 있는 길이 열렸다. 하지만 토끼섬으로 오르려면 가파른 갯바위를 기어올라야 하는데 결코 만만치가 않다. 안전을 위해 아래쪽에서 살펴보는 것으로 만족해야 할 수도 있다.

굴업도해변을 둘러싸고 있는 기암괴석들

굴업도 토끼섬에는 해식절벽 아래쪽으로 활모양으로 움푹 파인 거대한 웅덩이가 있는 것을 볼 수 있다. 깊이 3~5m, 길이 약 120m에 이르는 깊고 좁은 통로 모양의 이 웅덩이는 바닷물의 염분을 품은 소금안개와 파도가 오랜 세월동안 바위를 녹여내면서 형성된 침식지형으로 '해식와(海蝕窪)'라고 한다. 한편 굴업도의 토끼섬 해식(海蝕) 지형은 지난 2010년 4월에 국가지정문화재인 천연기념물로 지정 예고되었던 곳이나 현재는 그 효력이 소멸된 상태다.

1 거대한 해식와를 품은 토끼섬   2 토끼섬에서 바라본 느다시뿌리   3 토끼섬 해식절벽

신비의 섬 굴업도, 안개와 소금이 어우러져 빚어낸 비경은 볼수록 신기하기만 하다. 기묘하고도 신비한 해식와를 품은 토끼섬의 자연경관에 매료되어 이리 기웃 저리 기웃 서성이며 시간을 보내다보니 어느 틈엔가 굴업도 본섬과 토끼섬 사이에는 바닷물이 들어와 찰랑이고 있었다. 아뿔싸! 다시 해변으로 되돌아가려면 바닷물에 신발을 적셔야 하는 상황이 벌어지고 만 것이다. 망설일 틈도 없다. 핑계 김에 얼른 신발을 벗어들고는 하얀 파도가 밀려오는 모래사장을 거닐기 시작한다. 발가락 사이로 빠져나가는 모래알의 미묘한 감촉을 오랜만에 즐겨보는 달콤한 시간이다.

토끼섬에서 바라본 굴업도해안

굴업도해변이 내려다보이는 풍경

황홀한 구릉지, 느다시뿌리

굴업도 느다시뿌리(개머리능선)는 사방이 탁 트인 드넓은 구릉지대로, 푸른 초원이 끝없이 펼쳐져 있는 곳이다. 예전에는 섬 주민들이 땅콩을 재배하고 소를 방목하여 기르던 곳이었으나 지금은 소와 땅콩 대신 수십 마리의 꽃사슴과 염소가 뛰어다닌다. 또한 멸종 위기 야생 동물인 먹구렁이와 왕은점표범나비, 애기뿔소똥구리 등이 서식하고 있으며 희귀식물 금방망이가 대규모 군락을 이루어 자생하고 있는 야생화 동산이기도 하다.

상쾌한 바닷바람을 맞으며 유유자적 해안산책을 마친 후에는 토끼섬 반대방향에 위치한 느다시뿌리로 향한다. 느다시뿌리의 부드러운 능선길도 걷고 아름다운 노을도 감상하기 위함이다. 서해의 푸른 바다를 발아래 정원처럼 거느린 드넓은 초원지대인 느다시뿌리로 오르려면 굴업도해변 오른쪽 해안사구 끝자락에 있는 철문을 통과해야만 한다. 이 흉물스런 철문은 이곳 굴업도 땅의 대부분을 소유하고 있는 어느 대기업에서 출입을 통제하기 위해 설치해 놓은 것이라고 한다.

굴업도해변에서 느다시뿌리로 오르는 입구

해변 모래사장을 지나 거칠고 가파른 바윗길을 힘겹게 오르니 연초록빛 소사나무가 빼곡히 들어서 있는 어둑한 숲길이 이어진다. 잠시 서서 거친 숨을 몰아쉬며 뒤를 돌아보니 방금 전 거닐었던 굴업도해변의 곱디고운 모래사장과 토끼섬이 발아래 시원스레 펼쳐져 있다.

울창한 숲길을 힘겹게 오르다보니 곳곳에 큰천남성이 무리를 이루고 있는 모습이 눈길을 사로잡는다. 그 무리 중에 학처럼 우아하고 고고한 자태로 외로이 서 있는 녀석이 있어 혹시나 하는 마음으로 자세히 살펴보니 아니나 다를까 꼭 한번 만나보고 싶던 두루미천남성이다. 이 귀한 식물을 여기서 만나다니...

소사나무숲 큰천남성 군락지를 지나면서 부터는 초원지대가 시작된다. 가파른 오르막길을 힘겹게 오르자 갑자기 사방이 탁 트인 드넓은 구릉지대가 눈앞에 펼쳐지는데 탄성이 절로 나온다. 구릉지에는 푸른 초원이 끝없이 펼쳐져 있고, 그 위로 능선길이 보일 듯 말 듯 구불구불 이어져 있는 모습이 장관을 이룬다. 사방을 둘러보니 토끼섬과 굴업도해변 그리고 옥빛 바다위에 점점이 떠있는 작은 섬들이 한눈에 들어오는데 그 모습이 가히 절경이다. 눈이 시리도록 아름답다는 표현은 이런 때 쓰는 단어일게다.

~~~~~ **두루미천남성** ~~~~~

천남성과의 다년생초본으로 산림청 지정 희귀식물이다. 꽃은 5~6월에 녹색으로 피며 꽃차례를 싸고 있는 불염포(佛焰苞)는 녹색에 자주빛을 띤다. 열매는 9~10월경에 붉은 색으로 익는다. 양 날개를 펼친 듯한 독특한 형태의 잎과 불염포의 모습은 마치 날개를 활짝 펴고 서있는 한 마리의 두루미를 연상시킨다.

1 굴업도마을 뒷산으로 향하는 길
2 느다시뿌리에서 내려다 본 굴업도해변과 마을
3 느다시뿌리의 아름다운 능선길

초록빛 향이 코끝을 간지럽히는 싱그러운 능선길을 따라 거닐다 보니 희귀식물 금방망이가 초록 융단을 펼쳐 놓은 듯 대단위 군락을 이루고 있는 놀라운 광경이 눈앞에 펼쳐진다. 탁 트인 초원 위에 샛노란 금방망이 꽃이 흐드러지게 피는 늦여름에는 아마도 장관을 이룰 것이다. 바로 옆에는 멸종 위기 야생 동·식물 2급인 왕은점표범나비들이 분홍 엉겅퀴 꽃 위에 앉아 정신없이 꿀을 빨고 있다. 그런데 그 개체수가 수도 없이 많은 것이 놀랍다. 꿈의 섬 굴업도는 참으로 때 묻지 않은 자연 경관을 그대로 간직한 서해의 숨겨진 보물섬임에 틀림이 없다.

옥빛바다 위에 아련히 떠있는 크고 작은 섬들을 바라보며 수크령과 억새가 군락을 이룬 능선 길을 따라 걷다보니, 어느새 소사나무 천연림이 눈앞으로 가까이 다가왔다. 6월의 햇살이 따갑게 내리쬐는 능선 길을 걷다보니 서늘한 그늘이 반갑다. 빨려들 듯 서둘러 소사나무 천연림 그늘 속으로 들어선다.

금방망이

국화과의 다년생초본으로 제주도 한라산과 서해안 섬 및 북부지방에 드물게 서식하는 희귀식물이다. 꽃은 7~8월에 노란색으로 핀다. 굴업도 개머리능선은 국내 최대 규모의 금방망이 군락지이다.

시원한 바람이 온몸으로 스며드는 소사나무 숲 그늘에 앉아 방금 걸어왔던 길을 되짚어 보니 굴업도 먹구렁이를 닮은 구불구불한 능선 길이 한눈에 내려다보인다. 참으로 감탄이 절로 나오는 절경이다. 그 아름다운 능선 길을 내려다보며 잠시 자연 바람을 벗 삼아 달콤한 휴식을 즐긴다.

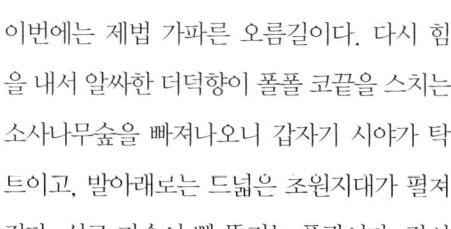

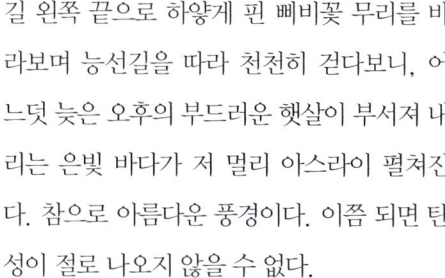

이번에는 제법 가파른 오름길이다. 다시 힘을 내서 알싸한 더덕향이 폴폴 코끝을 스치는 소사나무숲을 빠져나오니 갑자기 시야가 탁 트이고, 발아래로는 드넓은 초원지대가 펼쳐진다. 실로 가슴이 뻥 뚫리는 풍광이다. 잠시 발걸음을 멈추고 숨을 고르는 사이에 시원한 바람이 온몸을 휘감아 돈다.

길 왼쪽 끝으로 하얗게 핀 삐비꽃 무리를 바라보며 능선길을 따라 천천히 걷다보니, 어느덧 늦은 오후의 부드러운 햇살이 부서져 내리는 은빛 바다가 저 멀리 아스라이 펼쳐진다. 참으로 아름다운 풍경이다. 이쯤 되면 탄성이 절로 나오지 않을 수 없다.

느다시뿌리, 해가 늦게까지 지지 않는 곳이라 했던가? 아님, 늦게까지 해를 바라볼 수 있는 곳이라 했던가? 암튼 여린 노을빛으로

1 느다시뿌리 능선길
2 소사나무 천연림으로 가는 길
3 수크령과 억새군락지
4 소사나무 숲길
5 소사나무 숲에서 뒤돌아 본 능선 길

물들어가는 아름다운 바다가 바로 눈앞에 있고, 늦게까지 이곳에서 수평선 위로 떨어지는 해를 바라보게 될 것이다.

능선 길을 따라 천천히 서쪽 끝으로 내려가는 길에도 발목을 잡는 것들은 너무도 많다. 섬 양쪽 끝자락에 서있는 기암절벽들이 유혹을 하고 초원에는 고사리와 금방망이가 군락을 이루고 있다. 옥빛, 은빛바다가 내려다보이는 능선 길을 따라 나비처럼, 새처럼 훨훨 날아 드디어 백패킹의 성지(聖地)라고 불리는 능선 끝자락에 닿는다. 이곳 굴업도의 느다시뿌리 끝자락은 수많은 백패커(backpacker)들에게 사랑을 받는 곳이기도 하다.

옥빛 바다와 어우러진 삐비꽃

느다시뿌리 끝자락에는 기기묘묘한 형상의 바위들이 저마다의 자태를 뽐내고 있을 뿐만 아니라 여린 노을빛으로 물들어가는 바다와 기암절벽 그리고 줄기가 배배꼬인 기이한 모양의 소사나무 무리가 어우러져 장관을 이루고 있다.

부드러운 오후 햇살이 내리쬐는 푸른 초원 위에 앉아 상쾌한 바닷바람을 온몸으로 맞으며, 자연이 빚어낸 아름다운 풍광에 흠뻑 빠져보자.

유유자적 쉼의 시간을 보냈으니 이제는 다시 마을로 돌아가야 할 시간, 아쉽지만 왔던 길을 따라 천천히 걷기 시작한다. 아이스크림처럼 부드럽고 달콤한 바람이 온몸을 감싸 안는 느다시뿌리 능선 길, 황홀한 노을빛으로 물들어가는 서쪽 바다를 쉼 없이 돌아보며, 소사나무 숲길을 지나고 억새와 수크령 군락지를 지난다.

꽃사슴이 뛰어노는 느다시뿌리, 어둠이 스며드는 초원에 앉아 수평선 너머로 조금씩 몸을 숨기는 태양을 바라보며 유유자적 무지갯빛 찬란한 시간을 보내는 것으로 굴업도에서의 첫째 날 일정을 마무리 한다.

땅거미 내려앉기 시작하는 느다시뿌리를 뒤로한 채 어둑한 소사나무 숲을 서둘러 빠져 나오니 굴업도해변에는 어느새 푸른빛이 스며들고 있었다.

1 느다시뿌리 해안 절벽
2 느다시뿌리 해안의 기암괴석들
3 느다시뿌리의 낙조
4 철문과 굴업도해변

느다시뿌리의 황홀한 낙조

굴업도해변의 풍경

두 개의 바다를 거느린 목기미해변

여행 둘째 날 아침이 밝았다. 밤늦게까지 일행들과 이야기꽃을 피우느라 잠을 설치고는 물안개 피어오르는 몽환의 바다를 기대하며, 어둠이 채 걷히기도 전에 민박집을 빠져나와 마을 앞 해변으로 나간다. 허나 기대했던 몽환의 물안개는 흔적도 없고, 아쉽지만 시원한 파도소리를 벗 삼아 여명이 밝아오는 모래사장을 거니는 것으로 둘째 날 일정을 시작한다.

굴업도해변 갯바위에 서식하는 땅채송화

천천히 섬여행   34

어제는 굴업도 서쪽 섬을 둘러보았으나 오늘 일정은 동쪽 섬에 위치한 목기미해변을 지나 덕물산 정상에 오를 예정이다. 목기미해변은 선착장 앞쪽에 위치한다. 민박집에서 건강밥상으로 아침을 든든하게 먹은 후에 등산준비를 마치고는 마을을 벗어나, 어제 선착장에서 트럭을 타고 들어왔던 시멘트 포장도로를 따라 걷기 시작한다. 임도는 약간 오르막길로 이어지지만 천천히 걷다보면 오른쪽 언덕 아래로 펼쳐지는 그림 같은 바다풍광에 잠시 마음을 빼앗기게 된다. 길 왼쪽 숲에서는 큰천남성이 보석처럼 반짝반짝 거린다. 이런저런 풍광에 매료되어 유유자적 걷다보니 어느새 목기미해변이 모습을 드러낸다.

멀리 덕물산을 바라보며 은빛파도가 밀려오는 모래사장을 거닐다 보니 왼쪽으로 바다 하나가 또 나타난다. 모래사장을 중심으로 양쪽으로 바다를 거느리고 걷게 되는 셈이다. 이 독특한 모래사장 끝자락에는 연평산과 덕물산, 코끼리바위, 붉은모래해변 등이 있는 굴업도 동섬이 위치하고 있다. 결국 길게 펼쳐져 있는 이 목기미해변은 굴업도 동섬과 서섬을 이어주는 구실을 하는 모래사장인 것이다.

임도에서 바라본 굴업도해변과 느다시뿌리

섬과 섬을 잇는 독특한 모양의 해변과 아름다운 풍광에 넋을 빼앗긴 채 걷다보면 바닷바람이 만들어낸 제법 넓은 규모의 모래언덕(해안사구)이 나타난다. 통보리사초로 온통 뒤덮여 있는 해안사구에는 갯방풍, 모래지치, 순비기나무, 갯메꽃 등의 사구식물들이 서식하고 있고, 간혹 천연기념물 제326호인 검은머리물떼새의 알이 보이기도 한다. 아름다운 섬 굴업도는 야생동식물의 보고(寶庫)이며 우리가 지켜야할 소중한 자연유산이다.

검은머리물떼새들의 보금자리인 해안사구 뒤로는 1980년대까지 주민들이 살았다는 옛 마을 터가 있다. 현재도 건물 잔해들이 곳곳에 남아있는 것을 볼 수 있는데, 파란 하늘과 어우러진 풍경이 마치 영화 속 한 장면을 보는 듯 꽤나 운치 있다.

1 옛 마을 앞의 해안사구와 여행객들
2 목기미해안에서 본 연평산
3 두 개의 바다를 거느린 목기미해변
4 옛 마을 터

1 목기미해안의 기암괴석들
2 소금안개가 만들어낸 기묘한 형상의 갯바위 **3** 목기미해변 끝자락

덕물산 정상, 섬 전체를 한눈에

폐허로 변해버린 마을을 지나 언덕을 넘어가면 연평산과 덕물산으로 길이 이어진다. 하지만 다시 바닷가로 내려서 목기미해변 동쪽 끝자락으로 향한다. 모래사장 오른쪽으로는 은빛파도가 잔잔히 밀려오고, 왼쪽으로는 파도와 소금과 바람, 안개가 만들어낸 기기묘묘한 형상의 바위들이 절경을 이루고 있다. 그 해변을 따라 걷다보면 어느새 해변 끝자락이다.

발이 푹푹 빠지는 해안사구, 발걸음을 떼어 놓을 때마다 자꾸만 미끄러져 내려오는 모래언덕을 간신히 기어올라 나무들이 빼곡히 우거진 숲으로 들어선다. 숲속에는 길이 따로 보이지 않는다. 어렵게 숲을 빠져나와 언덕으로 오르니 그제야 오솔길이 나타난다. 안도의 한숨을 쉬며 주변을 살펴보니, 오른쪽으로는 덕물산 정상이, 왼쪽으로는 연평산이 그 수려한 자태를 드러낸다. 천천히 발걸음을 옮겨 덕물산 정상이 기다리고 있는 오른쪽 숲길로 접어든다.

아름다운 풍광을 즐기며 언덕을 몇 번 오르내린 끝에 다시 소사나무가 울창하게 우거진 숲길로 들어선다. 소사나무 숲길은 곧 가파른 오르막길로 이어지는데 결코 순탄치 않은 길이다. 한사람이 겨우 지날 정도로 협소하기도 하거니와 왼쪽으로는 바로 낭떠러지이기에 위험천만한 길이다.

1 덕물산 정상으로 향하는 길
2 소사나무 우거진 협소한 숲길

원시의 비경을 품은 굴업도의 최고점, 덕물산(122m) 정상에 어렵게 올라서니 숨이 멎을 듯 아름다운 자연경관이 눈앞에 펼쳐지는데, 가히 감탄이 절로 나오는 절경이다. 이제 청량한 바람이 온몸을 감미롭게 휘감는 정상에 서서 발아래 펼쳐 보이는 굴업도의 비경을 제대로 살펴보자.

굴업도 동섬과 서섬이 한눈에 내려다보인다. 왼쪽 끝으로 독특한 해식와를 품은 토끼섬이 바다 위에 떠있고, 그 옆으로 굴업도 선착장과 목기미해변, 그 뒤로 서섬의 끝자락인 느다시뿌리가 설핏 보인다. 오른쪽으로는 동섬에 위치한 연평산이 멋진 자태를 뽐내고 있고, 그 앞으로 굴업도 붉은모래해변이 수줍은 듯 살포시 모습을 드러낸다. 자연이 준 최고의 선물, 굴업도의 비경을 내려다보고 있노라니 가슴속까지 뻥 뚫리는 듯 장쾌하다.

1 덕물산 정상에서 내려다본 굴업도 서섬과 목기미해안 **2** 징싱의 여행객들

굴업도 사구습지와 붉은모래해변, 그 뒤로 보이는 연평산을 바라보며 옛 마을이 있던 곳으로 내려와 다시 목기미해변으로 접어든다. 연평산과 붉은모래해변 그리고 그 반대편 해변에 있는 코끼리바위는 아쉽지만 다음날을 기약해야 한다.

꿈같은 1박 2일간의 굴업도 여행 일정이 모두 끝났다. 느다시뿌리 능선에 샛노란 금방망이꽃 흐드러지게 피는 또 다른 계절을 기약하며 꿈의 섬 굴업도를 빠져나온다.

굴업도 주요 핵심정보

굴업도 동섬과 서섬을 이어주는 목기미해변 끝자락 해안사구 뒤쪽에 옛 마을 터가 있다. 이곳에서 길은 두 갈래로 나뉘는데 마을 터를 지나 곧장 오르면 덕물산 정상으로, 왼쪽 언덕으로 오르면 연평산으로 이어진다.

연평산 정상으로 향하는 길을 따라가다 보면 오른쪽으로 목기미연못과 붉은모래해변이 있고, 반대편 해안가에는 거대한 크기의 코끼리바위가 있다. 혹여나 시간이 부족해서 또는 체력이 따라주지 않아서 연평산 정상까지 오르는 것이 불가능하다면 코끼리바위와 붉은모래해변까지는 꼭 둘러보도록 하자.

목기미해변을 지나 연평산을 향하는 길에 만나보는 굴업도 전경은 그야말로 장관이다. 목기미해변의 독특한 풍광이 한눈에 들어올 뿐만 아니라 일 년 중 절반 동안만 물이 고여 있다는 독특한 형태의 사구습지 '목기미연못'을 만나볼 수 있다.

1 야생화 백선이 있는 풍경   2 사구습지 목기미연못
3, 4 코끼리바위
5 코끼리바위가 있는 해변 전경
6 연평산 정상으로 향하는 길   7 굴업도 해안사구
8 붉은모래해변

⊕ 굴업도 여행은 제일 먼저 인천항에서 덕적도, 덕적도에서 굴업도로 들어가는 승선권을 미리 예약하는 것으로 시작된다. 민박 예약도 빼 놓을 수 없는 필수사항이다.

⊕ 굴업도를 가려면 우선 인천항 연안여객터미널에서 덕적도행 쾌속선을 타고 덕적도에 도착한 후에 다시 '나래호'로 갈아타고 굴업도로 가야한다(※ 인천항 → 덕적도, 진리도우 선착장 → 굴업도).

⊕ 섬 여행시 신분증은 반드시 지참해야 한다.

 교통편 및 배편 정보 (2017년 4월 기준)

배편 인천항 ⇌ 덕적도

❶ **인천항 연안여객터미널에서 덕적도행**
▶ 고려고속훼리(주) www.kefship.com
  문의전화 : 1577-2891
  주소 : 인천광역시 중구 항동 7가 88(여객터미널 내)

  운항정보 및 운항시간, 요금
  - 평일 1일 2회(09:00/14:30), 주말 및 공휴일에는 1일 3회(08:00~15:00까지) 운항
  - 소요시간 약 1시간 20분
  - 요금 : 대인기준 왕복 46,000원

※ 여름철 성수기에는 증회 운항
※ 성수기에는 여객운임의 10% 할증 적용 / 인천시민 선박요금 50% 할인
※ 선박 운항시간은 변동사항이 있을 수 있으므로 반드시 사전에 확인 바람

배편 덕적도 ⇌ 굴업도

❷ **덕적도에서 굴업도행 '울도선 나래호'**
▶ 고려고속훼리(주) www.kefship.com
  문의전화 : 1577-2891

운항정보 및 운항시간, 요금

- 평일 1일 1회(11:20), 주말 및 공휴일에는 1일 2회(09:30 / 13:00) 운항
- 소요시간 약 1~2시간 30분, 출발일(짝, 홀수)에 따라 소요시간이 다름
- 요금 : 대인기준 왕복 15,000원

※ 여름철 성수기에는 증회 운항
※ 성수기에는 여객운임의 10% 할증 적용 / 인천시민 선박요금 50% 할인
※ 선박 운항시간은 변동사항이 있을 수 있으므로 반드시 사전에 확인 바람

숙소 및 식당 정보

굴업도에는 식당이 없다. 마을 가구 대부분이 민박을 하고 있으며 식사도 가능하다. 그중에서도 주인아주머니의 음식 솜씨가 일품이고 숙소도 깔끔한 '굴업도민박'을 추천한다. 섬내 마트도 없으니 필요 물품은 미리 준비해야하며 민박집에서 과자와 라면, 맥주, 식수 정도는 구입할 수 있다(숙소와 식사는 사전 예약이 필수).

굴업도민박(서인수 전 이장 댁) 032-832-7100, 010-3715-3777 ※ 백반 8,000원
장할머니 민박 032-831-7833
고씨네 민박 032-832-2820

추가 정보

굴업도행 '울도선'은 덕적도 인근에 있는 5개 섬을 순회하는 여객선이다. 짝·홀수일에 따라 운항 순서가 다르니 유의해야 한다.

홀수일에는 덕적도에서 → 문갑도 → 굴업도 → 백아도 → 울도 → 지도 → 문갑도 → 덕적도 순으로 운행하고 짝수일에는 그 반대로 운항하므로, 홀수일에는 약 1시간이 소요되나 짝수일에는 2시간 30분 정도 소요된다. 따라서 굴업도 여행은 홀수일에 들어갔다가 짝수일에 나오는 일정 편을 추천한다.

그 외에도 물때에 따라 혹은 기상여건에 따라 운항노선과 시간, 선박 운항 시간표 등이 바뀔 수 있으니 여행을 떠나기 전 사전 확인이 필수이다.

여행 참고 사이트
인천항 연안여객터미널 www.icferry.or.kr

최고의 비경을 간직한 해안 산책로와
해변에 늘어선 기암괴석들이 매혹적인 섬

봉황이 비약하는 형상을 닮은 섬 승봉도는 면적 2.22㎢, 해안선길이 9.5km에 불과한 아주 작은 섬이다. 산책로를 따라 섬을 한 바퀴 돌아보는데 걸리는 시간은 느린 걸음으로 걸어도 반나절이면 충분하다. 짧지만 최고의 해안비경을 간직한 해안 산책로와 썰물 때만 들어갈 수 있는 목섬은 섬 여행의 낭만을 더해준다. 또한 해안 곳곳에서 볼 수 있는 촛대바위와 삼형제바위, 남대문바위(일명 코끼리바위), 부채바위 등의 기암괴석들을 찾아보는 재미도 쏠쏠하다. 형형색색의 다양한 야생화들이 숨 쉬는 당산 산책로는 자연을 즐기며 유유자적 거닐기에 최적이다. 은빛 백사장이 아름다운 이일레해수욕장은 수심이 낮고 경사가 완만해서 가족여행지로 손색이 없다.

승봉도 1박 2일 코스

첫째 날 (대부도) 방아머리 선착장 … 승봉도 선착장 … 이일레해수욕장 … 당산산책로 … 부두치해변 … 해안산책로 … 목섬 … 촛대바위(삼형제바위) … 주랑죽공원 … 부채바위 … 남대문바위(일명 코끼리바위) … 마을

둘째 날 마을(산책) … 승봉도 선착장 … 대이작도

승봉도, 코끼리 바위를 찾아서

연일 기승을 부리던 살인적인 무더위도 한풀 꺾이고 아침저녁으로 제법 선선한 바람이 불어대는 8월 말에 모처럼 섬 여행을 떠나게 되었다. 이번 섬 여행은 '바다 위의 신기루'라 불리는 모래섬 '풀등'을 만나기 위한 여행으로 인천광역시 옹진군 자월면에 딸린 두 개의 섬, 대이작도와 승봉도를 들러보는 일정이다.

언제나 그렇듯이 낯선 섬으로 떠나는 여행은 심장을 두드리는 설렘으로 시작된다. 이른 새벽부터 서둘러 전철과 택시를 이용해서 시화 방조제 끝자락에 위치한 대부도 방아머리 선착장에 도착한 시간은

대부도 방아머리 선착장 내부

오전 8시 20분이다. 2주 전에 승선권 예약을 하려고 해운사에 전화를 했더니 평일에는 배표가 많이 있으니 굳이 예약을 하지 않더라도 오전 8시 30분까지만 도착하면 구입이 가능하다는 소리를 미리 듣긴 했지만 마음은 급하다. 여객터미널 안으로 들어서자마자 매표소에서 승봉도행 승선권을 구입하고 나서야 비로소 안심을 하고는 건물 밖에 있는 대기소로 나간다.

태풍이 지나간 뒤끝이라 쾌청한 날씨에 햇살은 너무도 맑고 투명했다. 푸른 바다가 내려다보이는 대기소에서 시간을 보내는 사이에 우리를 승봉도까지 데려다 줄 '대부고속훼리7호'가 선착장에 도착한다. 잠시 후 안내방송에 따라 차례로 줄을 서서 신분증과 승선권을 제시한 후에 무사히 배에 탑승, 3층 선실로 올라가 짐을 풀어 놓고는 갑판으로 나간다. 오전 9시 30분, 배가 선착장을 떠나기를 기다렸지만 무슨 이유 때문인지는 잘 들리지 않았으나 출발이 지연된다는 안내 방송이 나오고 30분 정도 흘렀을까? 비로소 뱃머리를 돌려 바다로 나가기 시작했다.

맑고 푸른 하늘과 짙푸른 바다, 곱게 부서져 내리는 햇살에 반짝이는 은빛물결, 바다 위에 떠있는 섬들, 그냥 바라만 봐도 지친 심신이 절로 힐링이 되는 치유의 시간이다. 영흥도의 야트막한 언덕 위에 서있는 거대한 크기의 풍력발전기들은 또 다른 볼거리를 제공한다. 영흥도를 지나면 반대편으로 자월도가 모습을 드러내고 그곳을 지나고 나면 뱃머리 앞쪽으로 하얀 뭉게구름 아래 길게 누워있는 승봉도가 비로소 보이기 시작한다. 한 폭의 그림이 따로 없다. 이렇듯 눈이 부시도록 찬란하게 빛나는 뱃길을 달리는 동안에 승봉도가 코앞으로 다가오고, 마침내 방아머리선착장을 떠나온 지 약 1시간 40여분 만에 승봉도 선착장에 닿는다.

1 승봉도행 여객선 **2** 영흥도 풍력발전기
 3 승봉도 선착장 모습

승봉도 선착장 전경

최고의 해안 산책로와 기암괴석을 품은 섬

승봉도(昇鳳島)는 인천광역시 옹진군 자월면에 딸린 섬으로 인천에서 남서쪽으로 약 42km 떨어진 해상에 위치하며 면적은 2.22㎢, 해안선 길이는 9.5km, 최고점은 68m이다. 약 370여 년 전에 신씨와 황씨가 고기를 잡던 중 풍랑에 밀려 이곳에 정착하게 되었다고 전하며 처음엔 이들의 성을 따서 '신황도'라 불리다가 그 후 이 섬의 지형이 마치 봉황이 비약하는 형상을 닮았다고 하여 '승봉도(昇鳳島)'로 변경되었다고 한다.

설레는 가슴을 안고 선착장에 내리니 바다 건너편으로 손에 닿을 듯 대이작도가 서있고 그 옆으로 사승봉도가 모습을 드러낸다. 선착장 부근에는 펜션이나 민박집에서 나온 픽업 차량들이 죽 늘어서 있다가 배에서 내린 여행객들을 싣고는 쏜살같이 마을로 사라진다. 선착장에서 마을까지는 도보로 약 10여분 거리다.

승봉리 마을 끝자락 '이일레해변' 바로 앞에 위치한 '바다풍경펜션'은 펜션이라기보다는 민박집 수준에 불과했다. 하지만 시원한 바다가 내려다보이는 전망만큼은 최고였다. 이일레해변의 은빛 모래사장과 바다 위에 떠있는 사승봉도, 대이작도 끝자락, 상공경도까지 한눈에 들어오는데 그 눈부신 풍광은 그야말로 탄성이 절로 나오게 된다.

펜션에서 내려다본 이일레해수욕장

해변으로 내려가기 전에 우선 식사부터 해결해야 한다. 민박집 아주머니에게 물어보니 바로 옆 '이일레펜션'에서 운영하는 식당이 있다고 해서 서둘러 내려간다. 바다가 훤히 내려다보이는 곳에 자리한 이일레식당에서는 바지락칼국수를 비롯하여 삼겹살과 토종닭, 매운탕, 백반, 오징어볶음, 활어회 등을 취급하고 있었다. 밑반찬은 알감자조림과 김치, 고추, 양파, 막장이 전부였지만 방금 조린 듯한 알감자조림의 맛은 최고였다. 바지락이 듬뿍 들어있는 칼국수의 맛도 쫄깃한 면발에 국물까지 시원해서 제법 먹을 만 했다.

1 이일레식당 바지락칼국수
2 이일레해수욕장 주변 펜션들
3 이일레해변 풍경

1 도깨비마트 앞에서 촛대바위로 가는 갈림길   2 촛대바위로 가는 순환도로

형형색색
야생화들이 발목 잡는 당산산책로

승봉도는 작아서 아름다운 섬, 걸어서 섬 한 바퀴를 도는데 서너 시간이면 충분하다. 펜션에서 나와 마을 쪽으로 가다보니 도깨비마트 앞 갈림길에 '촛대바위 2.3km'라고 쓰인 이정표가 세워져 있다. 이정표를 따라 오른쪽으로 접어들면 길은 야트막한 오름길로 이어지고 말끔하게 포장된 시멘트 도로는 곧 싱그러운 솔향기를 풍기는 소나무 숲길로 이어진다. 오른쪽으로 이일레해변이 내려다보이는 도로를 걷다보면 '솔밭펜션'이 나오는데 펜션 맞은편으로 '승봉도 산림욕장

등산로 안내판'이 서있다. 산림욕장 산책로(당산 산책로)는 시멘트포장 도로를 벗어나 안내판 뒤쪽 어둑한 송림으로 이어진다.

곧게 뻗은 해송들이 하늘을 찌를 듯이 울창하게 늘어서있는 송림 속으로 나도 모르게 빨려들 듯 스며든다. 길섶에는 흰이질풀과 무릇 꽃, 맥문동 꽃을 비롯한 이름 모를 야생화들이 피어있는데 그 주변으로는 줄딸기 덩굴이 지천이다. 아마도 이른 봄에는 온갖 야생화들로 뒤덮인 꽃길일 것이다. 늦여름 강한 햇살이 나뭇가지 사이로 스며드는 녹음 짙은 송림을 걷다보면 이름 모를 순백의 들꽃 흐드러진 숲길이 나타난다. 차마 발걸음을 떼어 놓을 수 없는 아름다운 길이다.

승봉도 산림욕장(당산 산책로) 입구

들꽃 흐드러진 당산 산책로

순백의 들꽃이 흐드러진 숲길을 지나면 산책로는 '남대문바위' 방향과 '당산 정상' 방향으로 나뉘는데 남대문바위 방향은 온갖 풀들이 우거져서 길이 잘 보이지 않을 정도이다. 비교적 길이 선명하게 드러난 당산 정상 방향으로 들어서서 조금 걷다보니 솔숲 사이로 정자 하나가 모습을 드러낸다. 정자에 오르니 탁 트인 전망은 아니지만 아쉬운 대로 나뭇가지 사이로 푸른 바다와 영흥도, 자월도 등의 섬들이 아스라이 보이고, 반대편 숲 뒤로는 사승봉도가 보이는 풍광을 선사한다.

1 당산 정자　**2** 사승봉도가 보이는 풍경

정자에서 내려오면 길은 곧 풀이 허리까지 올라오는 험난한 숲길로 바뀌고, 진한 칡꽃향기 흩날리는 그 길을 따라 계속 걷다보면 마침내 순환도로와 만나게 된다. 길은 다시 목섬과 촛대바위 방향으로 나뉜다.

1 해안산책로 입구 2 해변 풍경
3 기암괴석 뒤로 보이는 목섬과 검도

시상이 절로 떠올라, 최상의 해안산책로

오른쪽으로 부두치해변을 끼고 곧장 걷다보면 '승봉도 해안산책로'가 눈앞에 나타난다. 오른쪽으로는 눈이 부시도록 푸른 쪽빛 바다를, 왼쪽으로는 울울창창 소나무 숲을 양쪽으로 끼고 걷는 이 데크 해안산책로는 시상(詩想)이 절로 떠오를 만큼 아름다운 길이다. 목섬이 가까워질수록 곱디고운 모래로 뒤덮였던 해안은 거친 갯바위들로 채워지고 그 갯바위들은 거대한 기암괴석들로 바뀌면서 쪽빛 바다와 어우러져 최고의 해안 절경을 빚어낸다.

아름다운 해안 산책로 끝에는 정자가 하나 있고 정자 오른편으로 '목섬', 그 옆으로 '검도'가 길게 누워있다. 목섬은 아주 작은 섬으로 썰물 때만 들어갈 수 있다. 마침 썰물 때라 본섬인 승봉도와 목섬은 모래톱으로 연결되어 있다. 정자에서 목섬까지의 거리는 약 60m남짓, 1분도 채 걸리지 않는다.

목섬과 모래톱

모래톱을 지나 천천히 주변 풍광을 즐기며 목섬으로 향한다. 목섬에 닿아 뒤돌아보니 왼쪽으로는 방금 지나온 당산과 부두치해변, 해안산책로가 한눈에 펼쳐 보이고, 정면으로는 촛대바위로 향하는 데크 산책로와 파도가 드나드는 아름다운 해안, 오른쪽으로는 등대 하나가 외로이 서있는 무인도 '부도'와 그 뒤로 야생화의 천국 '풍도'가 아련하게 보인다.

1 촛대바위로 향하는 해안산책로와 해변　**2** 바다에 떠있는 풍도(오른쪽)와 부도(왼쪽)

목섬을 뒤로하고 계속 이어지는 데크 산책로를 따라 촛대바위가 있는 쪽으로 향한다. 목섬과 검도, 부도, 풍도를 비롯해서 멀리 대산항과 당진까지 아스라이 보이는 아름다운 해안 풍광은 계속 그림자처럼 따라올뿐더러 갯바위 위에 고고한 자태로 피어있는 '대나물' 꽃은 그 운치를 더한다.

전망대에서 바라본 목섬과 검도

아름다운 데크 산책로를 천천히 느린 걸음으로 걷다보니 길은 끊기고 난데없이 산 쪽에서 내려온 밧줄 하나가 죽 늘어져 있는 것이 아닌가? 올라가면 길은 이어지겠지 하는 마음으로 좀 힘들긴 했어도 곧 촛대바위를 만날 수 있다는 기대감으로 밧줄을 타고 올라갔다.

1 해인 산책로
2 능선길에서 내려다 본 바다풍광(오른쪽 끝이 목섬과 검도)

밧줄을 잡고 힘겹게 가파른 언덕을 오르니 완만한 경사길이 이어진다. 샛노란 '마타리' 꽃이 듬성듬성 피어있는 오름길을 따라 걷다가 뒤를 돌아보니 가슴 탁 트이는 바다 전망이 한눈에 들어오는데 탄성이 절로 나올 정도로 장관이다. 하지만 걷기에 좋은 길은 여기까지이다. 길은 무성하게 우거진 풀들로 점점 좁아지더니 급기야는 어디가 길인지 숲인지 구분이 안 될 정도가 되고 말았다.

어렵사리 나뭇가지와 거미줄 등을 헤치고 앞으로 전진하다보니 마침내 시야가 확 트이고 해안이 나타나더니 오른쪽 해변 끝으로 '촛대바위'가 보인다.

촛대바위해변(사진 중앙에 보이는 바위가 삼형제바위)

심형제바위가 있는 풍경

유유자적
해안산책길에 만나는 기암괴석들

안도의 한숨을 쉬며 해안으로 내려서서는 '촛대바위' 가까이 다가간다. '고생 끝에 낙이 있다'라고 했던가. 힘들게 만난만큼 반가움은 배가 됐다. 어, 그런데 우뚝 솟은 바위가 세 개나 있네? 어느 것이 촛대바위이지? 사실 '촛대바위'라고 굳게 믿었던 이 바위들은 '삼형제바위'이며 촛대바위는 뒤쪽으로 더 돌아가면 있다.

암튼 어렵게 밀림 숲을 헤치고 무사히 '촛대바위(사실은 삼형제바위)'를 만났으니 이번에는 다시 부채바위와 남대문바위를 찾아서 길을 재촉한다. 촛대바위를 뒤로 하고 해안을 따라 걷다보니 해안 끝에서 길은 막힌다. 하는 수 없이 해안가 갯바위들을 타고 넘으니 또 다른 해안이 나타난다.

왼쪽 해안 절벽 아래
삼형제바위 뒤로 보이는 촛대바위

해변 끝에서 왼쪽 길로 나가면 시멘트 포장도로와 만나게 되는데 곧장 가면 아까 헤어졌던 목섬과 촛대바위 갈림길과 만나게 되고 오른쪽으로 가면 부채바위와 남대문바위가 있는 해변에 닿게 된다. 남대문바위를 만나기 위해 오른쪽 길을 선택한다.

해안가 갯바위길

시멘트 포장도로는 완만한 고갯길로 이어진다. 고개를 하나 넘으니 초록빛 논들이 펼쳐지고 길은 해안 쪽으로 휘어지는가 싶더니 다시 해안을 끼고 구불구불 길게 이어진다. 태양은 어느새 서쪽으로 기울어 주변에 땅거미가 내려앉기 시작했고 '주랑죽공원'에 피어있는 진분홍빛 배롱나무 꽃은 마지막 햇살이 아쉬운 듯 강렬한 빛을 토해내고 있다.

1 해안 도로　**2** 공원 앞 해변(해변 끝으로 보이는 촛대바위)

해안 끝자락에 있는 '주랑죽공원'을 지나고나면 길은 다시 언덕으로 이어진다. 언덕을 내려서면 눈앞에 해변이 펼쳐지고 오른쪽 해변 끝 쪽으로 넓적한 바위가 보이는데 바로 '부채바위'이다. 부채바위가 있는 해변에 닿으니 연주황빛 노을이 내려앉아 장관이다.

부채바위를 지나면서 보면 커다란 바위가 하나 보이는데 바로 남대문바위이다. 사실 '승봉도 관광 안내도'에서는 부채바위에서 남대문바위까지의 거리가 상당히 먼 것처럼 보였는데 이렇게 가까이에 있다는 것이 놀랍기도 했다.

1 노을빛으로 물든 부채바위 해변
2 부채바위

1 남대문바위 해변
2 남대문바위(코끼리바위)

'남대문바위(일명 코끼리바위)'는 모양이 남대문처럼 생겼다고 해서 붙여진 이름이라는데 실제로 보나, 사진으로 보나 '코끼리바위'라는 이름이 더 잘 어울린다. 암튼 '남대문바위'와 '부채바위', '촛대바위'도 만났고 목섬과 어우러진 해안산책로에서 아름다운 해안 절경도 즐겼고 당산산책로에서 꽃길도 거닐었으니 이번 승봉도 여행은 대 만족이다. 이제 천천히 발길을 돌려 청명한 달빛 훤하게 비치는 언덕을 넘어 자연산회를 즐기기 위해 '이일레식당'으로 발걸음을 옮긴다.

이일레식당 자연산회

또 다른 섬을 찾아서

여행 둘째 날 아침이 밝았다. 모래섬 '풀등'을 볼 수 있는 '대이작도'로 가려면 늦어도 오전 10시 40분까지는 선착장으로 나가야한다. 아침에 일어나 어슬렁어슬렁 승봉도 마을 산책을 마치고는 느지막이 선착장으로 나간다. 어제에 이어 오늘도 날씨는 가을 날씨처럼 맑고 화창하다. 오전 10시 50분에 도착 예정이던 여객선은 그보다 20여분이 더 지나서야 승봉도선착장에 모습을 나타낸다. 그리고는 마침내 대이작도로 향하는 여객선에 몸을 싣는다.

1 마을풍경　**2** 승봉도 선착장 풍경　**3** 대이작도행 대부고속훼리7호

승봉도 주요 핵심정보

승봉도에는 마을 하나에 나지막한 당산(68m)이 하나 있을 뿐이다. 마을은 선착장에서 도보로 약 10~15분 거리에 있다. 섬을 한 바퀴 도는 순환도로는 시멘트로 말끔하게 포장되어 있으며 순환도로를 따라 섬을 돌아보는 데는 대략 3~4시간 정도 소요된다.

섬을 한 바퀴 돌아보는 방법은 두 가지가 있다. 이일레해변 입구에 있는 '도깨비마트' 맞은편 도로로 접어들어 걷다가 마을 끝에서 '남대문해변' 이정표를 따라 오른쪽으로 내려가면 해변이 나온다. 해변에서 부채바위와 남대문바위를 돌아보고 다시 되돌아 나와 언덕을 넘으면 주랑죽공원이 나온다. 이곳에서 해안 도로를 따라서 걷다가 언덕을 넘으면 해변이 나오는데 해변 끝에서 촛대바위 있는 곳까지 가려면 길은 따로 없고 해안가 갯바위를 타고 넘어야 한다. 거친 바윗길을 지나면 해변이 나오고 해변 끝에 삼형제바위와 촛대바위가 있다. 촛대바위까지 보았다면 다시 되돌아 나와 이정표를 따라 왼쪽으로 접어들면 부두치해변과 해안산책로, 목섬을 만나볼 수 있다. 이곳에서 다시 되돌아 나와 당산산책로를 돌아본 후에 마을로 돌아오는 코스와 또 하나는 도깨비마트를 지나자마자 촛대바위 이정표를 따라 왼쪽 도로로 접어들어 당산산책로를 시작으로 부채바위, 남대문바위까지 반대로 돌아보는 코스가 있다.

솔숲이 아름다운 당산산책로는 봄에는 다양한 종류의 야생화들이 발목을 잡는 길일 것 같으나 여름에는 풀이 무성해서 걷기에 힘들다. 정자까지만 돌아보고 되돌아 나오는 것이 좋다. 해안산책로에서도 목섬을 지나서 데크가 끝나는 곳까지만 갔다가 다시 되돌아 나온 후에 당산 앞에서 이정표를 따라 오른쪽 길로 접어들어 촛대바위를 찾아가는 방법을 추천한다. 촛대바위는 삼형제바위 뒤쪽에 있고 남대문 바위는 '주랑죽공원' 해변보다는 부채바위 뒤쪽으로 가면 쉽게 찾을 수 있다. 모든 바위들은 썰물 때만 해안을 따라 만날 수 있으니 이점을 특히 유의하고, 물때는 반드시 미리 알아봐야한다.

1 노을빛으로 물든 부채바위해변
2 배에서 본 승봉도 해안풍경

- 승봉도로 가려면 인천항연안여객터미널에서 대부해운이 운항하는 차도선 또는 고려고속훼리(주)에서 운항하는 쾌속선을 이용하거나 대부도 방아머리 선착장에서 대부해운이 운항하는 차도선을 이용하면 된다.
- 인천항에서 승봉도까지 쾌속선 이용시 약 1시간 15분, 차도선 이용 시에는 약 1시간 50분 정도 소요되는 반면에 선박요금은 쾌속선이 왕복 16,500원 더 비싸다. 또한 대부도 방아머리 선착장에서 출항하는 차도선은 1시간 20분 정도 소요되므로 인천항에서 출발하는 것보다 약 30분 정도 단축된다.
- 승봉도는 해안선길이가 9.5km 밖에 안되는 아주 작은 섬으로 도보로 둘러보기에도 충분한 만큼 굳이 차를 갖고 들어가지 않아도 된다. 대부분의 펜션이나 민박집에서 선착장까지 왕복 픽업 서비스를 해준다. 섬 내 대중교통편은 없다.
- 승봉도에서 2km 정도 떨어져 있는 무인도 '사승봉도'는 승봉리에 딸린 섬으로 실제로는 개인 사유지이다. 승봉도 선착장에서 낚싯배를 빌려 타고 들어갈 수 있다.

 ## 교통편 및 배편 정보 (2017년 4월 기준)

배편 방아머리 선착장 ⇌ 승봉도

❶ 대부도 방아머리 선착장에서 승봉도행

▶ 대부해운 www.daebuhw.com

문의전화 : 032-886-7813~4
주소 : 경기도 안산시 단원구 대부북동 1955번지

운항정보 및 운항시간, 요금
- 1일 1회 왕복(소요시간 약 1시간 20분)
- 대부도 출발 : 09:30
- 승봉도 출발 : 16:25
- 요금 : 대인기준 왕복 19,600원

※ 성수기에는 여객운임의 10% 할증 적용

※ 선박 운항시간은 변동사항이 있을 수 있으므로 반드시 선사 홈페이지에서 사전 확인이 필수

배편 인천항 ⇄ 승봉도

❷ 인천항에서 승봉도행

◯ 대부해운 www.daebuhw.com

문의전화 : 032-887-6669

주소 : 인천광역시 중구 항동 7가 88(여객터미널 내)

운항정보 및 운항시간, 요금

- 1일 1회 왕복(소요시간 약 1시간 50분)
- 인천 출발 : 08:00
- 승봉도 출발 : 15:50
- 요금 : 대인기준 왕복 25,200원

※ 성수기에는 여객운임의 10% 할증 적용
※ 선박 운항시간은 변동사항이 있을 수 있으므로 반드시 선사 홈페이지에서 사전 확인이 필수

배편 인천항 ⇄ 승봉도

❸ 인천항에서 승봉도행 (쾌속선)

◯ 고려고속훼리(주) www.kefship.com

문의전화 : 1577-2891

주소 : 인천광역시 중구 항동 7가 88(여객터미널 내)

운항정보 및 운항시간, 요금

- 평일 1일 1회 운항(08:30), 수요일 1일 2회 운항(08:30, 14:30)
- 토, 일 및 공휴일 1일 2회 운항(08:00~14:30)
- 소요시간 : 약 1시간 15분
- 요금 : 대인기준 왕복 41,700원

※ 성수기에는 여객운임의 10% 할증 적용
※ 선박 운항시간은 변동사항이 있을 수 있으므로 반드시 선사 홈페이지에서 사전 확인이 필수

숙소 및 식당 정보

이일레해변 주변에 있는 이일레펜션과 도깨비펜션에서 식당을 겸하고 있으며 바다로가는길목펜션과 도깨비펜션에서는 마트를 겸하고 있다.

바다풍경 010-6409-4513, 032-431-4515   승봉도바다풍경.kr
도깨비펜션(+식당) 010-9047-3770   mansoo.net
이일레펜션(+식당) 032-832-1034, 010-5238-5045   iilre.com
비치펜션 032-831-5588, 010-6434-5599   seungbongdo.co.kr
바다로가는길목펜션 032-832-2797, 010-5446-7948   seungbong.com
푸른언덕별장 010-3755-8420   greenhillhouse.co.kr

추가 정보

승봉도 여행시 주의사항
- 주말과 성수기에는 승선권 예약 필수, 신분증을 반드시 지참한다.
- 월별, 계절별, 성수기 때는 배 시간과 운항 횟수가 변동되므로 반드시 각 선사 홈페이지나 전화로 사전에 확인 후 예매해야 한다.

여행 참고 사이트
인천항 연안여객터미널   www.icferry.or.kr
승봉도   www.seungbongdo.co.kr

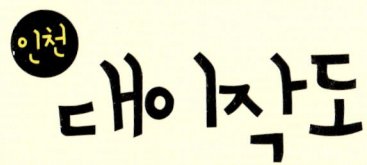

인천 대이작도

한번쯤 꼭 가봐야 하는 신비의 섬

대이작도는 바다 한가운데 길이 5km, 폭 1km에 달하는 거대한 모래사막 '풀등'이 신기루처럼 나타났다가 사라지는 신비의 섬이다.

섬 내 대중교통편이 없을 정도로 작은 섬이지만 크고 작은 해변이 4곳이나 있으며 가벼운 등산과 트레킹을 할 수 있는 산도 품고 있다. 부아산 정상에는 대이작도의 명물인 구름다리가 있으며 정상 전망대에서 내려다보는 바다는 가슴이 탁 트일 정도로 장쾌하다. 너구나 물때를 잘 맞춰서 오른다면 산 정상에서 작은풀안해변과 큰풀안해변 앞쪽으로 드넓게 펼쳐지는 모래사막 '풀등'의 모습도 한눈에 살펴볼 수 있을 것이다. 또한 대이작도와 소이작도 선착장 사이로 보이는 하트해변도 볼만하다.

한여름에 찾게 된다면 부아산 정상으로 오르는 도로변이나 장골마을에서 계남마을로 가는 도로변에 꽃분홍 배롱나무 꽃이 화사하게 핀 황홀경을 만나게 될 것이다.

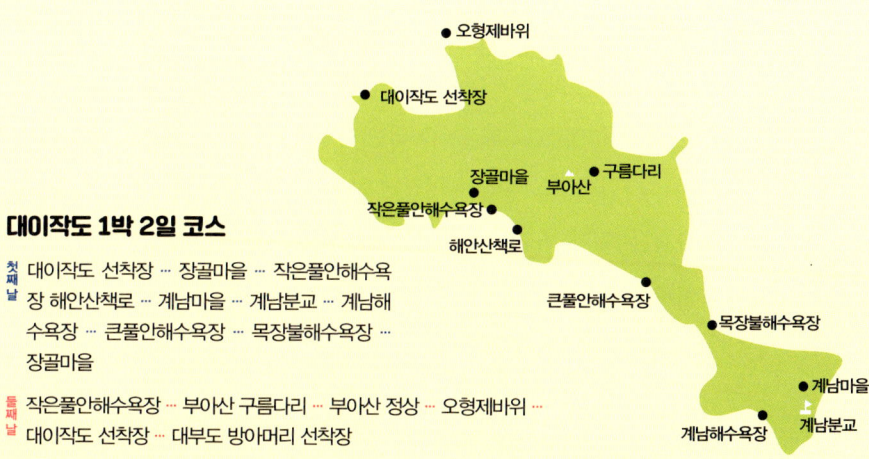

대이작도 1박 2일 코스

첫째날 대이작도 선착장 … 장골마을 … 작은풀안해수욕장 해안산책로 … 계남마을 … 계남분교 … 계남해수욕장 … 큰풀안해수욕장 … 목장불해수욕장 … 장골마을

둘째날 작은풀안해수욕장 … 부아산 구름다리 … 부아산 정상 … 오형제바위 … 대이작도 선착장 … 대부도 방아머리 선착장

바다 위에 가물가물 펼쳐지는
신기루 '풀등'을 찾아서

참으로 신기하지 않은가, 바다 한가운데 모래섬이 나타났다 사라졌다 한다니... 게다가 그 모래섬의 규모도 길이 5km에 폭 1km나 되는 어마어마한 크기다. 이쯤 되면 궁금증이 생기지 않을 수 없다. 그리고 마침내 오랫동안 품어왔던 그 궁금증을 풀 기회가 왔다. 꼭 한번 보고 싶던 그 풀등을 보기위해 여름 끝자락에 '대이작도'로 여행을 떠났다.

인천항에서 약 44km 떨어진 해상에 위치한 대이작도(大伊作島)는 인천광역시 옹진군 자월면에 딸린 섬이다. 면적은 2.57㎢, 최고봉은 188m의 송이산, 해안선 길이는 18km이다. 이작도는 옛날에 해적들이 은거한 섬이라 하여 '이적도'라 불리다가 후에 이적이 이작으로 변해 '이작도'가 되었다고 전해진다. 이작도는 대이작도와 소이작도 2개의 섬으로 나뉘어져 있으며 서로 마주보고 있다. 대이작도에는 큰마을, 장골마을, 계남마을 등 3개의 마을과 송이산, 부아산 등이 있으며 작은풀안해수욕장, 큰풀안해수욕장, 목장불해수욕장, 계남(띠넘어)해수욕장 등이 있다.

1 승봉도와 갈매기
2 배위에서 바라본 대이작도 풍경

승봉도 선착장에서 대이작도 선착장까지는 약 20여분 거리, 선착장을 떠난 배는 눈 깜짝할 사이에 대이작도 선착장에 닿는다. 선착장 매표소 옆에는 '1박2일 촬영지'라는 표지판과 해양생태계보전지역 안내문, 관광안내도 등이 늘어서 있는데 그 중에서도 대이작도 모양을 형상화한 '섬마을 선생 노래비'가 유독 눈길을 끈다. 이 기념비는 영화 '섬마을 선생'의 주제가인 이미자의 노래 '섬마을 선생님'을 기념하기 위해 세운 것이라고 한다.

1 선착장에서 바라본 부아산과 오형제바위(왼쪽해안) **2** 선착장 풍경 **3** 섬마을 선생님 노래비

1967년에 제작된 김기덕 감독의 영화 '섬마을 선생'은 서울에서 내려온 총각 선생과 섬 처녀의 사랑 이야기를 담은 영화로 당시 크게 유행했던 이미자의 노래 '섬마을 선생님'의 내용을 영화화한 작품이다. 당대 최고 인기 배우인 오영일과 문희 등이 출연했던 이 영화의 실제 촬영지가 바로 이곳 대이작도 계남마을에 있는 계남분교와 큰마을 등이라고 한다.

선착장에는 이미 펜션에서 마중 나온 승합차가 기다리고 있었다. 서둘러 사진 몇 장을 담고는 승합차에 오르니 자동차는 쏜살같이 달리기 시작한다. 구불구불 이어지는 해안 도로를 따라 큰마을을 지나고 고개를 하나 넘은 후에 마침내 '작은풀안해수욕장' 앞에 위치한 장골마을에 닿는다. 하룻밤 묵었던 '풀등펜션'은 해변 앞 나지막한 언덕 위에 있기는 했지만 소나무 숲이 앞을 가려 바다가 보이지는 않았다. 하지만 펜션은 대체적으로 깔끔했으며 대를 이어 운영한다는 주인아주머니도 굉장히 친절했거니와 작은풀안해수욕장이 엎어지면 코 닿을 정도로 가까이 있어서 대만족이었다.

작은풀인해수욕장

신비의 모래섬, 풀등이 보이는 작은풀안해변

장골마을 앞에 위치한 '작은풀안해수욕장'은 관광객들이 가장 많이 찾는 해수욕장으로 신비의 모래섬 '풀등'을 가까이서 살펴볼 수 있는 곳이다. 해변 왼쪽으로 해안을 따라 데크 산책로가 조성되어 있으며 산책로 중간쯤에는 약 25억 1천만 년 전에 생성되었다는 '대한민국 최고령 암석'을 만날 수 있다. 데크 산책로 끝에 서있는 정자에서는 풀등과 사승봉도, 큰풀안해수욕장 등이 한눈에 조망된다. 또한 물이 맑고 경사가 완만하여 가족단위의 여행객들에게도 제격이며 간조시에는 고동과 바지락, 조개, 낙지, 게 등을 잡을 수 있을 뿐만 아니라 해수욕장 뒤쪽으로 해송 숲과 화장실, 샤워장, 음수대 등의 편의시설이 있어 야영도 가능하다.

풀등은 썰물 때 약 3~4시간 수면 위로 나타났다가 밀물 때 사라지는 신비한 모래섬으로 이곳 섬사람들은 '풀등' 혹은 '풀치'라고 부른다. 조수간만의 차가 큰 사리 때는 길이 5km, 폭 1km의 거대한 모래벌판이 그 모습을 드러내 장관을 이룬다.

뒤로는 길게 펼쳐져 있는 은빛 모래해변을, 오른쪽으로는 은빛 파도 넘실거리는 바다를 보며 걷는 해안산책로는 마냥 걸어도 좋은 길이다. 게다가 산책로 중간에 우리나라에서 가장 오래되었다는 '최고령 암석'까지 관찰 할 수 있으니 금상첨화가 아니겠는가... 사실 이 해안산책로는 해질 무렵 강렬한 빛을 토해내며 서쪽 수평선 아래로 사라지는 석양을 보기에도 좋고, 날이 샐 무렵 환상적인 여명으로 물드는 바다와 하늘을 바라보며 가볍게 산책하기에도 그만이다.

1 해안산책로 2 대한민국 최고령 암석(사진 왼쪽)

1 해안산책로와 정자
2 큰풀안해변과 계남해변

정자에 앉아 시원한 바다풍광을 즐긴 후에 '풀등마차식당'으로 자리를 옮겨 시원한 바지락칼국수와 돈까스로 점심을 해결했다. 작은풀안해변에 위치한 이 식당은 자연산회를 비롯하여 꽃게탕과 동태탕, 간재미무침, 해삼무침, 파전 등과 해삼비빔밥, 꽁치백반, 육개장, 칼국수 등의 메뉴가 있다.

1 해안가의 풀등마차식당
2 풀등마차식당 바지락칼국수

계남마을 포구

영화 '섬마을선생'의 촬영지, 계남분교

바닷가 산책을 마치고는 펜션 픽업서비스를 이용해서 계남마을로 이동을 한다. 장골마을에서 도로를 따라 몇 번의 오르막과 내리막을 오르내린 후에 계남마을 끝자락에 도착하니 세련되고 멋스런 카페가 눈길을 확 잡아끈다. 세상에나 이렇게 예쁜 카페를 여행객들의 출입이 잦은 선착장 부근도, 장골마을도 아닌 섬의 끝자락 외딴 마을에서 만날 수 있다니… 순간 뜨거운 감동이 밀려온다.

1 팽나무카페　**2** 카페 앞 팽나무 노거수

카페 앞에는 작은 포구까지 있어 운치를 더한다. 섬마을 작은 포구와 노거수 팽나무, 예쁜 카페 그리고 1960년대 영화 '섬마을선생'의 추억이 버무려진 아련한 풍경은 여행자의 가슴을 설레게 하기에 충분하다.

수백 년은 묵었음직한 아름드리 팽나무 두 그루가 수문장처럼 버티고 서있는 카페로 들어서자 작은 소품 화분들이 아기자기한 분위기를 더한다. 헌데 카페는 텅 비어있었다. 혹시나 해서 흔적을 찾아보았지만 역시나 주인 없는 빈 집이다. 허탈한 마음을 안고 되돌아서려는데 전화번호를 하나 발견했다. 얼른 전화를 해보니 2~3분 안에 달려오겠다는 목소리가 수화기 너머에서 들려온다. 주인 없는 카페에 잠시 앉아 있노라니 금방 주인이 달려왔고, 다행스럽게도 멋진 카페에 앉아 향긋한 핸드드립 커피와 시원한 음료를 마실 수 있었다.

이곳 '팽나무카페'와 펜션을 함께 운영하고 있는 주인장은 '계남분교' 졸업생으로 영화 '섬마을 선생'이 촬영될 당시에는 엄마 등에 업혀 다닐 정도로 어렸다고 하는데 섬마을에서는 좀처럼 보기 드문 멋쟁이일 뿐만 아니라 엄청 친절하기까지 했다.

계남분교로 올라가는 계단은 바로 카페 옆 포구 쪽에 있다. 좁디좁은 시멘트계단을 오르니 예전 운동장으로 사용했음직한 빈터에는 무성하게 자란 잡초들이 빼곡하게 뒤덮고 있어 어디가 길이고 운동장인지 구분이 어려울 정도이다. 바다가 내려다보이는 그 풀밭 한쪽 귀퉁이에는 '섬마을 선생'의 촬영지임을 알리는 기념비가 세워져 있다.

1 풀이 무성하게 우거진 계단 **2** 영화 '섬마을 선생' 기념비

분교 건물로 오르는 계단을 풀덤불 속에서 겨우 찾아내어 힘겹게 오르니 다 쓰러져가는 낡은 건물이 보인다. 이 작은 건물은 교사 숙소였던 것 같은데 오랫동안 방치된 듯 꽤나 흉물스럽다. 작은 건물 옆으로는 그네를 매어놨던 녹슨 철제 지지대가 서있고 그 뒤로 하얀 건물이 하나 보인다. 풀을 헤치고 들어서니 예전 교

실로 사용했던 건물이다. 복도의 마룻바닥은 형편없이 망가져 있었다.

비록 먼지는 뽀얗게 쌓여있고 마룻바닥은 군데군데 꺼진데다가 누가 갖다 버렸는지 모를 낡은 소파와 헌 의자, 가구 등이 뒹굴기는 했지만 창틀 사이로 오후 햇살 환하게 부서져 들어오는 낡은 교실과 낙서투성이의 칠판을 보니 마치 타임머신을 타고 어린 시절로 되돌아간 듯 감회가 새롭다.

아이들의 천진난만한 웃음소리를 뒤로 한 채 계남마을을 지나고 언덕을 넘어 마을 반대편에 있는 계남해변에 닿는다. '띄넘어해수욕장'이라고 부르기도 하는 계남해변 맞은편 바다 위에는 엎어지면 코 닿을 듯 가까이 사승봉도가 자리한다. 해변으로 내려가는 길에는 진분홍 배롱나무 꽃이 한창이다. 늦여름 햇살 아래 반짝반짝 현란한 빛을 발하는 배롱나무 꽃과 푸른 바다 그리고 작은 섬이 한데 어우러진 풍광은 보이는 그대로 액자 속 한 폭의 그림이 된다. 푸른 바다 위로 부서져 내리는 은빛 햇살을 뒤로 한 채 장골마을로 향하는 아스팔트길로 접어든다.

1 도로에서 내려다본 계남마을 전경
2 사승봉도가 보이는 계남해변 입구

계남마을에서 장골마을까지는 약 2.5km, 올 때는 펜션 픽업서비스를 이용해서 곧장 왔지만 갈 때는 구경할 곳이 많다. 섬마을 같지 않은 세련된 분위기의 전원주택과 펜션들이 옹기종기 들어서 있는 계남마을을 지나 고개를 하나 넘으니 진분홍빛 배롱나무 꽃이 길 양옆으로 늘어서 있는 황홀한 꽃길이다. 오른쪽으로는 푸른 바다가 넘실거리고 앞으로는 화사한 꽃길이 끝없이 이어지는 도로를 걷다 보니 어느새 도착한 곳은 오른쪽으로는 목장불해수욕장을, 왼쪽으로는 큰풀안해수욕장을 거느린 지점이다.

1 배롱나무 꽃길 **2** 도로에서 바라본 해변 풍광

우선 큰풀안해수욕장으로 먼저 들어섰다. 길게 펼쳐진 모래사장 뒤로 작은풀안해수욕장에 있는 정자가 아스라이 보인다. 큰풀안해수욕장은 이곳 대이작도에서 가장 큰 해수욕장으로 맑고 고운 모래가 길게 펼쳐져 있는데다 경사가 완만하고 수온이 높아 한적함을 즐기려는 가족단위의 여행객들에게 제격이며, 간조 시에는 고동, 낙지, 게 등을 잡을 수 있다.

큰풀안해수욕장

목장불해수욕장은 바다 건너편의 승봉도 선착장과 마을을 마주보고 있는 곳으로 자갈과 모래가 섞인 초승달 모양의 해변이다.

목장불해수욕장

늦은 오후의 햇살이 긴 그림자를 늘어뜨리는 찬란한 시간, 목장불해변을 지나 양 옆으로 초록빛 짙은 활엽수와 소나무들이 빼곡하게 늘어서 있는 구불구불한 아스팔트길을 얼마나 걸었을까? 나지막한 고개를 몇 번인가 넘고 또 넘어 마침내 장골마을에 도착한다.

장골마을로 향하는 길

1 해질녘의 작은풀안 해안산책로
2 해안산책로 정자에서 바라본 일몰풍경

작은풀안해변에서 보는 황금빛 낙조

태양이 서쪽으로 기운지는 이미 오래되었다. 펜션으로 들어가 짐을 내려놓기가 무섭게 다시 작은풀안해수욕장으로 내려간다. 해안산책로 끝에 있는 정자에서 낙조를 보기 위함이다. 데크 산책로를 지나 정자로 가면서 보니 조금 전에 다녀온 계남해수욕장 위에는 보름달이 둥실 떠있다. 서쪽 하늘에서는 붉은 태양이 황금빛 긴 그림자를 바다 위에 늘어뜨린 채 점점 수평선 아래로 기울더니 마침내 여린 오렌지빛 노을만을 남기고는 이내 자취를 감추고 말았다. 구름 한 점 없는 민숭민숭한 하늘로 인해 비록 환상의 노을은 아니었지만 차분하게 마지막 태양을 바라보며 하루 여정을 마무리하기에는 충분했다.

작은풀안해변 새벽 여명

여행 둘째 날, 부아산 전망대에 오르다.

어느덧 여행 마지막 날의 아침이 밝았다. 오늘 일정은 부아산 정상에 올라 풀등의 모습을 살펴본 후에 곧바로 선착장으로 내려갈 예정이다. 대부분의 짐은 펜션 아주머니에게 배 시간에 맞춰서 선착장까지 옮겨달라는 부탁을 하고는 물과 비상물품만 챙겨서 부아산 정상으로 향한다.

작은풀안에서 바라본 풀등

오전 10시, 펜션에서 나오는 길에 작은풀안해수욕장 쪽을 내려다보니 벌써 제법 넓은 규모의 풀등이 모습을 드러낸 것이 아닌가. 갑자기 마음이 급해지고 발걸음도 덩달아 빨라진다. 장골마을에서 부아산까지 오르는 길은 아스팔트로 말끔하게 포장이 되어 있는데다 완만한 오름길로 이어져 있어서 걷는 데는 그리 힘들지 않다. 방향은 전날 선착장에서 들어왔던 길을 되짚어서 올라가면 된다.

언덕을 오르는 길에 도로 양옆으로 서있는 보호수 두 그루를 만나게 된다. 이 보호수들은 각각 수령 약 250년(암나무)과 350년(숫나무) 된 적송으로, 삼신할미의 약수물 덕분에 아들을 얻은 어느 부부가 아들의 다복과 다산, 장수를 기원하기 위해 암, 수 소나무 다수를 심었다는 설화가 전해진다. 이 두 그루의 보호수를 지나면 바로 삼신할미 약수터가 나타난다. 이 '삼신할미약수터'는 고려 때부터 병을 고치고 소원을 이루어주는 정한수(井-水)와 아기를 점지하고 보호해주는 생명수로 여겨져 왔다고 한다. 물맛 또한 좋고 수량도 풍부하니 득남을 원하는 사람들은 삼신할미의 약수를 마시고 주변에 소나무 묘목을 심어보라는 안내 표지판이 세워져 있다. 삼신할미의 약수를 마시려면 데크 계단을 내려서서 다리를 건너야 한다.

1 보호수(수령 약 350년)　**2** 약수터로 내려가는 데크 계단

삼신할미 약수터를 지나 곧장 도로를 따라 올라가면 장골고개에 닿게 되고 오른쪽으로 이정표가 보인다. 이 고개에서 곧장 가면 대이작도 선착장으로 나가게 되고 오른쪽 길로 접어들면 부아산 정상으로 오르게 된다. 이정표는 바로 옆에 있는 섬 '승봉도'와는 다르게 비교적 잘 되어 있어서 길 찾기에 별 어려움이 없다. 부아산 정상까지 0.9km 남았다는 이정표를 따라 오른쪽 길로 접어들자 진분홍 배롱나무 꽃이 활짝 피어 여행객을 반긴다. 그러지 않아도 따갑게 내리쬐는 늦여름 햇살로 조금 힘들었던 터에 흐드러진 꽃을 보자 기운이 절로 솟아난다.

부아산 등산로

구불구불 이어지는 도로를 따라 걷다 보니 어느덧 부아산 입구에 다다랐다. 장골마을에서 이곳까지 약 1km 남짓, 천천히 걸어도 30분이면 넉넉하다. 길은 이곳에서 3갈래로 나뉜다. 왼쪽 언덕으로 오르면 구름다리를 지나 정상으로 향하게 되고 곧장 앞으로 향하면 휴게쉼터와 전망 데크를 돌아볼 수 있다.

바다위에 솟아오른 풀등

쉼터에는 양쪽으로 전망 좋은 두 개의 정자와 벤치, 운동기구 등이 갖춰져 있다. 한쪽 정자에 서면 승봉도와 부아산 정상, 구름다리를 비롯하여 푸른 바다가 발아래 굽어보이고 반대쪽 정자에 서면 송이산 정상과 승봉도, 사승봉도를 비롯하여 바다 한가운데 불쑥 솟아오른 광활한 모래벌판 '풀등'이 시야에 확 들어온다.

1 휴게쉼터 전망대 정자1
2 사승봉도와 풀등

1 부아산 정상으로 오르는 계단
2 부아산 구름다리

대이작도의 명물, 부아산 구름다리

드디어 대이작도 여행의 하이라이트라고 말할 수 있는 부아산 정상으로 향한다. 좀 전의 갈림길로 다시 되돌아가서 가파른 오름길을 따라 천천히 언덕을 오르기 시작한다. 급경사의 데크 계단을 오른 후에 이어지는 평탄한 산책로를 따라 걷다보면 빨강색 구름다리가 모습을 드러낸다. 이른 새벽 안개가 자욱할 때 신선들이 세인의 눈을 피해 걷는다고 전해지는 '부아산 구름다리'는 대이작도의 8경 중 하나이자 이 섬의 명물이기도 하다.

구름다리를 건너면 팔각정과 5기의 봉수대들이 늘어서 있는 것이 보인다. 정자에 올라 풀등과 승봉도, 소이작도 등을 감상하며 잠시 땀을 식힌 후에 부아산 정상과 전망대가 있는 쪽으로 발걸음을 옮긴다. 봉수대를 지나자마자 갈림길이 나오는데 곧장 가면 정상으로 향하는 길이고 왼쪽의 내리막길은 선착장으로 내려가는 길로 '오형제바위'를 보려면 이곳으로 내려가면 된다.

길옆에 우뚝 서있는 작은 키의 소나무를 지나면 곧바로 날카로운 바위들이 죽 펼쳐져 있다. 여기서부터는 좀 난코스로 발을 헛딛지 않도록 주의를 기울여야 한다. 오르기 험한 곳이지만 이곳에서 내려다보이는 모습은 또 다른 감동을 전한다. 발아래 굽어보이는 아름다운 풍광들을 감상하며 조심조심 앞으로 전진 하다 보면 해발 162.8m이라고 쓰인 부아산 정상석이 보인다.

1 부아산 정자
2 부아산 정상석

1 대이작도와 소이작도 사이의 하트해변 **2** 전망대로 향하는 바윗길

하트해변과 풀등, 환상적인 절경이 펼쳐지는 부아산 정상

정상에 서서 내려다보는 주변 경치가 참으로 아름답다. 대이작도와 소이작도가 마주보고 있는 하트 모양의 해안도 매혹적일 뿐만 아니라 바다를 가르고 불쑥 솟아오른 신비의 모래섬 '풀등'과 장골마을, 대이작도의 최고봉인 송이산, 마치 봉황이 비약하는 것처럼 보이는 승봉도 등이 파노라마처럼 펼쳐지는데 이루 형언할 수 없을 만큼 환상적이다. 하지만 이것이 다는 아니다. 마지막 전망대 하나가 더 남았으니 날카로운 기암괴석들이 길을 막더라도 힘을 내서 조심스럽게 앞으로 전진한다.

마침내 마지막 관문을 지나 전망대에 올라서니 가까이 소이작도와 승봉도를 비롯하여 모래섬 풀등, 사승봉도, 자월도, 무의도, 영흥도, 덕적도, 소야도, 문갑도, 선갑도 등 인천 앞바다에 떠있는 크고 작은 섬들이 한눈에 들어온다. 소이작도와 대이작도 사이의 하트해변이 뿜어내는 아름다움은 여기까지 힘들게 올라온 노고에 대한 보상이고 자연이 주는 달콤한 보너스이다.

전망대에 서서 이런저런 풍광들을 내려다보고 있노라니 늦여름 햇살이 뜨겁게 내리쬐고 있음에도 불구하고 시원한 청량음료 한잔을 마신 듯 톡 쏘는 상쾌함이 밀려온다. 그리고 왜 승봉도를 봉황이 비약하는 형상을 닮았다고 하는지 그 깊은 뜻을 비로소 알 것 같다. 정말 신기하게도 이곳에서 내려다보는 승봉도의 전체적인 모습은 영락없이 커다란 새 한 마리가 힘차게 날아오르려는 모습 그대로다.

전망대에서 바라본 승봉도

1 부아산 전망대
2 이정표
3 부아산 정상에서 내려오는 숲길

전망대를 뒤로하고 거친 바위 능선길을 따라 왔던 길을 되짚어 간다. 팔각정과 봉수대가 보이는 갈림길까지 내려와서는 오른쪽 내리막길로 접어든다. 길섶으로 등골나물과 뚝갈 등의 소박한 야생화들이 반기는 조붓한 숲길을 지나면 녹음이 짙은 활엽수와 소나무들이 울창하게 늘어서 있는 내리막길로 이어지고 길은 다시금 평탄한 오솔길로 접어든다. 싱그러운 풀향기가 코끝을 스치는 조붓한 오솔길은 참으로 걷기에 좋은 길이다. 상쾌함이 아련하게 밀려오는 숲길을 걷다보면 선착장에서 부아산 정상으로 오르는 임도와 만나게 된다. 평탄한 임도를 따라 걷다보면 곧 갈림길이 나오는데 '오형제바위'로 가려면 이정표가 가리키는 오른쪽 방향으로 접어들어 계단을 올라야 한다.

1 해안 산책로와 정자 **2** 오형제바위

슬픈 전설을 품은 오형제바위

언덕을 오른 후에 숲길을 따라 걷다보니 순백의 야생화가 흐드러진 꽃길이 이어진다. 이 꽃길을 지나면 내리막길로 이어지고, 소나무 숲길을 따라 내려가다 보면 마침내 데크 산책로가 나온다. 이정표를 따라 걷다보면 나뭇가지 사이로 대이작도 큰마을과 선착장, 소이작도 등이 차례로 모습을 보인다. 그 길 끝에서는 팔각정자를 만나게 된다. 정자가 있는 곳으로 내려서면 오른쪽으로 기암괴석들이 우뚝 서 있는 것이 보이는데 이것이 바로 '오형제바위'이다.

이 바위에는 다음과 같은 전설이 전해진다. 먼 옛날, 생계를 위해 악천후에도 불구하고 고기를 잡으러 바다로 나갔던 부모님이 며칠이 지나도록 돌아오지 않았다고 한다. 그러자 오형제들은 밤낮을 가리지 않고 슬피 울며 부모님을 애타게 기다리던 끝에 결국은 죽어서 망부석이 되었다는 슬픈 이야기이다.

팔각정자에 앉아 있노라니 파노라마처럼 펼쳐지는 큰마을과 선착장, 소이작도 등이 한눈에 들어온다. 살랑거리는 바닷바람을 맞으며 긴 휴식을 취한 후에 슬픈 전설을 품은 '오형제바위'를 남겨두고 다시 되돌아 나온다. 다양한 수종의 활엽수와 소나무가 빼곡하게 늘어서 있는 데크 해안산책로를 따라 오르내리다 보면 큰마을이 나온다. 인천남부초등학교 이작분교장을 지나 구불거리는 해안 도로를 따라 걷다보면 선착장에 닿게 된다.

산책로에서 바라본 소이작도

1 해안 산책로
2 대부도행 여객선

대이작도 주요 핵심정보

대이작도는 썰물 때 나타났다가 밀물 때는 신기루처럼 사라지는 광활한 모래벌판 '풀등'으로 유명한 섬이다. 풀등 또는 풀치라 불리는 이 모래섬은 조수간만의 차가 큰 사리 때는 길이 5km, 폭 1km의 거대한 모래사막으로 변한다고 한다.

대이작도의 명물 '구름다리'가 있는 부아산 정상 부근까지는 도로가 조성되어 있어 쉽게 정상까지 오를 수 있다. 부아산 정상 전망대까지 가려면 날카로운 암석지대를 지나야 하므로 안전에 특별히 유의해야 한다. 부아산 정상에서 내려다보는 풍광이 뛰어나다. 특히 바다 한가운데 길게 솟아오른 풀등의 독특한 자태는 보는 순간 탄성이 절로 터져 나올 만큼 감동적이다. 부아산 정상은 대이작도에서 꼭 가봐야 할 곳이다.

영화 '섬마을선생' 촬영지인 '계남분교'는 거의 방치되다시피 해서 흉물이나 다름없는데다 여름에는 풀이 무성해서 입구도 찾기 힘들다. 분교로 올라가는 길은 계남마을 끝에 있는 '팽나무카페'를 바라보고 왼쪽으로 좁은 계단이 있는데 이 계단을 따라 올라가면 된다.

작은풀안해변 새벽 여명

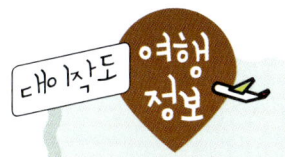

⊕ 대이작도로 가려면 인천항 연안여객터미널에서 대부해운이 운항하는 차도선 또는 고려고속훼리(주)에서 운항하는 쾌속선을 이용하거나 대부도 방아머리 선착장에서 대부해운이 운항하는 차도선을 이용하면 된다.

⊕ 대이작도는 섬 내 대중교통편이 없고 대부분의 펜션이나 민박집에서 선착장까지 왕복 픽업 서비스를 해준다.

교통편 및 배편 정보 (2017년 4월 기준)

배편 방아머리 선착장 ⇌ 대이작도

❶ 대부도 방아머리 선착장에서 대이작도행

○ 대부해운 www.daebuhw.com

문의전화 : 032-886-7813~4
주소 : 경기도 안산시 단원구 대부북동 1955번지

운항정보 및 운항시간, 요금
- 1일 1회 왕복(소요시간 약 1시간 40분)
- 대부도 출발 : 09:30
- 대이작도 출발 : 15:50
- 요금 : 대인기준 왕복 19,600원

※ 성수기에는 여객운임의 10% 할증 적용
※ 선박 운항시간은 변동사항이 있을 수 있으므로 반드시 선사 홈페이지에서 사전 확인이 필수

배편 인천항 ⇌ 대이작도

❷ 인천항에서 대이작도행

○ 대부해운 www.daebuhw.com

문의전화 : 032-887-6669
주소 : 인천광역시 중구 항동 7가 88(여객터미널 내)

운항정보 및 운항시간, 요금

- 1일 1회 왕복(소요시간 약 2시간 10분)
- 인천 출발 : 08:00
- 대이작도 출발 : 15:30
- 요금 : 대인기준 왕복 25,200원

※ 성수기에는 여객운임의 10% 할증 적용
※ 선박 운항시간은 변동사항이 있을 수 있으므로 반드시 선사 홈페이지에서 사전 확인이 필수

배편 인천항⇌대이작도

❸ 인천항에서 대이작도행 (쾌속선)

◐ 고려고속훼리(주)　www.kefship.com

문의전화 : 1577-2891

주소 : 인천광역시 중구 항동 7가 88(여객터미널 내)

운항정보 및 운항시간, 요금

- 평일 1일 1회 운항 (08:30), 수요일 1일 2회 운항(08:30, 14:30), 금, 토, 일 및 공휴일 1일 2회 운항 (08:00~14:30)
- 소요시간 : 약 1시간 35분
- 요금 : 대인기준 왕복 41,700원

※ 성수기에는 여객운임의 10% 할증 적용
※ 선박 운항시간은 변동사항이 있을 수 있으므로 반드시 선사 홈페이지에서 사전 확인이 필수

숙소 및 식당 정보

대이작도는 승봉도와 달리 제대로 갖춘 마트를 찾기 힘들다. 생필품과 기타 필요한 물품은 육지에서 구입하는 것이 좋다. 대부도 방아머리 선착장에 김밥과 컵라면, 토스트 등을 함께 판매하는 카페와 매점이 있다.

· 장골마을 작은풀안해변 인근

풀등펜션	032-834-6161, 010-3127-3945	이작도펜션.kr
해림펜션	032-833-3945, 010-6322-3945	해림펜션.kr
다올펜션	010-4748-0654	myijakdo.com/daol
테라스의아침	032-831-1195, 010-9135-1105	morningterrace.kr
해오름	032-891-6939, 010-4357-4471	myijakdo.com/haeoreum
수국민박	032-834-7582, 010-9700-7582	suguk.co.kr
풀등마차식당	010-6322-3945	

· 계남마을 계남해변 인근

팽나무 펜션 & 카페 010-8926-6846

· 선착장 부근

이작횟집 032-834-9944

추가 정보

대이작도 여행시 주의사항
- 주말과 성수기에는 승선권 예약 필수, 신분증을 반드시 지참한다.
- 월별, 계절별, 성수기 때는 배 시간과 운항 횟수가 변동되므로 반드시 각 선사 홈페이지나 전화로 사전에 확인 후 예매해야 한다.

여행 참고 사이트
인천항 연안여객터미널 www.icferry.or.kr
대이작도 www.myijakdo.com

인천 신도·시도·모도

산과 바다, 추상적인 조각 작품들이 어우러진 섬

수도권 최고의 드라이브 코스, 당일치기로 딱 좋은 섬 여행. 아무 계획 없이 훌쩍 떠나도 좋은 섬. 이보다 더 좋을 수는 없다. 그날의 날씨는 어떨까? 배편은 어떻게 되지? 혹여나 태풍이 불어서 배가 결항되지는 않을까? 먼 길 어렵게 갔는데 배를 놓치면 어쩌지? 잠은 어디서 잘까? 어떤 여행이든 마찬가지겠지만 날씨 걱정부터 숙박, 배편 예약까지 미리미리 서둘러서 준비해야만 하는 섬 여행은 그리 쉬운 일은 아니다. 허나 아침에 일어나서 날씨만 맑다면 아무런 계획 없이 훌쩍 떠나도 좋은 섬이 있다. 바로 인천 앞바다에 떠있는 신도(信島)·시도(矢島)·모도(茅島)이다. 삼형제 섬이라고 불리는 이 세 개의 섬은 연도교(連島橋)로 연결되어 있는데다 영종도 삼목 선착장에서 10분이면 닿을 정도로 접근성이 좋아 당일치기 섬 여행지로 더할 나위 없다. 수도권 드라이브 코스로도 최적의 조건을 갖춘 섬이다.

더구나 바다와 예술 작품들이 한데 어우러진 이색적인 조각 공원과 누구나 오를 수 있는 완만한 등산로 그리고 아이들과 갯벌 체험을 할 수 있는 해수욕장까지 두루 갖췄으니 잠시나마 머리를 식혀줄 수 있는 수도권 최고의 힐링 여행지로 부족함이 없다.

신도&시도&모도 1일 코스

첫째날 삼목 선착장 … 신도 선착장 … 구봉산 등산로 … 구봉정 … 신시도연도교 … 수기해수욕장 … 슬픈연가(드라마) 촬영지 … 시모도연도교 … 배마꾸미해변 … 신도 선착장 … 삼목 선착장

가깝지만 먼 섬,
신도·시도·모도를 찾아서

오랜만에 그리움의 섬, 신도·시도·모도로 여행을 떠나게 되었다. 날씨가 화창한 이른 가을날에 집을 나서 인천국제공항고속도로를 이용하여 약 한 시간여 만에 삼목 선착장에 닿는다. 도착한 시각은 오전 10시 10분경으로 신도로 향하는 배가 막 출발하려는 순간이다. 다음 배가 출발하려면 앞으로 한 시간을 기다려야 한다. 헌데 입구에 들어서자마자 선사 직원들이 다가오더니 섬에 들어가느냐고 묻는다. 그렇다고 하니 승선자 명부를 주면서 작성하라고 한다. 바로 탈수 있느냐고 물었더니 마침 휴일이라 증편을 했기 때문에 바로 탈 수 있다고 했다. 서둘러 매표소에서 승선권을 구매해서는 자동차와 함께 배에 오른다.

1 삼목 선착장 매표소 외관   **2** 신도행 세종 3호

출항시간은 오전 10시 40분, 3층 갑판으로 오르니 바다 건너편에 있는 구봉산 자락이 손에 잡힐 듯 가깝다. 잠시 후 천천히 뱃머리를 돌린 배는 선착장을 떠나는가 싶더니 불과 10분 만에 신도 선착장에 닿는다.

신도·시도·모도는 인천광역시 옹진군 북도면(北島面)에 딸린 섬으로 인천광역시에서 북서쪽으로 14km, 강화도에서 남쪽으로 5km 떨어진 해상에 위치한다. 세 개의 섬은 연도교(連島橋)로 이어져 있어 '삼형제 섬'으로 불리며 맏형격인 신도의 면적은 6.92㎢, 해안선길이는 16.1km, 최고점은 구봉산(九峰山:178.4m)이다. 신도라는 지명은 섬 주민들이 순박하고 성실하다는 뜻에서 믿을 신(信)자와 섬 도(島)자를 따서 신도(信島)라 불리게 되었다고 전한다.

신도 매표소 앞에는 신도·시도·모도 3개 섬의 관광안내도가 서있다. 이 3개의 섬은 의좋은 형제처럼 제일 맏형격인 신도는 구봉산 산책로를, 둘째 시도는 드라마 세트장을 품은 수기해변을, 셋째 모도는 배미꾸미 조각 공원을 사이좋게 나눠가졌다.

일단 선착장을 빠져나오니 오른쪽으로 자전거 대여소가 눈에 띈다. 이곳 3개의 섬은 도보 여행자나 자전거 여행자들에게도 꽤나 인기를 끌고 있는 곳이다. 만약 자전거나 차를 갖고 오지 않았다면 이곳에서 자전거를 빌려 타고 섬 여행을 즐겨도 좋다. 자전거 대여소 건물 뒤 우측으로 이어지는 방죽길은 '해당화 꽃길'로 해당화가 만개하는 5~6월에 걷기 좋다.

첫 번째 일정은 '엠큐브펜션' 부근에서 임도를 따라 구봉산 중턱에 자리한 '구봉정' 정자까지만 올랐다가 다시 원점으로 되돌아오는 코스로 가볍게 산책을 하는 것이다. 두 번째 일정은 신도와 시도를 잇는 연도교를 건너 드라마 '풀하우스'의 배경이었던 수기해변을 둘러보는 것이고, 세 번째 일정은 시도와 모도를 잇는 연도교를 건너 배미꾸미해변에 위치한 조각 공원을 둘러보는 것이다.

1 신도로 향하는 뱃길
2 신도 선착장 전경

자전거 대여소

누구나 걷기 쉬운 구봉산 등산로

선착장을 벗어나 신도2리 마을 앞에서 우회전, 벚나무들이 빼곡하게 늘어선 '신도 벚꽃길'을 지나는데 오른쪽으로 황금빛 들녘이 눈길을 사로잡는다. 풍요로운 가을 들녘을 지나고 바닷가에 자리한 '엠큐브 펜션'을 지나자마자 빈 공터에 차를 세워 놓고는 임도를 따라 구봉산으로 오르기 시작한다. 이정표를 보니 선착장까지는 2.2km, 구봉정까지는 1.2km, 정상까지는 1.8km라고 되어 있다.

임도는 완만한 오름길로 길섶에 곱게 핀 가을 들꽃들이 소곤소곤 말을 건네는 걷기에 좋은 길이다. 가끔 정적을 깨트리는 비행기 소리와 풀벌레 소리만이 들릴 뿐 풋풋한 풀내음 폴폴 풍기는 고즈넉한 숲길을 걷다보면 어느새 갈림길이 나온다. 어디로 가야 하는지 걱정할 필요도 없다. 이정표가 친절하게 알려주는 대로 방향을 잡으면 그만이다.

갈림길에서 구봉정까지 0.9km 남았다는 이정표를 따라 왼쪽 길로 접어드니 도로 한쪽으로 벚나무들이 주르르 늘어서 있다. 연보랏빛 쑥부쟁이와 샛노란 마타리, 순백의 뚝갈 등 색색의 가을 야생화들이 발목을 잡는 길을 느릿느릿 걷다보니 구봉산 허리를 휘감아 도는 순환도로와 만나게 된다. 갈림길에서 왼쪽으로 접어들면 신도2리 마을을 지나 선착장으로 내려가게 되고 오른쪽으로 접어들면 구봉정과 구봉산 정상으로 오르는 길과 만나게 된다.

갈림길에서 약 5분 정도 더 걸어가니 구봉산 중턱에 자리 잡은 '구봉정'이 살며시 모습을 드러내더니 정자에 다다르자 갑자기 시야가 확 트인다. 발아래로는 구봉산 자락과 갯벌이, 바다 건너편으로는 영종도 백운산을 비롯하여 공항신도시와 인천대교, 송도국제도시, 인천국제공항, 삼목 선착장까지 한눈에 들어온다.

1 쑥부쟁이 피어있는 등산로
2 등산로 이정표

3 벚나무 늘어선 숲길 **4** 뚝갈과 사마귀

빈 정자에 오르니 드넓게 펼쳐진 갯벌 너머로 강화도의 마니산과 길상산을 비롯하여 동검도와 세어도 그리고 서울에 있는 북한산까지 아득하게 보이는 것이 아닌가. 정자에 앉아 맑은 공기와 자연의 향기를 한 움큼 넣은 차 한 잔을 마시니

1 구봉정 앞에서 내려다본 영종도 풍경
2 구봉정 입구

반복되는 일상으로 지친 심신이 절로 정화가 되는 듯 상쾌하다.

신도 섬 한가운데 솟아있는 구봉산(179.6m)에는 산허리를 휘감아 도는 약 3.1km의 순환 산책로가 있지만 가벼운 마음으로 산책을 즐기기 위한 여행이 아니던가. 다시 올랐던 길을 되짚어 내려오는 것으로 구봉산 산책을 마친다.

1 벚나무 터널　**2** 신도1리 마을 앞 바다 풍경

갯벌체험 가능한 시도 수기해변

이제부터는 차를 타고 드라이브를 즐기며 신도와 시도를 잇는 연도교를 지나 수기해변으로 향한다. 다시 벚나무 터널을 지나고 신도2리 마을을 지나 또 다른 벚나무 터널을 벗어나니 신도1리 마을이 나타난다. 구봉산 산책로에도, 도로변 곳곳에도 촘촘히 늘어서 있는 벚나무들, 신도에 벚나무들이 정말 많다는 것을 새삼 느끼며 봄날을 기약해본다.

신도1리 마을 앞 작은 포구에서 잠시 바닷가를 바라보며 풍경을 즐겨본다. 광활한 갯벌 위에 늘어서 있는 작은 어선들과 은빛 바다 그리고 작은 섬 하나… 오른쪽 바다 건너편으로는 시도가 길게 누워있

시도 염전과 황금들녘(뒤로 구봉산)

다. 고즈넉한 섬마을 정취가 물씬 풍기는 그림 같은 풍경이다. 다시 가던 길을 재촉해 연도교를 건넌다. 두 개의 섬, 신도와 시도를 이어주는 이 연도교는 1992년에 설치되었으며 길이는 579m이다.

연도교를 지나 '시도교회' 앞 삼거리에서 우회전, 시도리종합운동장을 지나 계속 달리다보니 오른쪽으로 드넓은 황금빛 들판과 소금창고들이 늘어서 있는 염전이 나온다. 염전을 지나자마자 갈림길이 나오는데 곧장 가면 '슬픈연가 세트장'이 나오고, 왼쪽 길로 가면 '풀하우스 세트장'이 있는 수기해변이 나온다.

야트막한 고개를 하나 넘으니 오른쪽으로 수기해변이 나타난다. 마침 썰물 때라 바닷물은 저만치 빠져나가고 대신 뻘과 모래가 반반씩 섞인 속살을 드러냈다. 갯벌에는 무수히 많은 갯고동들이 올망졸망 이마를 맞대고 '땅따먹기 놀이'를 하는지 선이 어지럽게 그려져 있다. 한쪽에서는 아이들을 포함한 가족단위의 나들이객들이 호미와 갈퀴, 바스켓 등을 들고는 마치 바다생물들과 '술래잡기 놀이'라도 하듯 갯벌을 파헤치거나 갯돌을 들춰보고 있었다. 고개를 들면 바다 건너편으로 강화도 마니산이 손에 잡힐 듯 가까이 펼쳐진다.

예전에 모래사장 한쪽에 있던 근사한 드라마 세트장 건물은 온데간데없이 사라지고 대신 번듯한 펜션 건물이 세워져 있고 건물 1층에는 카페와 편의점, 카약과 패들보드 대여점 등이 들어서 있다. 해변에는 '풀하우스' 촬영지라는 표지판만이 우두커니 서있다.

수기해수욕장

1 수기해변 갯고동　**2** 풀하우스 촬영지 표지판

수기해변을 나와 첫 번째 삼거리에서 좌회전, 도로 끝에 위치한 '슬픈연가 세트장'에 닿는다. 허나 세트장 건물은 곳곳이 망가지고 부서진 채로 방치되어 있어 마치 오래된 폐가처럼 변해버렸고 문은 굳게 닫혀 있었다.

시모도연도교

다시 '시도교회' 앞 삼거리에서 우회전, 구불구불 도로를 따라 달린 후에 시도와 모도를 이어주는 연도교 앞에서 잠시 멈춘다. 이곳은 '신시도연도교' 입구와는 달리 넓은 주차장과 화장실까지 구비되어 있어서 잠시 쉬어가기에 좋다. 바닷바람을 쐬며 잠시 숨을 고르고는 다시 '시모도 연도교'를 건너 오늘 섬 여행의 하이라이트라 할 수 있는 '모도 배미꾸미 조각공원'에 닿는다.

조각공원 작품

이색적인 문화공간, 모도 배미꾸미 조각공원

삼형제 섬 중 막내격인 모도의 배미꾸미 해변에 자리한 '배미꾸미 조각공원'은 성애(性愛)를 주제로 한 초현실주의 작품 100여점이 바닷가 잔디밭과 카페에 전시되어 있는 이색적인 문화공간이다. 조각가 이일호 씨가 조성한 이 조각공원은 약 3,000여 평 규모에 카페와 펜션이 들어서 있으며, '배미꾸미'는 해변의 모양이 마치 배의 밑구멍처럼 생겼다고 해서 붙여진 이름이다.

컨테이너로 된 허름한 매표소를 지나면 주차장이다. 바닷가 쪽으로 펜션과 카페 건물이 있고 두 건물 사이에 조각공원이 자리한다. 바닷가 반대쪽으로는 나지막한 언덕이 하나 있는데 작품 감상은 이곳에서부터 시작된다.

조각공원에 도착한 시각은 오후 3시를 훌쩍 넘긴 시간, 늦은 점심을 먹기 위해 먼저 카페로 들어서다. 주인장이 적극 추천하는 해초비빔밥과 제주 보리미숫가루, 체리에이드로 주문을 했다. 바로 앞 해변에서 잡았다고 하는 소라무침과 해초무침, 묵은나물, 김치, 미역국 등의 기본 찬들과 함께 나온 해초비빔밥의 맛은 제법 좋았다.

1 카페 내부 **2** 해초비빔밥

잔디밭에 세워진 조각 작품들을 지나 해안가로 나가니 바다 위에 우뚝 솟아있는 나무 한 그루가 유독 눈길을 사로잡는다. 예전에는 분명 보지 못했던 작품이다. 경복궁 경회루의 수양벚나무일까? 선암사의 수양벚나무일까? 아님, 능수홍매화일까? 꽃가지를 휘휘 늘어트린 모양새가 제법 귀티가 난다. 해안을 따라 오른쪽 끝으로 가보니 바다 멀리 장봉도가 펼쳐진다. 장봉도는 섬 산행 뿐 아니라 해

안트레킹 코스로도 인기를 끌고 있는 곳으로 봄에는 2km에 이르는 벚꽃터널이 장관을 이룬다고 하니 또 연분홍 꽃바람 부는 봄을 기약해본다.

조각공원 해안가로 바닷물이 밀려들면서 바다 한가운데 서있던 한 그루의 나무는 점점 물에 잠기는가 싶더니 급기야는 늦은 오후의 햇살 아래에서 반짝이는 은빛 물결과 어우러져 묘한 운치를 자아낸다. 잔디밭에 늘어서 있는 초현실주의 예술작품들도 늦은 오후 햇살이 내리쬐자 물고기가 물을 만난 듯 제각기 최고의 예술성으로 빛을 발한다.

1 조각공원 풍경
2 나뭇가지에 걸려있는 작품
3 바다에 서있는 작품
4 조각공원 작품들
5 공원 풍경

조각공원 오른쪽 해안에서 바라본 장봉도

바다를 바라보고 있는 조각 작품들을 감상하는 사이에 많은 시간이 흘렀다. 이곳에서 해넘이 풍경까지 보고 가면 좋으련만 다음을 기약해야 한다. 서둘러 선착장으로 나가는 길에 색색의 야생화들에 둘러싸여 있는 독특한 외관의 예쁜 카페를 만나게 된다. 사실 아름다운 정원을 품은 이 '로마카페'는 구봉산 산책을 마치고 시도로 향하는 길에 눈여겨보았던 곳이다.

어느새 하루해가 저물고 있다. 온종일 마법 같은 빛으로 온 만물에 생기를 불어 넣어주던 위대한 태양도 이제 막 자취를 감추려하고 있다. 어둠속으로 잠기는 카페를 뒤로한 채 신도선착장에 도착하니 '세종 5호'가 마지막 손님을 기다리고 있었다. 매표소로 들어가 부랴부랴 승선권을 구입하고는 무사히 삼목 선착장으로 향하는 배에 오른다.

1 신도 로마카페
2 선상에서 바라본 해넘이

신도 · 시도 · 모도 주요 핵심정보

인천 신·시·모도는 수도권에서 가까운 만큼 접근성이 뛰어나 당일치기 자전거 라이딩 코스로 각광을 받을 뿐만 아니라 트레킹 코스나 드라이브 코스로도 손색이 없는 곳이다.

신도 구봉산 등산로는 노약자뿐만 아니라 저전거로도 오를 수 있을 정도로 완만한 임도로 이어진다. 해발 178.4m의 구봉산에는 산허리를 휘감아 도는 순환 산책로가 조성되어 있는데 이 임도를 따라 구봉정에 오르면 탁 트인 바다 전망을 즐길 수 있다. 또한 등산로를 따라 약 700여 그루의 벚나무가 식재되어 있어 봄날이면 환상의 꽃길을 이룬다. 특히 구봉정에서 성지약수터로 가는 임도 수변에 진달래나무가 많다.

구봉산 등산로 입구는 여러 곳이 있으나 선착장에서 가장 가까운 곳은 선착장에서 도로를 따라서 약 10여분 정도(약 0.8km) 걷다보면 삼거리가 나오는데, 길 건너 맞은편으로 구봉산 이정표와 좁은 길이 보인다. 이곳을 들머리로 잡고 산으로 오르면 된다. 만약 해당화가 만개하는 5~6월에 신도를 찾았다면 신도 선착장을 벗어나자마자 자전거 대여소 건물 뒤 우측으로 방죽길이 나오는데 이 길이 해당화 꽃길이다. 이 해당화 꽃길을 따라 걷다가 '엠큐브펜션' 부근에서 구봉산으로 오르는 것도 좋다.

신·시·모도의 막내격인 모도에는 바다와 예술작품들이 어우러진 이색적인 문화공간 '배미꾸미 조각 공원'이 있다. 초현실주의 조각 작품들이 바다를 배경으로 해변 잔디밭에 늘어서 있는 이 공원은 성애(性愛)를 주제로 한 몽환적인 작품들을 감상하며 색다른 세계를 경험하는 즐거움을 누릴 수 있다.

⊕ 연도교로 이어져 있는 삼형제의 섬, 신·시·모도 여행을 하려면 우선 신도로 가야한다. 신도로 가려면 영종도 삼목 선착장에서 세종해운(주)과 (주)한림해운이 신도를 거쳐 장봉도까지 운항하는 차도선을 이용해서 신도 선착장에서 내리면 된다. 세종해운은 7시 10분부터 매시 10분에, 한림해운은 8시 40분부터 2시간 간격으로 운항하며 주말과 공휴일, 휴가철 성수기에는 수시로 증회 운항한다. 소요시간은 약 10분 정도이며 신도에서 나오는 마지막 배 시간은 21시 50분이다.

⊕ 승선권 발권시 반드시 승선자 명부를 작성한 후 신분증과 함께 제출한다. 신분증은 꼭 지참해야한다(승선자 전원).

⊕ 삼형제의 섬은 자전거 트래킹 코스로 인기를 끌고 있는 곳인 만큼 신도 선착장 인근에 자전거 빌려주는 곳이 있다. 다만 아쉬운 점이 있다면 자전거 전용도로가 없다는 것이다. 신도 선착장에서 여객선 도착시간에 맞춰 세 개의 섬을 순회하는 공영버스가 운행되므로 도보 여행을 하기에도 좋다.

교통편 및 배편 정보 (2017년 4월 기준)

교통편

❶ 삼목 선착장까지 가는 교통편

◎ 승용차 이용시
- 인천국제공항고속도로 → 영종대교 → 공항입구 분기점에서 우측방향 → 삼목 선착장
- 제2경인고속도로 → 인천대교 → 삼목지하차도 → 삼거리에서 좌회전 → 삼목 선착장

◎ 대중교통 이용시(공항철도)
- 영종도 운서역 하차 → 204번, 좌석 307번 버스 이용 → 삼목 선착장(소요시간 약 30분)

삼목 선착장 주소 : 인천광역시 중구 영종해안북로 847번길 55
전화번호 : 032-751-2211, 032-746-8020

[배편] 삼목 선착장 ⇌ 신도&시도&모도

❷ 신도&시도&모도 배편 운항요금 및 운항시간

◎ 세종해운(주) www.sejonghaeun.com

문의전화 : 032-751-2211

운항시간
- 삼목 → 신도 : 07:10부터 19:10까지 1시간 간격으로 운항
- 신도 → 삼목 : 07:30부터 19:30까지 1시간 간격으로 운항

운항요금
- 편도기준 : 대인 2,000원 / 소인 1,300원 (인천광역시민은 여객운임의 50% 할인)
- 자전거 1,000원 / 경승용차(1000cc) 8,000원 / 승용차 10,000원 / 승합차 12인승 이하 14,000원 / 승합차 15인승 이하 17,000원

◎ (주)한림해운(북도고속페리호) hanlim.haewoon.co.kr

문의전화 : 032-746-8020

운항시간
- 삼목 → 신도 : 08:40부터 20:40까지 2시간 간격으로 운항
- 신도 → 삼목 : 10:00부터 20:00까지 2시간 간격으로 운항 (마지막 배 시간 21:50)

운항요금
- 편도기준 : 대인 2,000원 / 소인 1,000원 (인천광역시민은 여객운임의 50% 할인)
- 자전거 1,000원 / 경승용차(1000cc) 8,000원 / 승용차 10,000원 / 승합차 12인승 이하 14,000원 / 승합차 15인승 이하 17,000원

[섬 내 교통편]

❸ 신도&시도&모도 섬 내 공영버스 운영 정보

- 신도 선착장에서 여객선 도착시간에 맞춰 마을공영버스 운행

※ 요금 1,000원(교통카드 단말기 미설치, 요금은 반드시 현금으로 미리 준비)

숙소 및 식당 정보

신·시·모도 모두 곳곳에 펜션과 식당, 편의점, 카페 등이 많이 있다.

배미꾸미펜션(+식당) 032-752-7215 / 인천광역시 옹진군 북도면 모도로140번길 41
풀사이드펜션 032-752-2580 / 인천광역시 옹진군 북도면 시도로86번길 291-48
엠큐브펜션 010-5756-3559, 010-3448-3559 / 인천광역시 옹진군 북도면 신도로 809
아일랜드스토리 032-752-1155 / 인천광역시 옹진군 북도면 시도로86번길 321
신도전망대횟집 032-751-7536 / 인천광역시 옹진군 북도면 신도로 183
섬사랑굴사랑펜션(+식당) 032-752-7441 / 인천광역시 옹진군 북도면 모도로50번길 10
모도횟집 032-751-8152 / 인천광역시 옹진군 북도면 모도로 58
바람이머문바다펜션 032-751-7360 / 인천광역시 옹진군 북도면 시도로86번길 394

추가 정보

모도 배미꾸미 조각공원
- 문의전화 032-752-7215
- 주소 : 인천광역시 옹진군 북도면 모도리 269-2
- 입장료 : 성인 2,000원/ 초등학생 1,000원/주차 무료
- 배미꾸미펜션 baemikumipension.com

신도 로마카페
- 주소 : 인천 옹진군 북도면 신도로 105 / 010-4540-2691
- 신도 로마카페 sindo-romacafe.com

여행 참고 사이트
북도면사무소 : 032-899-3410 / 옹진군청 관광문화과 : 032-899-2210
옹진군 문화관광 www.ongjin.go.kr

인천 무의도·소무의도·실미도

두 개의 섬을 품은 섬, 서울근교 최고의 힐링 트레킹 코스

인천 무의도는 썰물 때 걸어서 들어갈 수 있는 '실미도'와 인도교를 건너 들어갈 수 있는 '소무의도'를 선물처럼 보듬고 있어 더 매력적인 섬이다. 아름다운 황금빛 낙조를 즐길 수 있는 하나개해수욕장은 덤이다.

무의도 본섬에는 다양한 등산 코스가 조성되어 있고, 소무의도에는 아름다운 섬 둘레길 '무의바다누리길'이 있다. 또한 실미도 서쪽 해변에는 기암괴석들이 늘어서 있어 이색적인 풍광을 자아낼 뿐만 아니라 한적함까지 덤으로 즐길 수 있다. 선물 같은 두 개의 섬을 품은 무의도는 가족 또는 연인, 친구와 함께 청정 자연을 벗 삼아 드라이브도 즐기고 더불어 등산, 트레킹, 해수욕, 갯벌체험 등을 즐기기에 더할 나위 없이 좋은 섬이다. 더구나 영종도 잠진도 선착장에서 카페리를 타고 10여분이면 닿을 수 있는 만큼 지리멸렬한 일상에서 벗어나 부담 없이 가볍게 떠나는 수도권 주말 나들이 코스로 안성맞춤이다.

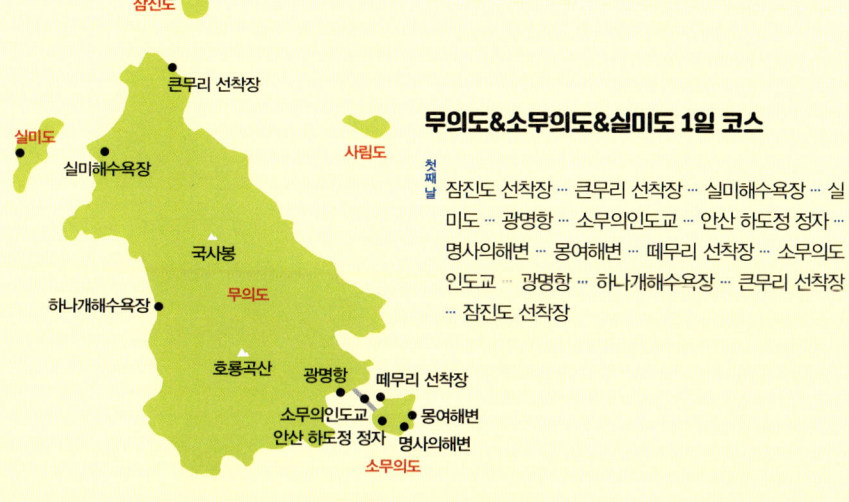

무의도&소무의도&실미도 1일 코스

첫째날 잠진도 선착장 … 큰무리 선착장 … 실미해수욕장 … 실미도 … 광명항 … 소무의인도교 … 안산 하도정 정자 … 명사의해변 … 몽여해변 … 떼무리 선착장 … 소무의도 인도교 … 광명항 … 하나개해수욕장 … 큰무리 선착장 … 잠진도 선착장

두 개의 섬을 품은 섬, 무의도로 향하다

설 연휴 막바지에 서울 근교 섬 여행에 나섰다. 하늘은 구름 한 점 없이 투명했으며 꽃샘바람은 세차게 불어댔지만 햇살만큼은 완연한 봄빛이다.

오늘의 여행지는 인천 영종도에서 배를 타고 10분이면 닿을 수 있는 섬 '무의도'이다. 영종도는 영종대교나 인천대교를 이용해 서울에서 한 시간 정도면 도착할 수 있는데다 교통체증 걱정도 없으니 당일치기로 가볍게 다녀오기에 제격이다. 느지막이 집을 나서 방화대교를 건너고 인천국제공항고속도로를 달린 끝에 영종도 남단에 위치한 거

잠진도 선착장에서 바라본 무의도

잠포 선착장을 거쳐 잠진도 선착장에 무사히 도착한다. 무의도와 영종도 사이에 위치한 잠진도는 영종도와 연륙도로로 이어진 작은 섬이다.

선착장에는 이미 무의도행 '무룡5호'가 대기하고 있고 차량들과 사람들은 차례로 배에 오르고 있었다. 여객선 뒤쪽으로는 무의도가 길게 누워있고 바다 건너편 큰무리 선착장은 손에 잡힐 듯 가깝다. 바쁜 걸음으로 매표소로 향하니 건물 앞에는 마지막 출항시간을 알리는 안내판과 오늘 오전 10시 30분부터 12시 30분까지 썰물 관계로 배편이 결항된다는 안내판이 놓여있다. 잠진도와 무의도를 오가는 여객선은 썰물 때 약 2시간 정도 배편이 결항된다.

서둘러 건물 안으로 들어가 승선권을 구입한 후에 곧바로 자동차와 함께 '무룡5호'에 무사히 오른다. 이때만 해도 승선권이 왕복요금이었는지 까맣게 모른 채였다. 인원수와 차종을 묻기에 대답을 하고 요금은 듣는 둥 마는 둥 카드 결제를 하고는 바삐 뛰어 나왔으니 그럴 수밖에 없는 상황, 배를 타고 가만히 생각해보니 요금이 너무 비싼 듯 했다. 결국 나중에 알게 되었지만 무의도행은 섬으로 들어갈 때 무조건 왕복요금을 받는다. 대신 섬에서 나올 때 그냥 배에 오르면 된다. 큰무리 선착장에는 매표소가 따로 없다.

잠진도 선착장에서 무의도 큰무리 선착장까지는 배로 약 10분 남짓한 거리로 배가 출발하고 조금 있으면 이내 내릴 채비를 해야 한다. 뱃길 오른쪽으로는 현재 잠진도와 무의도를 잇는 연도교 공사가 한창이다. 2017년 말 완공 예정이라고 하니 완공 후에는 무의도로 가는 길은 편리해지는 반면에 가슴 뭉클한 감동과 낭만은 그만큼 감소될 것이다.

무의도 큰무리 선착장 닿기 전

무의도는 인천광역시 중구 무의동에 딸린 섬으로 용유도에서 남쪽으로 1.5km 해상에 위치하며 인근에 실미도와 소무의도, 해녀도, 사렴도 등의 작은 섬들과 무리지어 있다고 해서 '큰무리섬'이라고도 부른다. 면적은 9.43㎢, 해안선길이 31.6km이며 북쪽에는 당산(124m), 중앙에 국사봉(236m), 남쪽에 호룡곡산(虎龍谷山, 246m) 등 크게 세 개의 봉우리가 있다.

섬의 지명은 섬의 형상이 마치 선녀가 춤을 추는 모습 또는 장수가 관복을 입고 춤을 추는 모습을 닮았다는 데서 유래되었다는 설이 있다. 두 개의 섬 중 큰 섬은 대무의도(大舞衣島), 작은 섬은 소무의도(小舞衣島)라고 부른다.

사실 오늘 집을 나서면서 실미도 물때 시간을 살펴보지도 못했다. 오늘 바닷길이 열리지 않는다면 다음날을 기약하면 된다는 식이었다. 허나 영종도 거잠포 선착장을 지나 잠진도로 향하는 연륙도로를 달리는 길에 물이 빠진 드넓은 갯벌이 차창 밖으로 보이자 한줄기 희망이 생겼다. 더구나 매표소에서 보니 오늘 오전 10시 30분부터 12시 30분까지는 썰물 관계로 여객선도 결항된다고 하지 않았던가. 오늘은 운이 좋은 날, 큰무리 선착장에 내리자마자 곧바로 실미도해수욕장으로 달려간다. 실미도해수욕장으로 가려면 선착장을 지나 첫 번째 만나게 되는 큰무리마을에서 이정표를 따라 오른쪽 골목길로 접어든 후에 '실미고개'를 하나 넘어야 한다.

1 실미해변에서 바라본 실미도   2 실미해변

신비의 바닷길 품은 섬, 실미도

하루에 두 번, 썰물 때만 바닷길이 열려 비로소 섬으로 들어가는 것을 허락하는 실미도(實尾島)는 섬 대부분이 해발고도 80m 이하의 야산으로 이루어진 무인도이다. 영화 '실미도'의 촬영 장소로 알려지면서 유명해진 이곳은 실제 북파공작원들이 혹독한 지옥훈련을 받았던 실미도 사건의 현장이기도 하다. 영화 '실미도' 제작을 위해 세워졌던 촬영 세트장은 모두 철거되고 현재는 흔적도 없는 상태이다.

실미도 섬으로 들어가려면 무의도 쪽에 자리한 실미도해수욕장을 거쳐야 하는데 실미도해수욕장은 실미도와 한데 묶어 '실미유원지'로 조성되어 있으며 입장료를 받고 있다. 하지만 1~2월은 무료입장, 매표소 앞에 세워진 안내판을 보니 오늘 실미도 통행시간은 오전 9시부터 오후 2시까지이다. 현재 시각은 오전 11시를 조금 넘었으니 서두를 필요는 없다.

매표소를 지나자마자 주차장에 차를 세워 놓고는 오른쪽 실미도해수욕장 방향으로 들어선다. 울창한 소나무 숲을 지나니 눈앞에 드넓은 백사장이 길게 펼쳐지고, 그 백사장과 갯벌 건너편으로는 실미도 섬이 길게 누워있다. 무의도 실미해변과 실미도를 이어주는 신비의 바닷길은 이미 열려있었다. 활처럼 길게 휜 실미해변의 모래사장을 따라 섬과 섬을 이어주는 모래톱 '신비의 바닷길'로 발걸음을 옮긴다.

썰물 때라야 하루에 두 번 열리는 바닷길, 길이는 대략 400m로 짧지만 물때 맞추기가 쉽지 않은 만큼 더 각별하다. 모래사장을 지나고 징검다리를 지나 다시 모래사장으로 이어지는 바닷길은 은근 낭만적이다. 바닷길 양옆으로는 어촌계에서 운영하는 바지락, 가무락 등의 패류 양식어장이다. 패류를 함부로 채취하거나 무단출입은 절대 금물, 채취하려면 어촌계의 허락을 반드시 받아야 한다.

드넓게 펼쳐진 모래톱, 굴 껍데기와 조가비 등이 어지럽게 널려있는 모래톱 한켠에서는 여행객들이 굴을 따는 모습이 눈에 띄기도 한다. 보드라운 봄빛 살랑거리는 모래톱을 지나 실미도에 닿으니 모래결은 한층 고와진 모습이다.

1 바닷길에서 바라본 무의도와 실미해변
2 실미도에서 뒤돌아본 무의도
3 실미도 서쪽해안 풍광

바닷길이 끝나는 곳에서 실미도 서쪽해안으로 가기 위해 왼쪽 해안으로 접어든다. 따사로운 봄빛이 어렴풋이 내려앉은 모래사장은 살랑살랑 불어오는 꽃바람 맞으며 걷기에 그만이다. 활처럼 휜 모래사장이 거의 끝나갈 무렵 영화 '실미도'를 소개하는 입간판 옆으로 산골짜기를 따라 섬을 가로지르는 좁다란 길이 보인다. 실미도 서쪽해안으로 넘어가는 길이다.

산골짜기를 따라 오르는 길은 좀 가파른 편이다. 허나 조금만 오르면 곧 산등성이에 닿게 되고 푸른 소나무들이 줄지어 서있는 평탄한 오솔길이 이어진다. 그리고 그 길 끝에 서면 마침내 나뭇가지 사이로 실미도 서쪽해안이 펼쳐진다. 가파른 산등성이를 넘어 마주하는 해변은 어렵게 만난만큼 더 남다르다. 숨은 듯 은근히 매력을 더하는 해변 양옆으로는 기이한 모양의 기암괴석들이 즐비하게 늘어서 있다.

그뿐만이 아니다. 모래바닥에 나뒹구는 갯바위마다 굴 껍데기들이 다닥다닥 붙어있는 모습은 놀라움을 더한다. 모래와 뻘이 뒤섞인 갯벌 위로 파도가 드나들 때면 마치 은빛 가루를 뿌려 놓은 듯 반짝거린다. 가까이 다가가 유심히 살펴보니 굴 껍데기를 비롯한 조가비들이 수많은 세월을 파도와 싸우며 가루가 되어버린 조가비가루였다. 세상에나 신비롭기도 하지, 이렇게 예쁘고 아름다운 모습으로 다시 태어나다니...

1 해변에 늘어선 기암괴석들
2 해안 풍경
3 조가비가루들이 반짝이는 은빛 바다 풍경
4 해안기에 늘어선 기암괴석과 굴껍데기가 붙어있는 광경

본섬 무의도로 건너가기 전에 잠시 바닷가 산책을 즐긴다. 이번에는 아까 전에 산등성이를 넘어가느라 미처 둘러보지 못했던 남쪽해안, 그러니까 영화 '실미도' 안내판을 마주보고 왼쪽 해안으로 접어든다. 이쪽 해안에도 기암괴석들이 즐비하게 늘어서 있어 장관을 이룬다.

남쪽해안의 기암괴석들

실미유원지는 썰물 때만 들어갈 수 있는 실미도 섬과 드넓은 백사장 그리고 숙박시설과 커피숍, 카페, 매점, 식당을 비롯해서 샤워장, 식수대, 화장실, 주차장 등의 편의시설을 갖추고 있다.

실미유원지에서 바라본 실미도와 바닷길

실미유원지 해안풍경

데침쌈밥 상차림(돼지불고기 추가)

건강밥상, 무의도 데침쌈밥

실미유원지를 빠져나와 큰무리 선착장 반대편에 있는 광명항 쪽으로 방향을 튼다. 도로 양옆으로 늘어선 멋진 호텔과 펜션들을 지나 도착한 곳은 KBS1 TV '한국인의 밥상'에 소개된 '무의도 데침쌈밥' 집이다. 무의도 주민자치센터와 무의 보건진료소 맞은편에 위치한 이곳은 무의도에서 직접 재배한 신선한 야채와 다양한 종류의 계절 나물을 데쳐서 만든 쌈채소에 굴쌈된장, 젓갈 등을 넣고 싸먹는 건강밥상으로 유명하다.

메뉴판을 보니 데침쌈밥 외에도 해물장칼국수, 자연산 굴국밥, 벌버리묵, 자연산 굴전 등을 겨울특선메뉴로 내놓고 있었다. 이 곳의 대표메뉴인 데침쌈밥과 돼지불고기를 주문 후 조금 기다리니 다시마와 양배추, 피마자잎, 무청, 묵은지 등의 데침 나물들이 한 가득 담겨진 커다란 접시와 장아찌 종류, 김치, 나물무침, 굴쌈장, 조개젓, 그리고 돼지불고기까지 한상 푸짐하게 차려진다.

데침 나물은 정갈하고 깔끔했고, 장아찌 종류도 감칠맛이 도는 것이 제법이다. 나중에 종류가 궁금하여 주인아주머니께 물어보니 아카시아꽃장아찌와 야콘장아찌, 대파장아찌 그리고 다른 하나는 돼지감자를 말려서 만든 장아찌라고 한다. 야콘장아찌는 아삭아삭하니 식감이 독특했고 아카시아꽃으로 담근 장아찌는 입 안에 은은한 향기가 가득 퍼진다. 웰빙 데침쌈과 입맛 돋우는 장아찌에 따끈한 시래기된장국이 더해지니 밥 한 그릇 금방 뚝딱이다.

이곳 '데침쌈밥'에서는 쌈과 반찬이 무한리필이기에 1인당 1메뉴 주문이 필수이다. 가격은 데침쌈밥 8,000원(2인 이상 주문 가능), 돼지불고기 8,000원이다. 벌버리묵이 몹시 궁금했는데, 벌버리묵은 서대와 박대 등 가자미목에 속한 생선껍질을 말려 묵으로 만든 무의도 향토음식이라고 한다. 건강한 웰빙밥상으로 점심을 맛있게 먹고는 이번에는 소무의도를 한 바퀴 에두르는 '무의바다누리길'을 걷기 위해 무의도 끝자락 샘꾸미마을에 위치한 광명항으로 달려간다.

소무의인도교와 소무의도

아름다운 해안둘레길 품은 소무의도

소무의도(小舞衣島)는 무의도 남동쪽 끝에 딸린 섬으로 면적은 1.22 ㎢, 해안선 길이 2.5km 규모의 작은 섬이다. 예전에는 연안부두에서 오가는 배편을 이용하거나 무의도에서 작은 어선을 이용해야만 들어갈 수 있었던 섬이었으나 지금은 무의도 광명항에서 인도교로 연결되어 있어 걸어서 들어갈 수가 있다. 다만 두 섬을 잇는 다리는 인도교뿐이므로 여전히 자동차로는 들어갈 수가 없다. 대무의도 광명항과 소무의도 떼무리 선착장을 이어주는 이 인도교는 총길이 414m, 폭 3.8m로 지난 2011년 4월에 개통되었다. 무의바다누리길은 총길이 2.5km에 1구간 '소무의 인도교길'을 시작으로 마주보는길, 떼무리길, 부처깨미길, 몽여해변길, 명사의해변길, 해녀섬길, 키작은소나무길까지 총 8개 구간으로 나뉘어져 있다.

소무의인도교를 건너는 여행객들

샘꾸미마을 끝자락 해안 도로에서 바라보니 왼쪽으로 광명항이 보이고, 바다 건너편으로 소무의도가, 오른쪽으로는 해녀도 섬이 동그마니 떠있는 것이 눈에 들어온다. 샘꾸미마을에서 광명항으로 향하는 도로변에는 소무의도 주민들과 여행객들이 세워둔 자동차들로 장사진을 이루고 있다.

바다를 가로지르는 인도교를 지나면서 보니 왼쪽으로 떼무리 선착장과 마을이 보이는데 이 마을이 바로 소무의도 두 개의 마을 중 서쪽마을에 해당된다. 소무의인도교를 건너면 오른쪽으로 동쪽마을 몽여해변까지 이어지는 약 0.75km의 해안트레킹 구간이 시작되지만 안타깝게도 이 구간은 썰물 때만 통행이 가능하다.

1 서쪽마을과 떼무리 선착장　**2** 소무의도 해안트레킹 구간 시작점

무의바다 누리길 8구간인 '키작은소나무길'은 곧바로 안산 정상에 있는 전망대 '하도정' 정자로 오르는 가파른 데크 계단으로 이어진다. 가쁜 숨을 몰아쉬며 쉬엄쉬엄 오르다보면 키 작은 소나무숲길 끝에서 하도정 정자를 만나게 된다.

1 무의바다 누리길에서 바라본 무의도와 소무의인도교
2 키 작은 소나무숲길   **3** 하도정 정자

1 정자 앞 이정표 2 정자에서 바라본 해녀섬
3 은빛 바다

가슴이 탁 트이는 전망대, 안산 하도정

탁 트인 바다를 조망할 수 있는 정자 오른쪽 아래로는 은빛 바다 위에 해녀도 섬이 동그마니 떠있고 그 뒤편으로는 영흥도와 자월도 등의 섬들이 한눈에 들어오는데 이 역시 한 폭의 그림이다. 정자 왼쪽 아래로는 소무의도 동쪽마을과 몽여해변 등이 보이고 바다 건너편으로는 아스라이 팔미도와 인천대교까지 보인다. 가파른 오름길 끝에서 만나는 탁 트인 바다 전망은 가슴속까지 시원하게 해준다. 잠시 정자에 앉아 솔솔 풍겨오는 솔향기를 맡으며 쉼의 시간을 갖는다. 어차피 여행은 쉼이 아니던가.

'하도정' 정자를 내려서면 곧바로 내리막길이 시작된다. 무의바다 누리길 8구간인 '키작은소나무길' 양옆으로는 이름에 걸맞게 해풍을 맞고 자란 키 작은 소나무들이 올망졸망 숲을 이루고 있다. 은은한 솔향이 머릿속까지 맑게 해주는 '키작은소나무길'이 끝나고 나면 무의바다 누리길 7구간인 '해녀섬길'이 시작된다. '해녀섬길'이 시작되자마자 가파른 내리막의 데크 계단이 나타나는데 이곳에 서면 누구라도 감탄사가 절로 나오게 될 것이다.

양옆으로 늘어서 있는 키 작은 소나무들 사이로 시야가 확 트이면서 앞으로는 푸른 바다가 아스라이 펼쳐지고 오른쪽으로는 해녀섬이 얌전히 바다에 떠있는데 정말이지 한 폭의 그림이 따로 없다.

'해녀섬길'에서 바라본 풍경

가파른 내리막 계단이 끝나는가 싶더니 길은 다시 소나무숲길로 이어지고 S자로 휘어진 내리막길을 내려서니 이번에는 해녀섬이 손에 잡힐 듯 가까이 다가선다. 소무의도 남단에 위치한 해녀섬은 예전에 전복을 따던 해녀들이 쉬던 섬이라 해서 붙여진 이름이다.

명사의해변

파도소리 상큼한 명사의해변

내리막길을 따라 내려가다 보면 섬 내 두 개의 해변 중 하나인 '명사의해변'을 만나게 된다. 무의바다 누리길 6구간 '명사의해변길'에 들어선 것이다.

이곳 명사의해변은 박정희 전 대통령의 가족 휴양지였던 곳으로 과거 우기 때는 죽은 시체가 자주 떠밀려 왔던 장소라고 한다. 해변에는 벤치로 사용할 수 있는 동상과 시를 적어 넣은 형형색색의 얇은 천들을 매달아 놓은 시목(詩木)이 설치되어 있었다. '명사의해변'은 작고 아

1 동상과 명사의해변
2 명사의해변 전경

늑한 편이라 시원한 파도소리 벗 삼아 잠시 모래사장을 거닐며 사색하기에 제격이다.

명사의해변을 지나면 다시 가파른 데크 계단이 기다리고 있다. 계단을 오르며 뒤돌아보니 해녀섬과 어우러진 해변풍광이 장관이다. 계단을 올라서면 오른쪽으로 바다가 내려다보이는 평탄한 데크 산책로로 바뀌었다가 인천항을 입출항하는 선박관제용 레이더기지 앞에서 다시 내리막 계단으로 바뀐다. 계단을 내려서면 바로 소무의도 동쪽마을에 있는 몽여해변에 닿게 된다.

1 섬이야기박물관 외관
2 이정표와 마을 풍경

소소한 섬마을 풍경과 몽여해변

우측으로 몽여해변을 끼고 해변도로를 따라 걷다보면 독특한 모양의 거대한 건물이 눈이 띄는데 바로 '섬이야기박물관'이다.

박물관 건물을 지나 목도 축이고 다리도 쉴 겸 해서 눈앞에 보이는 카페로 들어선다. 편의점과 카페를 겸한 '해오름카페'는 비닐하우스로 지어 허름해 보였지만 카페 안은 의외로 아기자기하게 꾸며져 있었다.

따뜻한 봄 햇살이 내리쬐는 창가 테이블에 앉아 아직도 큰 짐들은 배를 이용해서 들여와야만 하는 애로사항 등 자동차가 다니지 못하는 섬 생활에서의 소소한 이야기를 주인장과 나누다보니 시간이 제법 지나갔다. 마을과 몽여해변을 벗어나 이번에는 무의바다 누리길 4구간 '부처깨미길'이 시작되는 데크 계단을 따라 오른다.

해오름카페 앞 풍경

계단을 올라 뒤를 돌아보니 몽여해변과 동쪽 마을 풍경이 발아래 펼쳐진다. 오른쪽으로 바다가 시원스레 내려다보이는 데크 산책로를 따라 조금 걷다보니 해안 절벽 위에 서있는 작은 전망대 하나가 나타난다. 전망대에 서니 탁 트인 바다 건너편으로 인천대교와 팔미도는 물론이고 대부도와 선재도, 영흥도까지 희미하게 보인다. 다시 길을 걷다보면 금방 '부처깨미' 전망대가 나타난다.

몽여해변 전경

부처깨미 전망대

쏠쏠한 재미 더하는 부처깨미 전망대

'부처깨미'는 예전 소무의도 주민들이 만선과 안전을 기원하며 소를 잡아 풍어제를 지냈던 곳이다. 이곳 소무의도의 전체모습이 마치 똬리를 틀고 있는 뱀의 형상이라 전해지는데 '부처깨미'가 바로 뱀의 머리 부분에 해당된다고 한다. 전망대에 서서 인천대교와 팔미도, 송도국제도시, 영종도를 비롯해서 매랑도(매도랑)와 사렴도 등의 섬들을 찾아보는 재미도 쏠쏠하다.

부처깨미 전망대를 지나면 무의바다 누리길 3구간 '떼무리길'로 접어들게 된다. 오른쪽으로 바다를 내려다보며 걷는 산책로에 그림자를

1 떼무리길 **2** 안내판 **3** 부처깨미길 해안산책로

길게 늘어뜨리는 늦은 오후 햇살이 낮게 내려앉았다. 봄이면 샛노란 꽃이 만발할 개나리 꽃길을 지나면 다시 전망대 쉼터가 나타난다.

예전에는 소무의도를 '떼무리'라고 했는데 '떼무리'는 본 섬에서 떨어져 나간 섬 또는 대나무로 엮어 만든 '떼배' 만하다고 하여 붙여진 이름이라고 한다.

이곳 전망대에서 떼무리 선착장까지의 거리는 280m, 천천히 걷다보니 금방 떼무리 선착장에 닿게 된다. 선착장 인근에는 펜션과 민박, 식당, 카페 등이 늘어서 있고 바다 건너편에는 본섬 무의도가 마주 보인다. 3구간 '떼무리길'이 끝나고 2구간 '마주보는길'로 접어든 것이다. 이렇게 해서 다시 섬과 섬을 이어주는 구름다리를 건너면 소무의도를 한 바퀴 에둘러 걷는 '무의바다누리길'의 처음 시작점으로 다시 되돌아오게 된다.

1 서쪽마을 앞 포구모습
2 떼무리 선착장

'무의바다 누리길'은 비록 소무의인도교를 건너자마자 시작된 가파른 계단이 조금 힘들기는 했지만 그 힘든 시간을 보상이라도 해주려는 듯 찬란한 바다전망을 보여줬던 고마운 길이다. 탁 트인 바다 전망을 누릴 수 있는 전망대 정자와 솔향기 머금은 소나무 숲길, 호젓한 해변, 소박한 어촌마을 그리고 바다를 내려다보며 걷는 편안한 산책길을 두루 갖춘 무의바다누리길은 친구나 연인 또는 가족과 함께 두런두런 이야기하며 걷기에 손색이 없는 서울 근교 최고의 섬 트레킹 코스이다.

공영주차장과 드라마 촬영세트장 안내판

무의도 황금빛 낙조를 만나다, 하나개해수욕장

소무의도를 뒤로하고 무의도 서쪽에 자리한 하나개해수욕장으로 이동을 한다. 해수욕장 입구에는 넓은 무료 공영주차장이 조성되어 있었고 도로 양옆으로 관광안내도와 드라마 '천국의 계단', '칼잡이 오수정'의 촬영세트장임을 알리는 커다란 입간판 등이 세워져 있다.

하나개해수욕장은 입장료를 받으나 1~2월은 무료다. 매표소를 지나면 숙박관리사무소와 횟집, 식당, 편의점들이 늘어서있다. 모래해변으로 내려서자 벌써 낮게 드리운 석양이 주변을 온통 옅은 노을빛으로 물들이고 있고, 끝도 없이 길게 이어지는 광활한 모래사장 위로는 200여개의 방갈로들이 줄지어 늘어서서 지는 석양을 바라보고 있다.

1 하나개해수욕장 노을 풍경
2 큰무리마을 앞 노을 풍광

무의도 섬의 노을 잔치는 아직 끝나지 않았다. 하나개해수욕장을 벗어나 큰무리마을에 당도했을 때는 연분홍빛 노을이 옅게 드리워진 잔잔한 바다가 발목을 잡는다. 이쯤 되면 차에서 내리지 않을 수 없다. 잠시 서서 시시각각 다채로운 빛으로 변하는 바다를 바라보며 아련한 감성에 흠뻑 젖어보는 것으로 무의도 여행을 마무리한다.

무의도 · 소무의도 · 실미도
주요 핵심정보

영종도 잠진도 선착장에서 카페리를 타고 10여분이면 닿을 수 있는 섬 '무의도'는 실미해수욕장과 하나개해수욕장 그리고 썰물 때 걸어서 들어갈 수 있는 '실미도'와 인도교를 건너 들어갈 수 있는 '소무의도' 등 두 개의 아름다운 섬을 품고 있다.

뿐만 아니라 큰무리 선착장에서 국사봉과 구름다리, 호룡곡산을 거쳐 하나개해수욕장 또는 광명항으로 이어지는 등산 코스와 호룡곡산에서 '환상의 길'을 거쳐 '천국의 계단' 등 드라마 세트장을 지나 하나개해수욕장으로 내려오는 코스 등 다양한 등산 코스가 조성되어 있다. 또한 '소무의도'에는 섬을 에둘러 걷는 '무의바다누리길'이 조성되어 있다.

다행히 바닷길이 열려 실미도에 들어갔다면 섬을 가로지르는 산등성이를 넘어 서쪽 해변으로 꼭 가보자. 해변에 늘어선 기암괴석들이 이색적인 아름다움을 선사하는 고즈넉한 해변이 기다리고 있다. 해넘이는 무의도 하나개해수욕장, 해돋이는 큰무리선착장 부근과 소무의도 몽여해변에서 보는 것이 좋다.

대무의도와 소무의도를 잇는 '소무의인도교'는 차량 통행이 불가하다. 자전거와 사람만 통행이 가능하므로 차량은 반드시 무의도 광명항에 세워놓고 도보로 이용해야 한다.

- 무의도와 소무의도, 실미도로 가려면 우선 영종도 남쪽 끝자락에 위치한 잠진도선착장에서 무의도해운(주)이 운항하는 카페리를 이용해서 무의도 큰무리선착장에 내리면 된다. 무의도행 카페리는 잠진도 선착장에서 매시간 15분과 45분에 출항한다.

- 실미도 바다 갈라지는 시간 및 배편 결항여부, 운항시간표는 무의도해운(주) 홈페이지(www.muuido.co.kr)에서 자세히 알아볼 수 있다.

- 무의도 큰무리 선착장에서 여객선 도착시간에 맞춰 섬 내 버스를 운행한다(무의도 선착장 → 실미해수욕장 → 광명 선착장 → 하나개해수욕장 → 무의도 선착장).

교통편 및 배편 정보 (2017년 4월 기준)

교통편

❶ 잠진도 선착장까지 교통편

◐ 승용차 이용시
- 인천공항고속도로 → 영종대교 → 용유, 무의 방면으로 우측 방향 → 영종해안남로 → 잠진도 선착장
- 인천대교고속도로 → 영종 IC 교차로에서 용우동 방면으로 우측 방향 → 영종해안남로 → 잠진도 선착장

◐ 대중교통 이용시 (공항철도)
- 인천국제공항역 하차 → 인천공항 3층 승강장에서 잠진도행 222번이나 2-1번 버스 탑승 → 잠진도 선착장

배편 잠진도 선착장 ⇌ 무의도

❷ 잠진도 선착장에서 무의도행

◐ 무의도해운(주) www.muuido.co.kr
- 주소 : 인천시 중구 잠진도길 120
- 문의전화 : 032-751-3355, 032-746-0077(오전 8시 30분~ 오후 6시 30분까지)

운항시간

- 잠진도 → 무의도(비수기 기준) : 오전 7시 45분부터 매 30분 간격으로 운항(매시간 15분, 45분)
- 무의도 → 잠진도(비수기 기준) : 오전 7시 30분부터 매 30분 간격으로 운항(매시간 정시, 30분)

※ 금, 토, 일 공휴일은 07:30~19:30까지 수시 운항(무의도 기준)

운항요금

- 왕복기준 : 대인 3,800원, 소인 2,700원
- 경차 18,000원, 승용차 20,000원, 짚차형 21,000원, 승합차 22,000~28,000원

※ 운항시간은 계절에 따라 혹은 물때에 따라 변하므로 반드시 선사에 미리 확인 요망
※ 썰물 때 약 2시간 정도 결항되므로 반드시 사전에 선사로 문의 또는 무의도해운 홈페이지에서 확인

섬 내 교통편

❸ 섬 내 마을버스

무의운수 : 032-746-4491, 010-3045-4493(요금 1,000원)

숙소 및 식당 정보

무의도 큰무리마을과 포내마을 등 곳곳에 펜션과 식당, 편의점 등이 많이 있다.

· **무의도**

해변의꿈 032-751-9939	mdob.co.kr
리푸펜션 032-747-0053	lifou.co.kr
달담은무의바다 032-752-9800	muuisea.com
빌리쉬 펜션 032-751-7877	villish.co.kr
소나무펜션(+식당) 032-751-4525	muui.net
씨사이드호텔 032-752-7737	seasidehotel.co.kr

· **식당**

무의도 데침쌈밥 032-746-5010
까치노을식당 010-3382-4215
광명식당 032-752-9203

어부네 032-752-9597

소무의도 뗌리국수 032-752-3814

소무의도 해병호식당 032-752-2318, 010-3284-2318

 ## 추가 정보

하나개해수욕장
- 문의전화 032-751-8866, 8833
- 주소 : 인천광역시 중구 무의동 산189
- 입장료 : 대인(중학생 이상) 2,000원, 소인(초등학생 이하) 1,000원
- 홈페이지 www.hanagae.co.kr

실미유원지
- 문의전화 032-752-4466
- 주소 : 인천광역시 중구 큰무리로 99
- 입장료 : 대인 2,000원, 소인 1,000원, 텐트&타프 5,000원(당일 기준)

여행 참고 사이트
인천 중구 문화관광   www.icjg.go.kr

인천 투어   itour.incheon.go.kr

인천 세어도(細於島)

천혜의 자연경관을 고스란히 품은 도심 속 오지 섬

세어도에는 탄성이 절로 나오는 장쾌한 해안 절경은 없다. 하지만 숲길을 걷는 내내 들려오는 청아한 새소리와 온몸을 휘감는 초록빛 청량한 바람은 순간순간 작은 탄성이 절로 터져 나오게 만드는 섬이다. 간혹 시야가 트일 때마다 만나게 되는 드넓은 갯벌 풍경은 여행객의 감성을 촉촉이 적셔주는데 서쪽과 남쪽 해안산책로를 걸을 때 절정을 이룬다. 싱그러운 갈대숲과 서걱거리는 갈잎 소리, 드넓은 갯벌이 어우러진 서정적인 모습들이 감성을 자극하기 때문이다. 그 순박한 자연풍광을 오롯이 즐기며 걷노라면 발걸음은 자연스럽게 느려질 것이고 힘든 세상살이에 지쳐 바짝 메말랐던 감성이 소록소록 샘솟는 것을 느끼게 될 것이다.

초록빛을 머금은 바람소리가 끊이지 않는 바람의 섬. 그 꾸미지 않은 순수 자연과 함께 호흡하며 유유자적 둘레길을 걷다보면 어느새 심신이 절로 맑아짐을 느낄 수 있다. 특별한 볼거리는 없지만 잔잔한 감성을 불러일으키는 아름다운 섬 세어도.

세어도 1일 코스

첫째날 청라국제도시역 … 세어도 선착장 … 세어도항 … 세어도마을 … 마을회관 … 당재 소나무군락지 … 북측산책로 … 해돋이 전망대 … 중앙산책로 … 해암정 … 서측산책로 … 소세어도 … 남측산책로 … 해넘이 전망대 … 갈대숲 … 마을회관 … 세어도항

세어도로 가는 길

초록빛 바람소리와 꾸미지 않은 수수한 자연 경관에 감성이 소록소록 샘솟듯이 솟아오르는 힐링의 섬, 그것도 서울 도심에서 아주 가까운 거리에 원시의 자연 경관을 그대로 간직하고 있는 섬이 있다는 것에 적잖이 놀라지 않을 수 없었다. 그저 무심히 바라보던 섬, 차를 타고 영종대교를 건너면서도, 강화 동검도에서 갯벌 너머로 무심히 바라봤을 때도 그저 바다 위에 떠있는 무인도 중의 하나이려니 생각했었다.

그 무심히 바라보던 작은 섬이 유인도라는 것도, 섬과 육지를 이어주는 배편이 구청에서 운영하는 행정선인데다 섬주민이 아닌 여행객들이 그 행정선을 타고 섬으로 들어갈 수 있다는 것도, 그 모든 것들이 그저 놀랍고 신기하기만 했다.

서울 근교에 있으니 가까워서 좋고 당일치기로 부담 없이 다녀오기에 제격인 섬이니만큼 많은 준비도 필요 없다. 추억을 남길 카메라와 물, 간식만 챙겨서 가벼운 마음으로 떠나기만 하면 된다. 더구나 그 작은 섬에 끼니를 해결할 수 있는 식당이 있다고 하지 않던가. 그날 날씨만 도와준다면야 더 바랄 것이 없을 것이다.

세어도 선착장에 도착한 시각은 세어도행 배가 출항하는 시간보다 2시간이나 빠른 오전 9시 30분경. 허나 이른 시간임에도 불구하고 선착장 입구에는 벌써 30여 명의 사람들이 모여 있는 것이 아닌가. 역시나 주말에는 세어도를 찾는 여행객들이 많아 서두르지 않으면 배를 못 탈 수도 있다는 말이 실감나는 순간이다.

두 번째 배에는 오를 수 있게 되어 안심이긴 했지만 이제부터는 뙤약볕에서 무려 2시간이나 기다려야 하는 고행의 시간이 남은 것이다. 세어도 선착장 건물은 따로 없다. 해안 철책선 안에 '세어도 선착장 안내소' 건물이 보이고, 철책선 밖에는 벤치들이 놓여있는 버스승차대만 있을 뿐이다.

섬으로 들어가는 배편은 오전 11시 30분, 섬에서 나오는 배편은 오후 4시에 있으나 섬으로 들어갈 때나 나올 때 적어도 출항 20분 전에는 선착장에 도착해야 한다. 섬으로 들어가기 전에 선착순에 의해 번호표를 배부 받은 후에 승선자 명부에 이름, 생년월일, 주소, 전화번호 등을 기재해야 하기 때문이다.

물론 여행객이 몰리는 주말에는 더 일찍 도착해야한다. 하루에 80명만 섬에 들어갈 수 있는데다 선착순이기 때문에 늦으면 번호표를 받지 못할 수도 있다. 또한 80명이 한꺼번에 섬으로 들어가는 것이 아니다. 정서진호의 정원은 20명, 관리요원의 안내에 따라 20명씩 경계철망을 통과해 선착장 안으로 들어간 후에 정서진호에 오르게 된다. 왕복 뱃삯은 무료이나 환경관리비를 성인 4,000원, 학생 2,000원씩 받고 있다.

미세먼지로 하늘빛은 희뿌옇고 시야는 좀 답답했지만 볼을 스치는 바닷바람만큼은 너무도 상쾌했다. 바다 건너편으로는 세어도 섬이 길게 가로로 누워있다. 가늘고 길게 늘어선 섬이라 하여 '세어도'라 불리게 되었다는 섬, 그 미지의 섬으로 가는 뱃길이 마침내 시작되는 것이다.

앞서 20명을 태우고 들어갔던 정서진호가 다시 되돌아 나오고 우리는 차례로 정서진호에 오른다. 정서진호는 섬을 향해 나아가고 여행객들은 벌써부터 기념사진을 남기느라 바쁘다. 그러는 사이에 바다에 떠있는 작은 섬 하나가 우리 앞으로 다가오더니 이내 뒤로 사라지고 만다. 눈길을 사로잡았던 그 작은 섬은 선착장과 선착장 사이에 있는 무인도 '컴섬'이다.

세어도(행) 선착장 배 타러 나가는 곳

세어도(행) 선착장에서 세어도항까지의 거리는 약 1.2km, 소요시간은 약 7분정도 걸린다. 선착장을 떠난 배는 컴섬을 지나는가 싶더니 눈 깜짝할 사이에 섬에 닿는다. 바닷물이 빠져나간 개펄에서 놀던 게들이 인기척에 놀라 구멍으로 숨느라 정신이 없다. 우리를 내려놓은 정서진호는 다시 반대편 선착장으로 되돌아가고 여행객들은 서둘러 마을로 향하는 언덕으로 오른다.

세어도는 인천광역시 서구 원창동에 딸린 섬으로 면적은 0.408㎢(약 12만평), 해안선 길이 4.2 km, 인구는 26가구에 37명이다. 섬의 지명은 가늘고 길게 늘어선 섬이라 하여 '세어도'로 불린다. 동서로 길게 뻗어있는 세어도는 육지에서 기껏해야 1km 남짓한 거리에 위치한 아주 작은 섬, 청라~초지대교간 해안 도로변에 위치한 '세어도 선착장'에서 행정선을 타고 약 10여분 만에 닿을 수 있는 가깝고도 먼 도심 속 오지 섬이다.

선착장 주변에는 세어도 관광안내도와 물개 조형물 의자 그리고 2016년 4월 20일부터 부득이하게 환경관리비를 받게 되었다는 안내문 등이 보인다. 선착장에서 환경관리비를 받고 있던 마을주민분이 우리를 보자 반갑다는 어투로 "볼 것도 없는 섬에 뭐 하러 오셨어요?" 하신다. 우리는 웃으면서 "볼 것이 없으니까 왔지요~" 했더니 따라 웃으시면서 "우리는 볼 것이 하나도 없는데 이곳에 온 사람들은 뭐든 다 볼거리라고 하더군요." 하신다. 주말이면 몰려오는 관광객들이 신기했던 모양이다. 아니, 주말뿐 아니라 평일에도 한 60명 정도는 매일 들어온다고 한다.

선착장 갯벌 풍경

관광안내도를 보면 세어도 섬 둘레길 구간은 총 5km이다. 심한 오르막이나 내리막구간이 없을 터이니 둘레길 한 바퀴 도는 데는 약 1시간 반이면 충분할 것이다.

1 파스텔 색상 계단   2 애기누운주름잎

소박한 벽화마을 산책

달팽이걸음으로 마침내 느린 섬마을 탐방이 시작된다. 아니나 다를까 곧 눈길을 사로잡는 것들이 있으니 발걸음은 당연히 멈춰질 수밖에 없다. 일단 첫 번째 발목을 잡은 것은 파스텔조의 색으로 칸칸마다 예쁘게 치장한 계단이요, 두 번째는 도로변 석축을 뒤덮은 보랏빛 작은 야생화이다. 도날드덕(Donald Duck) 얼굴 모양새를 닮은 이 앙증맞은 야생화는 '애기누운주름잎'으로 덩굴해란초 또는 자화해란초라고도 불리는 귀화식물이다. 애기누운주름잎이라니, 꽃 모양새도 예쁘지만 이름도 너무나 귀엽다.

보랏빛 야생화 군락을 뒤로하고 언덕을 오르던 발걸음은 곧 다시 멈춰지고 만다. 이번에는 길가에 핀 접시꽃과 집집마다 담벼락에 그려진 색색의 벽화 때문이다. 연분홍, 진분홍의 접시꽃들은 6월의 뙤약볕 아래에서 본연의 화사한 빛깔을 맘껏 뽐내며 환영의 미소를 보내고 있다. 볼거리가 없는 섬이 아니라 볼거리가 너무도 많은 섬이다. 개펄이 펼쳐진 선착장부터 시작해서 언덕 위의 마을로 오르는 길목까지만 해도 구경거리들이 이리 넘쳐나지 않는가?

1 마을 입구 **2** 마을에서 내려다본 선착장 풍경

어느 담벼락에는 이어폰을 귀에 꽂은 채 눈을 스르르 감고 있는 강아지 벽화가 그려져 있었다. 그 강아지가 코를 들이대고 있는 곳에는 빨강 꽃들이 피어있고 꽃 주변으로는 호랑나비도 한 마리 날아다닌다. 그 옆에 있는 미완성의 빨강색 하트가 그림을 완성하고 싶은 욕구를 불러일으킨다.

그 건너편 담벼락에는 진한주황빛 능소화 꽃이 창가에 가득 피었다. 창가에 축축 늘어진 진초록빛 덩굴 모양이나 활짝 핀 꽃들은 실제 능소화 꽃처럼 보이나 물론 벽화이다. 옆쪽 벽화는 더 재밌다. 구멍이 뻥 뚫린 콘크리트벽 안의 대형 수조에는 물고기들이 놀고 있고 담 밑에서는 고양이 한 마리가 호시탐탐 기회를 엿보고 있는데 커다란 자라가 나와서 호통을 치는 듯한 그림이다. 그 외에도 개구쟁이들이 남의 집 감을 몰래 따다가 들켜서 할머니에게 혼나는 벽화도 재미있고 키 큰 해바라기 벽화도 정겹다.

1 강아지 벽화
2 능소화 벽화
3 대형수조 벽화
4 접시꽃과 마을 벽화

마침내 점심을 먹으려던 고욤나무집에 도착했다. 허나 식당 안은 단체손님들의 식사를 준비하느라 분주하다. 하는 수 없이 나오는 길에 늦은 점심을 먹기로 한다. 고욤나무집도 건물 전체가 범고래들이 뛰어노는 바닷속이다. 고욤나무집 옆에는 약 150년 묵은 노거수 고욤나무 한 그루가 있다. 이 고욤나무는 옛 세어분교 운동장 옆에 있던 나무로 봄에 연녹색 꽃이 피지만 열매는 맺지 않는다고 한다. 옛 분교자리에는 현재 어촌계 마을회관과 어촌체험종합안내소 건물이 들어서 있다.

마을회관 우측 길섶 빈터에는 개망초 꽃이 흐드러지게 피어 장관이다. 순백의 꽃을 피우는 개망초 꽃은 전국 어느 곳에서나 흔히 볼 수 있는 꽃이지만, 무리지어 피어 있으면 그 어느 꽃무리 못지않게 화려하면서도 아름답다.

1 해안 풍경과 개망초 꽃무리
2 고염나무집
3 150년 묵은 노거수 고욤나무

당재 소나무 군락지

굴피나무 꽃바람 품은 섬 둘레길과 해돋이 전망대

개망초 꽃무리와 마을회관 건물을 지나면 마을을 완전히 벗어나게 된다. 곧 이정표가 보이고 좌측으로 '해넘이 전망대'로 가는 길이 보이지만 무시하고 곧바로 중앙산책로를 따라 직진한다. 몇 발작 걷다 보면 곧 아름드리 소나무들이 군락을 이루고 있는 당재(당고개)에 다다르게 된다. 당재는 예전에 마을의 안녕과 평안, 풍어 등을 기원하는 유교식 마을 제사인 도당제를 지내던 곳이라고 한다.

도당제 안내판과 멋들어진 아름드리 소나무들이 늘어서있는 당재를 지나자마자 중앙산책로를 버리고 '전망대 1,500m'라 쓰인 이정표를 따라 우측으로 접어든다. 둘레길은 곧 넓은 임도에서 조붓한 숲길로 바뀐다. 숲길로 들어서는 순간 초록빛 싱그러운 바람이 온몸을 휘감는다. 발걸음이 절로 가벼워지는 아름다운 길이다. 숲길은 푹신푹신 양탄자를 깔아 놓은 듯 푹신거리고 사방에서 들려오는 아름다운 새소리는 심장을 파고든다. 심신을 온통 초록빛 싱그러움으로 채워주는 숲이다.

심한 오르막길도 내리막길도 없는 평탄한 숲길, 그 숲길 양옆으로는 진달래나무가 군락을 이루고 있었다. 이른 봄 진달래꽃 필 때는 온통 연분홍빛으로 물들어 장관을 이룰 듯하다. 진달래와 참나무 등의 활엽수들이 울창하게 늘어선 숲을 지나자 이번에는 굴피나무 군락이 터널을 이룬 숲길이 이어진다. 은은한 굴피나무 꽃향기가 코끝을 간지럽히는 향기로운 숲길이다.

5~6월에 노란빛을 띤 녹색 꽃을 피우는 굴피나무는 암꽃과 수꽃이 한 나무에 피는 자웅동주이다. 꽃의 모양도 꽤나 독특하게 생겼는데 긴 꼬리처럼 보이는 것이 수꽃, 안에 긴 솔방울처럼 생긴 것이 암꽃이다.

1 굴피나무 터널 **2** 굴피나무 꽃

굴피나무 터널을 지나면 우측으로 해돋이 전망대가 보이는데 이 주변에는 온통 참나리가 군락을 이루고 있어 눈길을 끈다. 참나리 군락을 보니 꽃이 피는 7월에 꼭 이 꽃길을 다시 걷고 싶다는 생각이 간절해진다. 참나리 무리 속에는 연보랏빛 작은 꽃이 듬성듬성 보이는데 무슨 보석처럼 반짝이고 있었다. 신기한 마음에 가만히 들여다보니 꽃 가운데로 산딸기모양의 검은색 씨앗(주아)이 보이는 것이 아닌가? 어, 이 꽃은 무슨 꽃이지? 산달래 꽃 같기는 한데… 결국은 궁금증을 풀기 위해 한 포기 뽑아봤더니 산달래 꽃이 맞긴 맞았다. 산부추 꽃과 달래 꽃은 더러 봤지만 산달래 꽃과 주아는 처음 대면이다. 헌데 정말 신기하게도 생겼다.

식물공부는 잠시 미루고 해돋이 전망대에서 주변 바다 경치 감상에 들어가 보기로 한다. 드넓게 펼쳐진 갯벌 뒤로 옥색 바다가 고요하다. 오른쪽 바다 위에는 겹섬이, 왼쪽으로는 항산도와 소항산도가 어렴풋 보인다. 탄성이 터져 나오는 장쾌한 풍광은 아니지만 감성을 촉촉이 적시는 잔잔한 풍광이 눈길을 끈다.

1 참나리 꽃봉오리　**2** 산달래 꽃과 주아
3 해돋이 전망대　**4** 전망대에서 바라본 해안풍경

중앙산책로

풀 향기 폴폴 풍기는 중앙산책로

싱그러운 바람이 시원하게 불어오는 푹신한 숲길은 잠시 더 이어지더니 다시 전망이 탁 트인 중앙산책로와 이어진다.

선착장 반대편 끝에 위치한 소세어도로 가기 위해서는 중앙산책로를 따라 곧장 앞으로 가야한다. 잠시 이어지는 울창한 소나무 숲길, 소나무 숲길을 벗어나자 걸을 때마다 싱그러운 풀 향기가 폴폴 코끝을 간지럽히는 풀밭 길이 이어지고 그 옆으로는 고사리가 군락을 이룬다. 잠시도 지루할 틈이 없다.

다시 이어지는 초록빛 숲길과 연녹빛 밤꽃이 만개한 밤나무 꽃터널을 지나 계속 걷다 보면 우측 끝으로 정자가 하나 나타나는데 마침내 선착장 반대편, 중앙산책로 끝자락에 위치한 '해암정' 정자에 다다른 것이다.

정자 앞에 서서 광활하게 펼쳐진 갯벌 건너편으로 보이는 동검도 섬과 좌측으로 살짝 모습을 드러낸 소세어도 섬을 바라보고는 다시 발걸음을 되돌려 나온다.

1 중앙산책로 이정표와 파고라
2 해암정에서 바라본 동검도

해암정 정자(전망대)에서 약 340m의 숲길을 지나면 비로소 삼거리가 나오고 이정표가 보이는데 우측은 소세어도, 좌측은 선착장으로 향하는 서측산책로이다.

해암정 정자

1 소세어도로 향하는 숲길　**2** 숲길에서 본 소세어도

섬 속의 작은 섬, 소세어도

소세어도 입구에는 통행안내 표지판이 서있다. 돌다리가 침수될 우려가 있는 경우 또는 기상악화시에는 통행을 금지하며 산불예방과 안전을 위해 취사와 야영을 금한다는 내용이다. 섬 속의 섬, 간조시에만 들어갈 수 있는 소세어도는 섬 여행의 묘미를 더한다.

안내 표지판 오른쪽으로 보이는 데크 산책로를 따라 소세어도 섬으로 향한다. 데크 산책로가 끝나는 곳에서부터 돌다리가 시작되는데 직선이 아니고 부드러운 S자 곡선이다. 아주 작은 미지의 섬으로 들어가는 길, 저 섬에는 과연 어떤 풍광이 펼쳐질까? 돌다리를 건너는 중에 사방으로 펼쳐지는 풍광은 평화로움이다. 양옆으로 끝도 없이 펼쳐지는 광활한 갯벌과 그 뒤로 아스라이 보이는 작은 섬들 그리고 방금 걸어온 숲길 등이 마냥 고즈넉하다.

1 소세어도로 향하는 데크 산책로
2 S자 돌다리
3 우측 해안과 세어도
4 좌측해안 갯벌 풍경

돌다리를 건널 때부터 계속 뒤를 돌아보게 만드는 모습, 계단을 오를 때도 마찬가지이다. 유려한 곡선의 돌다리도 아름답지만 그와 함께 어우러진 세어도 섬 풍경이 꽤나 매혹적이다. 소세어도를 오르는 계단 아래쪽으로 듬성듬성 자라는 초록색 방석모양의 갯질경이와 바닥을 붉게 물들인 이름 모를 염생식물 무리도 여행객의 감성을 자극하기에 부족함이 없다.

데크 계단이 끝나자마자 소나무 숲길이 이어지고 그 숲길 끝에서 서일정 정자와 데크 전망대를 만나게 된다. 이쯤 되면 탄성이 절로 나오는 순간이다. 아래쪽으로는 전망대가 자리하고 있고 그 뒤쪽으로는 갯벌이 펼쳐진다.

1 정자에서 바라본 전망대　**2** 계단 아래에서 바라본 우측 해안

탁 트인 전망을 즐기기 위해 다시 전망대로 내려선다. 소세어도와 강화 동검도 사이에 바다는 없다. 다만 광활한 갯벌만이 있을 뿐이다. 동검도 우측으로는 이름도 예쁜 동그랑섬이 보인다.

전망대에서 바라본 동검도와 동그랑섬

소세어도가 보이는 갈대 숲길

가슴이 확 트이는 곳, 해넘이 전망대

세어도 섬 둘레길은 찬란한 초록빛을 뿜어내는 갈대군락을 지나 소나무와 활엽수들이 어우러진 어둑한 숲길로 올라서게 된다. 푹신한 오솔길을 잠시 걷다보면 내리막길이 나오고 시야가 확 트이면서 둘레길은 급하게 왼쪽으로 방향을 튼다.

오른쪽으로 갈대밭을 끼고 걷게 되는 길, 초여름 햇살 가득 머금은 초록빛 갈대밭도 아름답지만 그 뒤로 아스라이 펼쳐지는 갯벌 풍경이 자꾸만 마음을 빼앗는 길이다. 갯벌 뒤로 보일 듯 안 보일 듯 희미하게 보이는 바다 빛은 연한 옥색, 그야말로 매혹적인 물빛이다.

바람이 불 때마다 갈잎 스치는 소리가 더해져 여행객의 감성을 흠뻑 적셔주는 그 갈대숲 끝자락에서 허름한 집 한 채를 만나게 된다. 폐가인지 사람이 살고 있는 집인지 그 정체 모를 집을 지나면 세어도의 트레이드마크인 하늘색 '변소'를 만나게 된다. "실제로 사용하는 변소일까?"하는 궁금증을 자아내게 하는 이 하늘색 작은 건물은 어떻게 담아도 한 폭의 그림이 된다.

1 하늘색 변소　**2** 갈대밭

둘레길은 다시 이어지고 몇 발작 옮기자마자 이정표를 만나게 되는데 '해넘이 전망대'로 가기 위해 오른쪽 숲길을 택한다. 이정표에는 해넘이 전망대까지 370m, 선착장까지는 1,300m라고 되어있다. 나지막한 오르막 계단과 평탄한 오솔길 그리고 내리막 계단이 자연스럽게 이어지는 숲길 오른쪽으로는 햇살을 머금은 갈대숲이 내내 따라오는 길이다.

갈대숲 끝자락에서 다시 푹신푹신 부드러운 숲길로 잠시 이어지는가 싶더니 '해넘이 전망대'가 눈앞에 나타난다. 가슴이 확 트이는 곳, 끝없이 펼쳐지는 생명의 땅 갯벌과 구불구불 이어지는 물 고인 갯고랑, 이런저런 해안 풍광을 보고 있노라니 가슴속에 잔잔한 파문이 인다. 그 잔잔한 자연을 오롯이 즐기며 숲길을 휘적휘적 걷다보면 내리막 계단이 나오고 둘레길은 왼쪽으로 휘어진다.

다시 오른쪽으로 갈대밭과 갯벌을 끼고 걷게 되는 길이 구불구불 이어진다. 바람결에 서걱거리는 갈잎소리를 들으며 마냥 걸어도 좋은 길이다. 갈대밭 끝에서 갈림길이 나오는데 곧장 가면 중앙산책로와 마주한다.

1 해넘이 전망대
2 전망대에서 바라본 갯벌 풍경

섬에서 즐기는 농어회덮밥

고염나무집에 도착해 도토리묵무침을 찾았으나 모두 떨어지고 없다고 한다. 하는 수없이 농어회덮밥으로 주문을 한다. 뱃시간이 걱정되어 아주머니에게 빨리 되냐고 물었더니 염려 말라고 한다. 회는 아침에 떠서 냉장보관 해놓기 때문에 금방 될뿐더러 도토리묵도 그날 팔 만큼의 양만 아침에 만들어 놓는다고 한다. 민박과 매점을 겸하고 있는 고염나무집의 메뉴는 도토리묵과 도토리묵 묵밥, 농어회, 농어회 매운탕, 바지락칼국수, 콩국수 등이 있다.

두툼한 자연산 농어회를 듬뿍 얹은 회덮밥은 보기만 해도 군침이 돌았다. 갖은 야채와 콩가루 위에 두툼하게 썰어서 넣은 농어회, 그 위에 초고추장을 뿌려 살살 비빈 후에 한 숟가락 입안에 넣으니 그야말로 살살 녹는다. 얼갈이김치와 마늘쫑장아찌에 특별히 더 준다는 두릅장아찌까지 정말 푸짐하다. 거기다가 주인아저씨의 재미난 입담이 더해지니 맛은 두 배가 된다.

고염나무식당 농어회덮밥

세어도 주요 핵심정보

선착장에서 언덕을 따라 오르다보면 20여 가구가 옹기종기 모여 있는 마을에 다다르게 된다. 자동차는 아예 찾아볼 수 없는 무공해의 섬. 번듯한 건물이라고는 마을회관과 어촌체험종합안내소뿐인 아주 작은 섬마을이다. 다행스럽게도 식당은 두 곳이나 있다. 민박과 매점, 식당을 겸한 고염나무집 그리고 광성호식당이 있으며 그 외 숙박은 어촌계 마을회관(문의 : 어촌계 사무장 010-3366-3546)에서 할 수 있다. 섬을 에두르는 둘레길 총 길이는 5km, 섬 둘레길 이정표는 비교적 잘되어있다. 둘레길 중간중간에 해돋이전망대와 해넘이전망대, 정자 등이 있으며 간조 때만 들어갈 수 있는 소세어도(지내섬)는 섬 여행의 묘미를 더한다.

세어도 어촌체험마을에서는 갯벌체험과 낚시체험, 먹거리체험 등을 운영하고 있으니 아이들과 함께 간다면 미리 예약한 후에 참여해보는 것도 좋을 듯하다.

숲길에서 본 소세어도

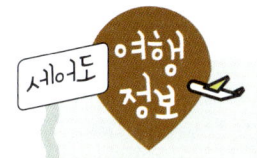

- 인천광역시 서구의 유일한 유인도인 세어도는 서구청에서 1일 왕복 2회 운영하는 행정선이 섬과 육지를 이어주는 유일한 교통수단이다. 1일 섬으로 들어갈 수 있는 인원이 선착순 80명으로 제한되었기에 미리 예약을 하지 않으면 섬으로 들어가지 못하는 사태가 발생할 수도 있다.
- 행정선 '정서진호'는 인천광역시 서구 문화관광 홈페이지에서 예약이 가능하다(배 운항 시간표와 결항일은 사전 확인 필수).
- 선착장 내 구역은 군사시설보호구역이기에 선착장 내 사진 촬영 금지, 행정선 승·하선 시 철책 내부 체류 금지, 승선신고서 작성 및 해경 통제 하에 승선 등등의 사항을 준수하여야 한다.

교통편 및 배편 정보 (2017년 4월 기준)

교통편

❶ 세어도 선착장까지 교통편

○ 승용차 이용시
- 북인천IC입구사거리에서 환경연구단지 방면 → 김포, 강화방면으로 좌회전 → 청라~김포간 해안도로 → 세어도 선착장 맞은편 주차장에 무료주차

※ 네비게이션에 '세어도 선착장' 입력

○ 대중교통 이용시
- 택시 이용시 청라국제도시역에서 세어도 선착장까지 요금 8,000~9,000원(약 20분 소요)
- 공항철도 이용시 검암역에서 700-2번 버스 탑승 → 세어도 선착장역 하차(약 30분소요)

배편 세어도 선착장 ⇄ 세어도항

❷ 세어도 선착장에서 세어도항 행
◯ 행정선 정서진호

주소 : 인천광역시 서구 오류동 세어도 선착장

운항시간(방문객 기준 1일 왕복 2회(소요시간 약10분))
- 세어도 선착장 → 세어도항 : 10:00 출항(선착순 80명, 출발 20분 전까지 선착장 도착)
- 세어도항 → 세어도 선착장 : 15:30 출항(출발 20분 전까지 세어도항 도착)

※ 승선료 : 무료 (신분증 반드시 지참)
※ 세어도 환경관리비 : 성인 4,000원, 학생 2,000원
※ 주의사항 : 격주 수요일은 정서진호 정기 결항일이다(그 외에도 물때에 따라 또는 기상특보 시에 결항일 발생).
- 정서진호 운항시간 및 결항일 등 자세한 여행정보는 출발 전 서구 문화관광 홈페이지에서 반드시 확인한다.
- 세어도로 들어가는 배편은 물때에 따라 세어도 선착장과 만석부두 등 두 곳에서 출항하나 만석부두에서 출항하는 배편은 섬주민 전용. 관광객은 세어도 선착장 이용만 가능하다.

인천광역시 서구 문화관광 홈 seo.incheon.kr
※ 승선 문의 서구청 재무과 032-560-4161

숙소 및 식당 정보

세어도는 식당과 민박 등의 신개축 지원사업으로 2016년 7월경부터 공사에 들어갈 예정이라고 한다.

· 세어도

고염나무집(매점/분식/민박)(+식당) 010-8639-0939
※ 농어회덮밥 15,000원 / 도토리묵 묵밥 6,000원 / 도토리묵 정식 10,000원 / 자연식 백반 5,000원

광성호식당 010-8488-4652

※ 농어회, 식사, 시골밥상

어촌계 마을회관(어촌계 사무장) 010-3366-3546(민박문의)

 ## 추가 정보

세어도 어촌체험마을 휴양마을 정보
※ 주소 : 인천광역시 서구 세어로 29(원창동 356-1)
- 프로그램 : 갯벌체험, 향바누체험, 소라분재체험, 숭어낚시체험, 먹거리체험 등을 운영
- 프로그램 가격 : 갯벌체험 1인 기준 대인 10,000 / 소인 5,000원(장화, 호미, 망태 대여시), 낚시체험 3만원~7만원

※ 문의 : 세어도 어촌계 사무장 010-3366-3546, 032-831-1263
※ 바다여행 세어도 어촌체험마을 홈페이지   www.seantour.com

세어도 여행 시 유의할 점
※ 출발 전에 반드시 배 운항시간과 결항일을 확인한다.
※ 꼭 신분증을 지참한다.
※ 세어도 선착장 도착 후 관리요원의 지시에 따라 20명씩 배에 탑승한다(정원 80명 초과 시 승선 불가).
※ 섬주민과 직계가족은 탑승자 우선순위이다.
※ 차량은 탑재가 불가하며, 세어도 선착장 맞은편 주차장에 무료주차장을 이용하면 된다.
※ 세어도 섬 내 산나물 및 과실은 채취를 금지한다.
※ 취사도구(화기) 반입금지 및 야영이 불가하다.
※ 애완견 반입은 금지사항이다.
※ 농작물 훼손은 금지사항이다.
※ 식사는 출발 전 미리 예약하는 것이 좋다.
※ 화장실은 세어도 어촌계회관 뒤 어촌체험종합안내소에 있다.

천혜의 해안 절경을 품은
여수의 여러 섬

한반도 남해안의 중앙에 위치한 여수는 다도해해상국립공원과 한려해상국립공원을 품고 있는 해양관광도시로 여수 앞바다에는 365개(유인도 49개)의 크고 작은 섬들이 떠있다. 해상국립공원에 올망졸망 떠있는 49개의 유인도 중에서도 여수에서 두 번째로 큰 섬인 금오도를 비롯하여 안도, 하화도, 사도, 추도 등 4개의 섬을 차례로 소개한다.

금오도는 섬 서쪽에 깎아지른 낭떠러지 해안 절벽을 따라 환상의 트레킹 코스인 '비렁길'이 꿈결처럼 펼쳐지는 아름다운 섬이다. 총 18.5km, 5개 코스로 나뉘어져 있는 비렁길을 따라 걷다보면 곳곳에 천혜의 해안 절경이 펼쳐지는데 매 순간순간마다 탄성이 절로 나오게 된다.

이름도 예쁜 꽃섬 하화도는 섬을 한 바퀴 에두르는 섬 둘레길(꽃섬길)을 품고 있다. 총 5.7km에 불과한 이 꽃섬길은 형형색색의 야생화가 발목을 잡는 꽃길, 사부작사부작 거닐다보면 에메랄드빛 바다가 발아래 펼쳐지는 황홀경을 만날 수 있다. 특히 막산 전망대에서 내려다보는 탁 트인 전망과 쪽빛 바다 풍광은 하화도 최고의 선물이다.

태곳적 신비를 품은 섬 사도와 그 이웃 섬 추도는 작지만 큰 울림을 주는 최고의 힐링 플레이스다. 현대판 '모세의 기적'이라 불리는 바다 갈라짐 현상이 일어나면 두 섬을 이어주는 신비의 바닷길이 열린다. 또한 일억 년 전 공룡들이 뛰어 놀던 섬으로 천연기념물인 '공룡발자국 화석산지 및 퇴적층'을 품고 있어 경이로울 뿐 아니라 등록문화재인 옛 담장까지 품고 있는 보물 같은 섬이다.

여수 하화도(下花島)

꽃길을 거닐면 에메랄드빛 바다가 발아래 펼쳐진다

이름도 예쁜 꽃섬 하화도(下花島)는 해안선 길이 6.4km에 불과한 아주 작은 섬이다. 섬을 한 바퀴 에두르는 섬 둘레길은 형형색색의 들꽃이 피어 있는 들꽃길과 에메랄드빛 바다가 내려다보이는 능선길, 조붓한 숲길까지 두루 갖추고 있다. 자연과 하나 되어 걷다보면 반복되는 일상으로 지친 심신이 저절로 힐링이 된다. 곳곳에 서있는 전망대에서는 탁 트인 바다를 조망할 수 있어 또 다른 섬 여행의 즐거움을 안겨준다. 특히 하화도 최고의 전망을 선사하는 막산 전망대에서 내려다보는 탁 트인 전망과 에메랄드빛 바다는 그야말로 장관, 나도 모르게 탄성이 절로 나오게 된다.

깎아지른 낭떠러지 기암절벽 아래 입을 벌리고 있는 동굴과 그 사이로 하얀 포말을 일으키며 쉴 새 없이 드나드는 파도가 진한 감동을 선사하는 '큰굴'의 자태는 하화도 최고의 비경이라 할 만큼 장관이다.

하화도 1일 코스

첫째날 백야 선착장 … 하화도 선착장 … 휴게정자 1 … 휴게정자 2 … 순넘밭넘 구절초공원 … 큰산 전망대 … 깻넘 전망대 … 큰굴삼거리 … 막산 전망대 … 큰굴삼거리 … 애림민 야생화공원 … 하화도 선착장 … 사도 선착장

구절초 꽃길 찾아 삼만리, 화화도 꽃섬

여수 앞바다에 떠있는 하화도(下花島)는 섬 전체에 동백꽃과 진달래, 선모초가 만발한다고 하여 '꽃섬'으로 불리게 된 섬으로 10월이면 구절초(선모초) 꽃이 곳곳에 무리지어 피어나 진풍경을 자아낸다.

쉽게 끝나지 않을 것처럼 연일 기승을 부리던 살인적인 무더위도 어느새 물러가고 이젠 제법 아침저녁으로 찬바람이 불어대는 완연한 가을이다. 바야흐로 오곡백과가 무르익고 말이 살찌는 계절일 뿐만 아니라 여행자에게도 더없이 좋은 계절이 다가온 것이다. 꽃섬 하화도로 떠나는 날은 하늘도 호수처럼 맑고 청명하다. 시리도록 찬란한 햇살 아래에서 들녘은 온통 황금빛으로 출렁이고 은빛 갈대는 바람결을 따라 춤을 추는 눈부신 가을날이다.

한글날이 포함된 3일간의 황금연휴를 맞아 연휴 첫째 날 아침 느지막이 집을 나서 여수로 향했다. 고속도로는 한꺼번에 밀려나온 나들이 차량들로 곳곳이 극심한 정체가 빚어졌지만 개의치 않았다. 여행은 어차피 기다림의 연속이고, 그 기다림도 설렘과 즐거움으로 승화되는 것이 여행이다. 가다 서다를 반복하던 중 어느덧 정체는 풀리고 먼 길을 달린 끝에 순천IC를 벗어나 와온마을로 접어든다. 여수로 가기 전에 와온마을에서 노을을 보기 위함이다.

이번 2박 3일간의 첫째 날 일정은 와온해변에서 노을을 보고 난 후 여수에서 하룻밤을 보내는 것이다. 와온마을 입구에 당도했을 때는 이미 해는 서쪽으로 많이 기울었고 하늘은 여린 노을빛으로 물들기 시작했다.

두봉교에서 본 꽃노을

망설일 틈도 없이 와온해변 전망대로 들어섰으나 하늘은 구름 한 점 없이 밋밋했으며 햇살은 너무도 강렬해서 멋진 해넘이를 보기에는 애초에 틀렸다. 아쉬운 마음을 뒤로하고 다시 되돌아 나온다. 바다에 내려앉은 낙조를 감상하며 와온마을 앞 해안 도로를 지나고 순천시 해룡면과 여수시 율촌면을 이어주는 두봉교를 지나는 순간 갑자기 눈앞에 펼쳐진 황홀경에 그만 탄성을 내지르고 만다. 하늘도 바다도 온통 감빛으로 물든 꽃노을, 고요와 침묵이 흐르는 풍경 앞에서 저절로 탄성이 터져 나왔으나 그 탄성마저도 삼켜야만 했다. 차에서 내려 한참을 그 꽃노을 내려앉은 침묵의 바다를 바라보며 무아지경에 빠졌다가는 다시 어둠 속에 잠긴 도로를 달려 마침내 여수 시내에 닿는다.

이튿날 새벽부터 서둘러 백야 선착장으로 향한다. 승선권도 구입해야 하고 무엇보다 차를 선착장에 세워놔야 하기에 일찍부터 서두르지 않으면 안된다. 숙소를 나와 죽림사거리를 지나면서 보니 오른쪽 '죽림지' 수면 위로 모락모락 피어오르는 새벽 물안개가 장관이다. 한적한 도로를 한참 달리다보니 왼쪽으로 시야가 탁 트이고 바다가 내려다보이는데, 때마침 떠오르는 태양으로 붉게 물든 하늘과 바다가 장관을 이룬다. 어제 저녁 꽃노을에 이어 좀처럼 보기 힘든 환상의 물안개와 새벽 노을까지 보았으니 감동에 감동을 더하는 여행길이 아닌가?

그렇게 동녘 하늘이 새벽 노을로 붉게 타오르는 아름다운 하늘을 바라보며 백야대교를 지나 선착장에 무사히 도착한다. 매표소 건물 바로 앞에 차를 안전하게 세워놓고는 오전 8시에 출항하는 하화도행 승선표를 무사히 구입한다. 태평양해운이 운항하는 '대형카페리3호'는 백야도를 출발하여 개도와 하화도, 상화도를 거쳐 사도와 낭도까지 갔다가 다시 똑같은 항로로 되돌아온다.

1 백야 선착장 새벽 풍경　2 하화도행 여객선

드디어 꽃섬 하화도로 향하는 뱃길에 올랐다. 바다는 막 떠오른 태양이 반사되어 반짝이는 은빛 물결로 눈이 부시고 파란 하늘의 구름은 천사의 날개처럼 아름답다. 백야 선착장을 떠난 대형카페리3호는 백야등대를 지나 개도 여석 선착장에 관광객들을 내려놓고는 다시 하화도로 향한다. 가슴은 두근두근 방망이질을 하고 바다 멀리 떠있던 '하화도'는 차츰 가까이 다가온다. 오른쪽으로 윗꽃섬 '상화도'가 보이는가 싶더니 이내 하화도 선착장에 닿는다. 백야 선착장을 떠난지 꼭 50분만이다. 관광객들을 내려놓은 여객선은 다시 뱃머리를 돌려 이웃 섬 상화도로 떠나버린다.

1 백야도와 백야대교
2 하화도 선착장

1 하화도 마을 풍경　**2** 선착장 풍경
3 뱃길에서 바라본 하화도 전경

아름다운 꽃섬길 품은 하화도

꽃섬 하화도(下花島)는 전라남도 여수시 화정면에 딸린 섬으로 여수에서 남쪽으로 21㎞ 가량 떨어진 해상에 위치한다. 면적 0.55㎢, 해안선길이 6.4㎞, 최고점은 118m이다. 섬 전체에 동백꽃과 진달래, 선모초가 만발한다고 하여 윗섬을 상화도, 아랫섬을 하화도라 불리게 되었다. 섬의 지형이 마치 소의 머리를 닮았다는 윗꽃섬 상화도와 굽 높은 여성 구두(하이힐) 또는 복조리 모양을 닮았다는 아랫꽃섬 하화도가 마치 사랑하는 연인처럼 서로 마주보고 있는데, 두 섬 모두 선착장 가까이 주황색 지붕들이 옹기종기 이마를 맞대고 마을을 이루고 있어 이국적인 풍광을 선사한다.

선착장 앞에는 '아름다운 꽃섬 하화도'라 쓰인 표지석과 꽃섬길 안내도가 서있다. 하화도 섬을 한 바퀴 돌아보는 '꽃섬길'을 걸으려면 선착장 왼쪽에 있는 언덕으로 올라야 하지만 우선 아침식사부터 해야 한다. '꽃섬 방문을 환영합니다'라는 글귀와 천사의 날개 벽화가 그려진 흰색 건물을 지나 마을로 들어서니 작은 포구에 고깃배들이 그림처럼 떠있고, 산비탈 아래 주황색 지붕들이 오밀조밀 이마를 맞대고 있는 정겨운 모습이 차례로 눈에 들어온다. 왼쪽으로 고개를 돌리니 슈퍼와 민박을 겸하고 있는 '와쏘식당'이 보이고 식당 앞에는 '아름다운 꽃섬 하화도'라 쓰인 표지석과 '화정면 하화마을' 유래비가 서있다. 그 맞은편에는 마을회관이 자리한다.

1 마을 골목 풍경 **2** 메밀꽃과 마을 돌담

마을 위쪽에 자리한 '꽃섬식당'에서 아침식사를 하기 위해 이정표를 따라 와쏘식당과 마을회관 사이 골목길로 접어든다. 정자를 지나 곧장 오르면 꽃섬식당에 닿게 되지만 먼저 마을 구경을 하기 위해 오른쪽 골목길로 접어든다. 벽화와 담쟁이덩굴로 예쁘게 치장한 담장이 길게 늘어선 마을길을 따라 걷다보니 붉은 동백꽃 담장이 마중을 나온다. 예쁜 동백꽃 담장을 지나 '꽃섬식당' 앞에 당도했으나 먼저 올라온 사람들로 만원이다.

1 마을 풍경　**2** 꽃섬길식당 백반

발길을 돌려 마을 중간쯤에 위치한 '꽃섬길식당'으로 들어서니 '꽃섬식당'과는 달리 한가했다. 바다가 내려다보이는 야외테이블에 자리를 잡고 앉아 백반정식을 주문했더니 따끈한 된장찌개와 싱싱한 우럭구이를 포함하여 열무김치와 부추김치, 게장, 미역무침, 숙주나물, 고들빼기김치, 참나물 등의 기본 찬들이 정갈하게 차려져 나오는데 맛이 제법 괜찮다. 특히 우럭구이와 된장찌개는 정말 일품이다.

동백꽃 담장

1 발전소 지나서 뒤돌아 본 하화도 풍경   2 마을 풍경

형형색색의 들꽃이 반기는 하화도 꽃섬길

섬을 한 바퀴 휘돌아 걷는 '하화도 꽃섬길'은 총 5.7km, 원점회귀형 코스로 선착장에서부터 시작하거나 또는 마을 끝자락 해안 도로에서 시작해서 반대로 돌아오는 방법이 있다.

선착장 왼편 언덕길을 따라 오르면 짧은 숲길이 나오고 곧 시야가 확 트이면서 오른쪽으로 마을 전경이 한눈에 내려다보인다. 비탈길을 따라 조금 더 걷다보면 태양광발전소 시설물이 보이는데 꽃섬길은 이 발전소를 오른쪽에 끼고 완만한 오름길로 이어진다. 발아래 왼쪽으로는 푸른 바다 위에 떠있는 상화도가 굽어보이고 뒤를 돌아보면 하화도 서쪽 끝에 위치한 장구도 뒤로 추도와 사도, 낭도 등의 작은 섬들이 아스라이 보인다. 길가에는 진분홍빛 이질풀 꽃과 개여뀌 무리가 반긴다. 언제 만나도 반가운 들꽃들이다.

허리를 굽혀 작은 들꽃들을 들여다보며 천천히 오르다보니 어느새 산등성이에 다다른다. 소나무 세 그루가 우뚝 서있는 산등성이에는 구절초 꽃무리가 꽃동산을 이루고 있다.

구절초 꽃길

꽃섬길

순백의 구절초 꽃무리가 길섶을 화려하게 장식한 꽃길을 지나 가을 햇살 찬란하게 스며드는 초록숲길로 들어선다. 바닥은 검은 박석과 잔디가 깔려 푹신했으며 길은 완만해서 가을 향취를 만끽하며 걷기에 그만이다. 길섶으로는 이삭여뀌와 개여뀌, 보랏빛 산박하 외에도 이름 모를 가을 야생화들이 그득하게 피어 가을 운치를 더한다. 또한 갑자기 오른쪽으로 시야가 확 트이면서 상·하화도 섬과 그 뒤로 사도, 추도, 낭도, 고흥반도 등이 한눈에 내려다보이는 풍광은 가슴까지 절로 시원하게 만든다.

꽃섬길에서 내려다 본 풍경

완만했던 길은 약간의 오르막길로 바뀌지만 그리 힘들지 않다. 숲길은 갑자기 가파른 내리막길로 이어진다. 그리곤 다시 완만한 숲길. 정말 가을에 걷기에 좋은 최고의 트레킹 코스이다. 길섶으로는 하얀 솜털 씨앗을 매단 채 서있는 주홍서나물과 실고사리, 마삭줄 등 남쪽 지방에서만 볼 수 있는 야생식물들이 그득하다.

숲길을 걷다보면 갑자기 시야가 확 트이고 푸른 바다가 내려다보이는데 바다 건너편으로는 주변 섬들이 그림처럼 떠있다. 백야도와 백야등대 그 옆으로는 제도 섬이 보이고 그 뒤로는 돌산도가 길게 누워있다. 길은 다시 완만한 내리막길로 이어지는가 싶더니 다시 오름길이다. 그리고는 완만한 내리막길 끝에서 다시 시야가 확 트이더니 바다 건너 개도 섬 오른쪽으로 길게 누워있는 고흥 외나로도 섬이 아스라이 보인다.

1 바다건너 고흥 외나로도　2 백야도와 백야등대
3 섬 서쪽 풍경

아름다운 바다를 내려다보며 걷다보면 벤치가 놓여있는 쉼터가 나오는데 이 쉼터를 지나면 먼발치에 첫 번째 휴게정자가 보인다. 휴게정자로 가는 길은 자꾸만 왼쪽으로 고개가 돌려지는 길이다. 왜냐하면 발아래 내려다보이는 맑고 푸르른 여수 바다와 하화도 섬 서쪽 끝자락의 수려한 경치가 두 눈을 유혹하기 때문이다.

1 동백나무숲 2 섬 서쪽 풍경

구절초 흐드러진 꽃섬길 휴게정자 1

어둑한 동백나무숲을 지나 자그마한 꽃봉오리를 맺은 산국 무리와 눈 맞추며 걷다보면 첫 번째 휴게 정자에 닿게 된다. 자연과 하나 되어 슬렁슬렁 걷다보니 어느새 전체 섬 둘레 코스 5.7km 중 약 1.8km를 걸은 것이다.

정자 주변으로는 하얗게 핀 구절초 꽃무리가 가을 운치를 더해준다. 맑은 바람과 들꽃향기와 푸른 바다를 품은 정자를 뒤로하고 다시 새로운 자연 속으로 스며든다. 잠시 걷다가 뒤돌아보니 방금 전에 지나온 곳들이 한눈에 들어오는데 그대로 한 폭의 아름다운 풍경화가 된다. 길은 곧 두 갈래로 나뉘는데 오른쪽 길은 마을에서 올라오는 길이고 왼쪽 길은 순넘밭넘 구절초공원을 거쳐 큰산 전망대로 이어지는 길이다.

순넘밭넘 구절초공원으로 가기위해 능선을 따라 발걸음을 재촉하지만 곧 발목을 잡히고 만다. 푹신한 잔디가 깔려있는 길 왼쪽으로 억새들이 듬성듬성 보이는데 투명한 가을햇살 그리고 옥빛 바다와 어우러져 장관이다. 걷기 좋은 능선길은 계속 이어지고 그 길에서 보리밥나무 은백색 꽃을 만나게 된다.

1 정자에서 바라본 바다 풍광
2 첫 번째 휴게 정자
3 마을로 내려가는 길   4 꽃섬길
5 억새와 어우러진 풍경

하화도 섬 남쪽 해안 절경

'보리밥나무'는 주로 중부 이남의 서해안과 남해안, 울릉도, 제주도 등의 바닷가에서 자라는 보리수나무과 상록 덩굴나무인데, 다른 나무와는 다르게 9~10월에 꽃을 피우고 열매는 다음해 4~5월에 붉은색으로 익는 것이 독특하다. 보리밥나무는 그간 태안 천리포수목원이나 서해안, 남해안의 섬, 제주도 등에서 이따금씩 보아왔지만 이렇듯 꽃을 보기는 처음이다. 5월에 발갛게 익어가는 열매는 보령 외연도에서 처음 만났고 달달한 열매의 맛도 그때 알게 되었었는데 이곳에서 그 귀한 꽃을 만나니 너무도 반갑다.

보리밥나무 꽃

인근 섬들이 펼쳐지는 풍광

영산홍 꽃밭, 꽃섬길 휴게정자 2

다시 하화도 꽃섬길로, 걷기에 좋은 능선길을 걷다보면 두 번째 휴게정자가 나오는데 정자 옆에 오묘한 가을빛을 품고 서있는 한 그루의 노거수가 눈길을 끈다. 정자 앞으로는 키 작은 영산홍 무리와 잡초들 사이에 듬성듬성 피어있는 구절초 꽃이 보인다. 아마도 봄에는 다양한 종류의 야생화들이 피고 지는 그들만의 꽃동산이 될게다. 마을이 내려다보이는 영산홍 꽃밭을 뒤로하고 숲길로 접어든다.

길은 완만한 오름길로 이어지고 잠시 뒤를 돌아보면 옥빛 바다에 떠있는 인근의 섬들이 한눈에 들어온다. 다시 발걸음을 재촉하면 길섶에 층꽃나무 보랏빛 꽃이 화려하다. 한을 지닌 여인의 꽃, 슬픈 전설을 품고 있는 진분홍빛 꽃 며느리밥풀도 보이고 연보랏빛 까실쑥부쟁이도 무리를 이뤄 장관이다. 색색의 야생화를 친구 삼아 가을 정취에 흠뻑 빠져들기에 제격인 길이다. 조금 더 걷다 보니 누리장나무 붉은 열매도 햇살을 머금어 찬란하게 빛난다. 진한 들꽃 향기를 온몸으로 만끽하며 허리를 굽혔다 폈다 정신없이 걸어서 다다른 곳은 급경사의 내리막길이다.

1 구절초 **2** 까실쑥부쟁이
3 꽃며느리밥풀 **4** 누리장나무 열매

구절초 공원

아쉬움이 남는 순넘밭넘 구절초공원

내리막길이 끝나고 평탄한 숲길을 걷다보면 시야가 확 트이면서 작은 쉼터가 나오는데 순넘밭넘 구절초공원이다. 공원에 구절초를 식재한 것은 분명한데 가뭄 탓인지 관리가 안 된 건지 키 작은 구절초들이 듬성듬성 피어 있는 모습이 영 볼품이 없다. 아쉬움을 뒤로한 채 기대에 못 미치는 구절초공원을 지나 큰산 전망대로 향한다. 구절초공원에서 오른쪽 길로 내려서면 '애림민 야생화공원'을 만나게 된다.

구절초공원에서 큰산 전망대까지는 400m, 듬성듬성 보이는 동백나무와 활엽수들이 우거진 숲길을 걷다보면 곧 데크 계단과 마주치게 되는데 마침내 큰산 전망대에 다다른 것이다. 큰산은 해발 118m로 하화도에서 가장 높은 봉우리이다. 왼쪽으로는 개도를 비롯한 주변 섬들이 깊이를 알 수 없는 짙푸른 바다 위에 떠있고 정면으로는 망망대해, 오른쪽으로는 고흥 외나로도 섬이 길게 누워있다.

큰산 전망대

데크 산책로는 다시 아래로 곤두박질치고 저 멀리 고흥반도 앞으로 사도와 추도 섬이 손에 잡힐 듯 시야에 들어온다. 소나무에서 뿜어져 나오는 싱그러운 향내가 온몸을 감싸 앉는 데크 길 끝에서 이름 없는 전망대를 만나게 된다. 다시 내리막 길과 오르막길을 오르내리다 보면 깻넘 전망대에 닿게 된다.

1 내리막 데크 계단
2 깻넘 전망대
3 바다 건너 사도와 추도, 고흥 반도

현재 깻넘 전망대와 막산 전망대 사이를 이어주는 출렁다리 가설 공사가 한창이다. 이 출렁다리가 완공되면 하화도 꽃섬길 걷기도 훨씬 편해질 것이다. 암튼 임시 우회도로인 험난한 산 비탈길을 따라 내려서니 선착장으로 가는 길과 '큰굴삼거리'로 가는 길로 나뉜다. 망설일 것도 없이 하화도 최고의 비경인 '큰굴'을 보기 위해 왼쪽 길로 접어든다(＊하화도 출렁다리 개통 예정일 : 2017년 3월 21일).

1 구절초 꽃길   **2** 쑥부쟁이와 바다
                        3 큰굴

하화도 최고의 비경, 큰굴

큰굴을 보러 가는 길은 양옆으로 순백의 구절초와 연보랏빛 쑥부쟁이가 바람결에 춤을 추는 꽃길이다. 꽃길을 따라가니 큰굴 이정표가 보이고 그 뒤로 하화도 최고의 비경이라 하는 큰굴이 발아래 아득히 내려다보인다. 깎아지른 낭떠러지 기암절벽 아래로 커다란 동굴이 입을 벌리고 있고 그 사이로 파도가 하얀 포말을 일으키며 쉴 새 없이 드나드는 풍경이 가히 절경이다. 언뜻 보면 한 마리의 거대한 사자가 웅크리고 앉아 먹잇감을 낚아챌 듯 잔뜩 노리고 있는 듯하다.

가슴 뭉클해지는 이 장쾌한 풍경을 눈과 가슴속에 새기며 다시 발걸음을 돌려 막산 전망대로 향한다. 노란 털머위 꽃이 뜨문뜨문 수놓인 길을 지나고 오른쪽으로 바다를 끼고 걷다보니 상화도가 바다 건너에 모습을 드러내는데 손에 닿을 듯 가깝다.

계속 이어지던 완만한 숲길은 다시 가파른 데크 계단으로 바뀐다. 막산 전망대로 오르는 길이다. 계단에서 뒤를 돌아보니 발아래 작은 섬이 보인다. 바로 하화도 서쪽 끝에 자리한 섬 '장구도'이다.

계단을 오르면 오를수록 장구도와 주변 풍광이 달라진다. 제주의 바다를 연상케 하는 에메랄드빛 바다는 연신 탄성을 자아내게 하고, 그 시리도록 푸른 바다와 어우러진 장구도 풍경은 자꾸만 발걸음을 더디게 만든다. 오르막 계단은 잠시 멈추는가 싶더니 다시 가파르게 이어지는데 숨이 턱턱 막힐 정도다. 그래도 에메랄드빛 찬란한 바다를 내려다보며 쉬엄쉬엄 오르다보니 어느덧 전망대가 코앞으로 다가왔다.

1 털머위 꽃
2 상화도
3 장구도
3 계단에서 내려다 본 풍경

전망대에서 내려다 본 장구도

하화도 최고의 전망을 선사하는 막산 전망대

아찔한 낭떠러지 절벽 위에 놓인 막산 전망대를 바라보며 오르고 또 올라 마침내 전망대에 섰다. 하화도 꽃섬길 마지막 전망대에 다다른 것이다. 상쾌한 청량음료를 마신 듯 가슴이 탁 트인 풍경을 바라보니 벅찬 감동이 밀려온다. 하늘을 뒤덮었던 먹구름도 어느덧 흔적도 없이 사라지고 덕분에 바다는 매혹적인 에메랄드 빛으로 눈이 시리다. 살랑거리는 바닷바람을 온몸으로 맞으며 전망대 벤치에 가만히 앉아 있노라니 가파른 계단을 오르느라 지치고 힘들었던 수고로움이 한 순간에 사라지고 만다.

1 막산 전망대 **2** 막산 전망대의 소원목패

하화도 최고의 전망을 선사하는 막산 전망대에서 다시 데크 계단을 따라 정상으로 오르니 전망이 확 트이고 알록달록 지붕들이 옹기종기 이마를 맞대고 있는 윗꽃섬 상화도와 아랫꽃섬 하화도 마을이 보인다. 길은 여기서 막혔다. 아래 큰굴 삼거리로 내려가는 탐방로가 있었지만 지금은 한창 공사 중이기에 더 이상 내려갈 수가 없다. 다시 발길을 돌려 올랐던 길을 되짚어 내려온다.

정상에서 내려다 본 막산 전망대

구절초 꽃길

몽환의 구절초 꽃길

빼어난 해안 절경인 '큰굴'이 있는 큰굴삼거리를 지나면 구절초 꽃눈이 하얗게 내린 몽환의 길이다. 순백의 구절초와 연보랏빛 쑥부쟁이가 흐드러져 가을 향취가 물씬 묻어나는 꽃길은 길게 이어진다. 끝나지 않을 것 같던 순백의 꽃길은 마침내 선착장으로 향하는 해안 산책로와 만나게 된다. 뒤를 돌아보니 오늘 마지막 배편으로 들어갈 사도와 추도 섬이 손에 잡힐 듯 가까이 보인다. 해안 산책로 끝에는 마을이 보이고 마을 뒤쪽으로는 여수 백야도의 백호산이 우뚝 솟아있다.

여수 백야도 백호산

해안산책로를 따라 마을로 향하다보니 오른쪽으로 구절초 꽃과 보랏빛 쑥부쟁이가 무리를 지어 피어 있는 '애림민 야생화공원'이 보인다. 공원 잔디밭에는 식수대와 원형파고라가 설치되어 있었고 파고라 옆으로는 근사한 화장실이 보였다. 식수대 옆으로 두세 동의 텐트가 설치 된 걸로 보아 이곳은 섬 백패킹을 즐기려는 여행자들에게 최적의 장소가 아닐까 하는 생각이 든다. 공원 앞에 죽 늘어선 목책에는 저마다의 소원과 바람을 담은 '소원목패'들을 줄줄이 매달아 놓았는데, 푸른 바다와 어우러진 모습이 제법 그럴듯한 분위기를 자아낸다.

해안산책로와 공원 풍경

하화도

하화도 꽃섬길 총 구간 거리는 5.7km, 소요시간은 3시간 정도라고 했다. 허나 우리는 2시간이나 더 걸린 셈이다. 그도 그럴 것이 경치가 좋은 곳이 있으면 감탄사를 연발하며 넋을 빼앗긴 채 마냥 서 있었으며, 전망대마다 쉬면서 여유를 부렸으니 당연한 결과가 아닌가.

'정구지'라 불리는 부추는 하화도 특산물이다. 이곳 섬에서는 부추전이 유명한 만큼 맛을 보지 않고 그냥 가면 섭섭하다. 마을 담장에 그려놓은 벽화들을 눈과 카메라에 담으며 꽃섬길식당에 도착해서 부추전을 주문 후 조금 기다리니 해산물을 넣은 따끈한 부추전이 나오는데 한 입 베어 무니 그야말로 꿀맛이다.

1, 2 마을 벽화

구절초 흐드러진 꽃길을 사부작사부작 거닐다 보면 눈부신 에메랄드빛 바다가 마중 나오는 아름다운 꽃섬 하화도, 길섶에 핀 들꽃과 걷기에 좋은 푸른 숲, 탁 트인 능선길과 해안 절경이 함께 어우러진 섬 둘레길은 설렁설렁 거닐며 가을 향취를 만끽하기에 손색이 없었다. 벚꽃, 유채꽃, 동백꽃, 진달래꽃 그리고 색색의 들꽃이 함께 어우러진 4월의 하화도 봄 풍광이 벌써 그립다.

꽃섬 하화도 주요 핵심정보

섬을 한 바퀴 휘돌아 걷는 하화도 꽃섬길 코스는 선착장 → 휴게정자 1 → 휴게정자 2 → 순넘밭넘 구절초공원 → 큰산전망대 → 깻넘전망대 → 큰굴삼거리 → 막산전망대 → 큰굴삼거리 → 애림민 야생화공원 → 선착장으로 다시 되돌아오는 원점회귀형 코스로 총 거리 5.7km, 소요시간은 약 3시간~5시간 걸린다.

선착장 왼편에 있는 탐방로를 들머리로 하는 코스와 애림민 야생화공원을 지나 해안 산책로 끝에서 반대로 돌아오는 코스가 있다. 또 다른 방법은 마을에서 곧바로 능선으로 이어지는 길을 따라 오르는 방법과 애림민 야생화공원에서 순넘밭넘 구절초공원으로 오르는 방법도 있다. 만약 시간이 부족하거나 체력이 따라주지 않는다면 섬 동쪽 구간을 빼고 마을에서부터 시작하여 막산 전망대까지 돌아보는 섬 서쪽 코스를 추천한다.

꽃섬길은 이정표와 탐방로가 비교적 정비가 잘 되어있는데다 경사도 완만하게 이어져 설렁설렁 길으며 주변 풍경을 즐기기에 제격이다. 특히 큰산 전망대와 막산 전망대에서 내려다보는 탁 트인 바다 전망이 절경이다. 깻넘 전망대와 막산 전망대 사이에 위치한 '큰굴'도 꼭 둘러보자. 하화도 최고의 비경이다. 큰굴삼거리에서 막산 전망대까지는 좀 가파르게 이어진다. 허나 지금 한창 공사 중인 출렁다리가 완공된다면 별 어려움 없이 막산 전망대까지 이어질 것이다. 만약 하화도에서 하룻밤 묵게 된다면 막산 전망대나 야생화 공원에서 노을을 보는 것이 좋다.

- 꽃섬 하화도로 가는 방법은 여수 백야 선착장에서 태평양해운이 1일 3회 운항하는 '대형 카페리3호'를 이용하거나 여수여객선터미널에서 1일 2회 운항하는 '태평양1호'를 이용해야한다. 승용차를 이용해서 여수까지 간다면 백야 선착장을, 대중교통편을 이용한다면 여수여객선터미널을 이용하는 것이 좋다.
- 여수엑스포역에서 여수여객선터미널까지 택시비는 약 5~6,000원, 소요시간은 10분정도 걸린다. 백야 선착장에서 하화도까지 약 40분, 여수여객선터미널에서는 약 2시간 정도 걸리지만 백야 선착장은 대중교통편으로 가기에는 시간도 많이 걸리고 불편하다.
- 백야 선착장 주차는 선착순, 요금은 무료이다.
- 매표시 신분증을 반드시 지참해야 한다.

교통편 및 배편 정보 (2017년 4월 기준)

배편 백야 선착장 ⇌ 하화도

❶ 여수 백야 선착장에서 하화도행
▶ 태평양해운(대형카훼리3호) www.sa-do.co.kr

문의전화 : 061-686-6655
주소 : 화정면 백야해안길 73

운항정보 및 운항시간, 요금
- 백야도 → 하화도(동하절기) 1일 3회 : 08:00, 11:30, 14:50
- 하화도→ 백야도(하절기) 1일 3회 : 10:10, 13:40, 17:00(*동절기 16:45)
- 요금 : 성인기준 편도 6,000원 /소요시간 약 40분

배편 여수연안여객터미널 ⇌ 하화도

❷ 여수 백야 선착장에서 하화도행

◯ 태평양해운(태평양1호) www.sa-do.co.kr
   문의전화 : 061-662-5454
   주소 : 여객선터미널길 17
   운항정보 및 운항시간, 요금
   - 여수 → 하화도(하절기) 1일 2회 : 06:00, 14:20 (* 동절기 14:00)
   - 하화도 → 여수(하절기) 1일 2회 : 07:50, 15:40 (* 동절기 15:10)
   - 요금 : 성인기준 편도 9,700원 / 소요시간 약 2시간

※ 동절기 : 10월 1일 ~ 3월 31일
※ 운항시간표는 여러 사정에 의해 변경될 수 있으므로 여행 전에 반드시 해당 선사에서 확인해야 한다.

숙소 및 식당 정보

하화도는 대부분의 민박집에서 식당을 겸하고 있다. 마을입구에 있는 마을회관에서도 마을 할머니들이 부추전과 라면, 생수, 음료수 등을 판매하고 있다. 마을 입구에 식당과 민박을 겸한 슈퍼도 있다.

하화도 꽃섬길펜션식당 061-666-5892
※백반정식 8,000원 / 부추전 5,000원 / 매운탕(1인) 10,000원 / 자연산회 中 50,000원. 大 70,000원

꽃섬민박식당 061-665-1002
와쏘슈퍼식당민박(+식당) 010-9281-2461

추가 정보

여행 참고 사이트
여수시 관광정보 www.ystour.kr

여수 사도(沙島)·추도(鰍島)

태고의 비경을 품은 섬, 최상의 자연휴식처 힐링 플레이스

작지만 큰 울림을 주는 사도와 추도는 작은 섬들이 옹기종기 모여 있는 섬, 현대판 '모세의 기적'이라 불리는 바다 갈라짐 현상이 일어나는 섬, 일억 년 전 공룡들이 뛰어놀던 섬, 옛 돌담장이 아름다운 섬으로 작지만 많은 볼거리를 선사하는 보물 같은 섬이다. 천연기념물인 '공룡발자국화석 산지 및 퇴적층'과 등록문화재인 옛 담장을 품은 섬, 천혜의 자연사 박물관을 품은 섬, 기대 이상으로 큰 울림과 감명을 주는 힐링 플레이스이다.

옛 돌담길도 거닐어보고 해안 산책로를 따라 공룡 발자국도 찾아보며 시간이 멈춘 듯한 섬마을의 질박한 풍취에 취해 유유자적 시간을 보내다보면 기대 이상의 크나큰 감명을 안겨줄 것이다. 사도 시루섬에 만나는 신묘한 자태의 용미암과 추도 공룡 화석지의 경이로운 퇴적층은 대자연이 주는 축복이자 최고의 선물이다.

사도&추도 1박 2일 코스

첫째날 하화도 선착장 ··· 사도 선착장 ··· 사도해수욕장 ··· 공룡발자국 화석산지 ··· 사도교 ··· 중도 ··· 양면해수욕장 ··· 시루섬

둘째날 사도해수욕장 일출 ··· 마을돌담길 산책 ··· 사도 선착장 ··· 추도 선착장 ··· 추도마을 돌담 ··· 공룡화석지 1, 2 ··· 추도 선착장 ··· 사도 선착장 ··· 시루섬 ··· 사도 선착장 ··· 백야 선착장

공룡발자국과 사도·추도마을 옛 담장을 찾아서

여수 앞바다에 떠있는 365개 섬에 속하는 '사도'는 이웃 섬 추도, 낭도와 함께 약 7천만 년 전 중생대 백악기에 형성된 공룡발자국 화석으로 유명한 섬이다. 또한 해마다 음력 2월 영등사리 때면 바닷물 갈라짐 현상으로 이웃 섬 추도와 연결되는 바닷길이 열려 모세의 기적 같은 장관이 연출된다고 하여 '신비의 섬'으로 불리는 곳이다. 하지만 나의 관심은 공룡발자국 화석도, 모세의 기적도 아니었다. 오로지 80세 넘은 백발의 할머님 혼자 살고 계시다는 추도 섬의 옛 담장과 고

만고만한 7개의 섬이 한데 모여 있는 작은 섬이라는 매력에 더 이끌렸던 것이다.

하화도 선착장을 떠난 배는 다음 기항지인 상화도 선착장에 잠시 멈추었다가 다시 바닷길을 달린다. 잠시 후 사도와 추도, 낭도 등의 섬들이 점점 가까이 다가와 마침내 수천만권의 책을 쌓아 놓은 듯한 추도의 퇴적암 해식 절벽이 바로 눈앞에 펼쳐진다. 사진으로만 부분적으로 보아왔던 모습을 실제로 보니 벅찬 감동으로 밀려온다.

1 사도행 대형카페리 3호 2 뱃길에서 본 사도와 추도
3 사도 본섬과 연목(앞부분)
4 사도선착장에서 바라본 마을 입구

가까이 다가오던 추도는 뒤로 물러나고 이번에는 사도의 여러 섬들이 코앞으로 다가온다. 마침내 하화도 선착장을 떠난 지 20여분 만에 사도 선착장에 닿는다.

마을 앞 티라노사우루스

티라노사우루스가 맞이하는 섬, 사도

사도는 전라남도 여수시 화정면에 딸린 섬으로 여수에서 27㎞떨어진 해상에 위치한다. 면적 0.34㎢, 해안선 길이 6.4㎞, 최고점은 49m로 아주 작은 섬이다. 바다 한가운데 모래로 쌓은 섬 같다 하여 또는 주변에 모래가 많다고 하여 '모래섬 사도(沙島)'라 불린다.

본섬인 '사도'를 중심으로 간뎃섬(중도), 시루섬(증도), 진뎃섬(장사도), 나끝, 연목, 추도 등 일곱 개의 섬으로 이루어져 있으며, 이 일곱 개의 섬 중 추도와 사도만 유인도이고 나머지는 무인도이다. 사도마을에 약 20여명의 주민이 살고 있고, 추도마을에 80이 넘은 할머니 한 분이 살고 계신다.

매년 음력 정월대보름과 2월 영등사리, 음력 3월 보름, 4월 그믐 등을 전후로 추도와 이어지는 신비의 바닷길이 열린다. 이때는 올망졸망 모여 있던 일곱 개의 섬이 'ㄷ'자로 이어져 장관을 이루는데, 바닷길이 한 번 열리면 2~3일 동안 지속된다고 한다. 추도는 이때를 제외하고는 사도에서 주민들의 배편을 이용해서 들어가야 한다. 나머지 섬들은 다리와 모래톱, 선착장 등으로 연결되어 있어 도보로 이동이 가능하긴 하나 증도와 장사도는 썰물 때만 들어갈 수 있다.

선착장에서 마을로 들어가는 입구에는 '공룡의 섬'이라는 명성에 걸맞게 커다란 공룡 두 마리가 마주 서서 인사를 건네고, 오른쪽으로는 '사도관광센터'라는 여객선 모양의 흰색 건물이 우뚝 서있다.

거대한 두 마리의 공룡을 지나면 '신비의 섬 沙島(사도, 모래섬)'라고 쓰인 표지석과 민박안내도, 사도 공룡발자국 화석산지 안내도 등이 서있고 그 뒤로는 마을이, 마을 앞쪽에는 푸른 바다가 펼쳐지고 바다 건너편으로는 추도 섬이 자리한다. 마을 끝에는 본섬 사도와 중도를 이어주는 사도교와 중도, 장사도 등이 차례로 펼쳐진다.

1 사도 본섬과 연목(앞부분)
2 왼쪽으로부터 장사도, 중도, 본섬, 사도해수욕장

1 사도교 우측 공룡발자국 화석산지
2 공룡발자국

천연기념물, 사도 공룡발자국 화석산지

민박집에 도착하자마자 한바탕 소나기가 지나갔다. 물이 빠졌을 때 봐야 한다며 부탁도 안했는데 선뜻 공룡발자국을 보여주겠다며 앞장 서서 걸어가시는 친절한 민박집 아주머니를 따라가는 발걸음이 절로 경쾌해진다. 마을 돌담길을 벗어나니 금방 해안가에 다다르게 되고 '사도교' 우측 해안가에 드넓은 퇴적암층이 펼쳐지는데 바로 이곳이 2003년에 천연기념물 제434호로 지정된 '공룡발자국 화석산지'라고 한다. 퇴적암 지층이 시루떡처럼 켜켜이 쌓여있는 깎아지른 해안 절벽은 마치 부안 채석강을 보는 듯한 착각을 불러일으킨다.

방금 전 비가 내린 탓에 암반 표면이 제법 미끄러운데도 성큼성큼 걸어가시는 아주머니를 따라 조심스럽게 발걸음을 옮겨본다. 눈에 잘 뜨이지도 않는 발자국을 가리키며 이게 공룡발자국이라고 알려주신다. 자세히 들여다보니 정말 세 개의 발톱자국이 선명하다. 사도교 아래쪽에도 공룡발자국들이 많다고 했지만 물이 다 빠지지 않아서 보지 못했고, 몇 개의 발자국을 더 보여주셨지만 바닥이 너무 미끄러운 탓에 선명하게 찍힌 발자국만 카메라에 겨우 담고는 되돌아 나올 수밖에 없었다.

이곳저곳 안내해주면 좋겠지만 발 수술을 한지 얼마 되지 않아서 힘들다며 집으로 먼저 들어가시는 아주머니께 감사의 인사를 건네고는 사도교를 건너 간뎃섬 '중도'를 지나 증도로 향한다.

왼쪽 바다 건너편에는 추도와 방금 떠나온 하화도가 그림처럼 떠있다. 중도 끝자락에 다다르니 양쪽으로 바다를 거느린 독특한 모양의 모래해변 '양면해수욕장'이 눈앞에 펼쳐지고 모래사장 건너편으로 장사도와 증도가 놓여있다. 증도(甑島)는 시루모양으로 생긴데서 유래된 이름으로 '시루섬'이라고도 불린다.

1 사도교에서 바라본 중도 2 중도 퇴적암층
3 양면해수욕장과 증도

양면해수욕장 일몰

천혜의 자연사 박물관, 시루섬

시루섬으로 가는 모래해변 입구에는 푸른빛이 도는 청색바위들이 유독 눈에 많이 띄었는데 신기하게도 시루섬 가까이 갈수록 이 청색바위들은 더 많이 보였다. 양면해수욕장의 모래해변에 서니 어느새 태양은 서쪽 하늘에 낮게 걸려있고, 그 태양이 내뿜는 찬란한 빛은 온 세상을 오렌지빛으로 물들였다. 잔잔한 수면 위로 내려앉은 햇살은 반짝반짝 황금빛으로 일렁이고, 검은색 실루엣과 황금빛 물결은 오렌지빛 세상과 어우러져 서정적 풍광을 자아낸다.

가슴 설레는 오렌지빛 세상을 뒤로하고 갯바위들이 반듯하게 놓여있는 길을 따라 시루섬에 다다르니 오른쪽으로 머리를 쳐들고 있는 형상의 '거북바위'가 모습을 드러낸다. 거북이 모양과 흡사한 이 '거북바위'는 임진왜란 당시 충무공 이순신 장군이 작전회의를 하던 중에 이 바위를 보고 영감을 얻어 거북선을 제작하였다는 전설이 전해진다.

1 거북바위 **2** 얼굴바위

거북바위를 지나 계단을 오르니 바다를 바라보고 있는 거대한 얼굴바위가 눈앞에 나타나는데 그야말로 감동이다. 볼록 튀어나온 이마와 움푹 들어간 눈 그리고 날렵하게 선 콧날 아래 입술까지 선명하게 보이는 모양새가 마치 정교한 조각 작품을 보는 듯한 착각을 불러일으킨다. 하지만 이것은 시작에 불과했다. 얼굴바위를 시작으로 해안가에는 감자를 꼭 빼닮은 '장군바위'와 그 옆으로 '고래바위'까지 기암괴석들이 즐비하다.

코랄핑크 빛 노을

마술 같은 색채감 뿜어내는 사도 낙조

어딘가에 있을 '용미암'을 미처 찾지 못한 채 내일을 기약하고는 분홍빛으로 물드는 '얼굴바위'를 뒤로하고 되돌아 나온다. 거북바위가 있는 곳에 다다르자 하루 일과를 무사히 마친 붉은 태양이 서산에 짙게 깔린 먹구름 속으로 막 모습을 감추는 중이었다. 잠시 후 태양은 완전히 사라지고 사위는 점점 어둠속으로 빠져드는가 싶더니 하늘에서는 갑자기 마술 같은 일이 벌어진다. 발길은 절로 멈추어지고, 한동안 넋을 잃은 채 서서 그 마법 같은 풍경 속으로 풍덩 빠져들고 만다.

잠시 마술에 걸린 듯 마냥 하늘만 바라보다 문득 정신을 차리니 온 세상이 어둠 속에 갇혔다. 아름다운 사도 섬에 밤이 찾아든 것이다.

1 사도교와 마을 야경   2 안나네민박 백반

민박집으로 돌아오니 저녁 7시가 다 되었다. 민박집 아주머니께 7시쯤에 저녁 식사를 할 수 있게끔 해달라고 부탁을 했었는데 딱 맞춘 듯이 돌아왔다. 우리가 들어가자 기다렸다는 듯이 밥상을 차려내는데 그야말로 진수성찬이다. 꽃게를 넣은 해물된장찌개와 꽃게무침, 박대조림, 생도라지무침, 고동무침, 열무김치, 묵은김치 등등 하나같이 맛이 훌륭하다. 식재료는 고춧가루를 비롯하여 100% 이곳 섬에서 나는 것들이라고 한다. 뜻하지 않게 갯내음 솔솔 풍겨져 나오는 건강한 밥상을 받고 보니 오늘 하룻동안의 피로감이 한순간에 싹 날아가는 듯하다.

1, 2 옛 돌담길
3 밭담과 계요등 열매 4 사도리 사무소

돌담장이 소곤소곤 말을 걸어오는 마을 산책길

알싸한 새벽기운을 내뿜는 마을 골목길을 거닐다보니 돌담장이 소곤소곤 말을 걸어온다. 정겹다. 올망졸망 집과 집 사이에 고추밭이며 마늘밭, 채소밭 등이 보이는데 그 각각의 밭 경계에도 돌담을 둘렀다. '밭담'과 '집담'은 한데 어우러져 사이좋게 어깨를 나란히 하고 굽이굽이 이어져 유려한 곡선을 만들어낸다. 돌담장이 유려한 곡선을 그리며 집과 집, 밭과 밭을 이어주고 있는 것이다. 돌담장을 이렇듯 곡선으로 쌓은 것은 쉽게 무너지지 않고 오래 보존이 가능하기 때문이다. 무심히 쌓은 듯한 이런 돌담장 하나에도 우리 선조들의 슬기로운 지혜가 녹아 있는 것을 엿볼 수 있는 대목이다.

섬사람들의 오래된 역사와 삶의 애환이 고스란히 녹아있는 옛 돌담장은 친절하게도 담쟁이덩굴과 계요등 줄기, 나팔꽃 등의 식물들과 나누고 공유하며 함께 공존하고 있다. 이곳 사도마을의 돌담장은 흙을 사용하지 않고 돌로만 쌓은 '강담'으로 이웃 섬 추도마을 돌담장과 함께 2007년 11월 30일에 '등록문화재 제367호'로 지정되었다.

오늘은 오전 8시 30분에 선착장에서 마을 이장님을 만나 이웃섬 '추도'로 들어갈 예정이다. 민박집으로 돌아와 간단한 준비를 마치고는 다시 선착장으로 나간다.

이번에는 마을 뒷길을 따라 이어지는 골목길 탐방이다. 오랜 세월의 더께가 묻어나는 돌담길을 느린 걸음으로 빠져나가자 넓은 마늘밭들이 나오고 그 끝에서 해안가에 자리한 예쁜 공원을 만난다. 짙푸른 바다를 거느리고 있는 이 공원 잔디밭에는 보랏빛 해국이 지천으로 피어있다. 장관이다. 이른 아침에 보아서 그런지 그 자태가 더욱 청초하다.

1 마늘밭과 마을 뒷동산　**2** 해안가 공원

1 선착장과 사도마을   2 추도행 뱃길
3 뱃길에서 본 추도 전경

신비의 바닷길로 연결되는 작은 외딴 섬, 추도

추도는 사도와 약 1km 정도 떨어져 있는 이웃 섬으로 면적 0.04㎢, 해안선 길이 2.6km, 최고점 43.1m, 인구는 80세가 넘은 할머니 한 분이 살고 계시는 아주 작은 외딴 섬이다. 해마다 음력 정월대보름과 2월 영등사리, 음력 3월 보름, 4월 그믐 등을 전후로 2~3일 동안 약 700m 정도의 바닷길이 열리면서 사도와 연결되는데 이때를 제외하고는 사도에서 주민들의 배를 이용해서 들어가야 한다.

선착장에서 이장님 배를 타고 눈 깜짝할 사이에 추도 섬에 닿으니 인적은 전혀 없고 강아지 세 마리가 꼬리를 흔들며 선착장까지 마중 나왔다. 파도 소리와 바람소리만이 들리는 적막강산에서 할머니와 살고 있으니 사람들이 그립기도 할 것이다. 꼬리를 흔들며 짖어대던 강아지들을 따라 마을로 들어서니 수백 년은 묵었음직한 노거수 '느릅나무' 한 그루와 지붕이 보이지 않을 정도로 높이 쌓아 올린 돌담장이 반긴다. '등록문화재 제367호'로 지정된 추도마을의 옛 담장이다.

1 추도 섬 오른쪽 퇴적암층 지대
2 추도마을 돌담과 느릅나무 노거수

추도마을 옛담장에 새겨진 무늬

아름다운 추도마을 꽃담

추도마을의 돌담장은 건너편 사도마을 돌담장의 느낌과는 사뭇 다르다. 사도마을의 돌담은 낮으면서도 둥근 돌들을 주로 사용해서 부드러운 느낌이 강한 반면 추도마을의 돌담은 높은데다 네모난 돌들을 주로 사용해서 강직한 느낌이 강하게 풍겨온다. 또한 담쟁이덩굴과 다양한 식물들에 뒤덮였던 사도마을 돌담장과 달리 풀 한포기 보이지 않을 정도로 말끔하게 단장한 돌담장에는 선명한 무늬가 새겨져 있어 마치 하얀 꽃을 피운 듯 화려하다. 옛 담장에 피어난 들꽃, 꽃담이다. 구중궁궐에만 아름다운 꽃담이 있는 것이 아니다. 외딴섬 추도에도 아름다운 꽃담이 있다.

1 추도마을 돌담장과 안내표지판
2 추도 공룡화석지-1 입구

꽃담을 구경하는 동안 강아지들은 할머니가 사신다는 돌담길 안으로 들어가 버리고 우리는 먼저 마을 왼쪽으로 방향을 잡는다. 옛 담장이 끝나는 곳에는 다양한 공룡발자국과 화석군집, 지질구조 등에 대한 안내 표지판이 죽 늘어서있다. 그 표지판들 뒤쪽에 깎아지른 절벽과 절벽 사이로 뻥 뚫린 좁은 통로가 보이는데 입구에는 다음과 같은 안내문이 세워져있다.

"이곳 사도와 추도는 국가지정문화재(천연기념물 제434호)인 '여수 낭도리 공룡발자국화석 산지 및 퇴적층'의 보호구역으로 지정되어 있는 바 그 보존에 영향을 미치는 일체의 행위는 문화재보호법 규정에 의거 고발되어 5년 이하의 징역이나 5천만원 이하의 벌금형에 처하게 된다."라는 여수시장의 안내문인데 이 안내문은 이곳 말고도 사도 곳곳에서 발견된다.

양옆으로 펼쳐진 해식절벽

경이로운 퇴적암 해식절벽, 공룡화석지 - 1

안내문을 뒤로하고 좁은 계단을 오르니 갑자기 시야가 확 트이면서 시리도록 푸른 바다가 눈앞에 펼쳐진다. 그 양옆으로는 거대한 퇴적암 해식절벽이 늘어서 있는데, 그 놀라운 비경을 보는 순간 감탄사가 절로 튀어나올 수밖에 없다. 다시 계단을 내려서서 천천히 왼쪽으로 발걸음을 옮긴다. 그러다보면 눈앞에 억겁의 세월 동안 바닷물에 침식되어 켜켜이 층을 이루고 있는 거대한 퇴적암층이 파노라마처럼 펼쳐진다. 이쯤 되면 한순간에 밀려오는 감동과 놀라움으로 벌린 입을 다물 수 없는 지경에 이르게 된다.

억겁의 세월을 걸쳐 빚어낸 독특한 비경 앞에서 그저 감탄사를 연발하며 그 찬란함을 담기위해 위로, 아래로, 옆으로, 셔터만 끊임없이 눌러댄다. 하지만 그건 한갓 인간의 욕심일 뿐, 그 찬란함을 담아내기에는 역부족이라는 것을 금방 깨닫게 된다.

입구에 늘어서있는 안내표지판에 의하면 약 7천만 년 전 중생대 백악기에 형성된 퇴적 층리와 공룡발자국 화석 외에도 각각의 퇴적층 사이에 숨어있는 수많은 공룡발자국과 무척추동물들이 남긴 생흔화석, 다양한 지질구조 등도 볼 수 있다고 한다. 그러나 아는 만큼 보인다고 지질학이나 고생물학, 화석학 등에 문외한이니 세세히 살펴보았자 도통 뭐가 뭔지 알지도 못하거니와 보이지도 않는다. 허나 대자연의 아름다움만은 고스란히 느끼고 즐길 수 있으니 그것만으로도 충분하지 않은가?

추도 퇴적암층

다시 되돌아 나와 이제는 마을 반대편 해안으로 발걸음을 옮긴다. 선착장에서 마을을 바라보고 왼쪽으로는 공룡화석지-1, 오른쪽으로는 공룡화석지-2가 위치한다. 옛 돌담장을 지나 노거수 느릅나무 앞에 이르자 '공룡발자국은 어떻게 만들어지는가?, 공룡이란?, 공룡발자국은 무엇을 말해주는가?'와 다양한 공룡발자국, 화석군집, 퇴적구조 등에 대한 안내표지판과 문화재보호 경고문 등이 차례로 세워져 있다.

1 안내표지판과 추도 마을 선착장
2 공룡화석지 안내판

1 섬 오른쪽 해안 퇴적암층 **2** 해국

대자연이 빚어낸 비경, 공룡화석지 - 2

지금은 바닷물이 점점 빠지는 시간대이다. 좀 전에 추도까지 데려다 준 이장님께서 아직 물이 완전히 빠지지 않아서 공룡발자국을 다 보기는 어렵지만 더러는 볼 수 있을 거라는 말을 미리 들었기에 애초에 큰 기대는 하지 않고 해안으로 내려선다. 해안 절벽 바위틈에 아스라이 피어있는 보랏빛 해국과 순백의 구절초 꽃이 맑은 얼굴로 반긴다. 보랏빛 꽃잎을 지닌 '해국'은 중부 이남의 바닷가에서만 즐길 수 있는 특별보너스 같은 선물이다.

시루떡을 켜켜이 쌓아놓은 듯한 모양의 거대한 퇴적암 해식절벽을 왼쪽으로 끼고 돌아서니 놀라우리만치 아름다운 풍광이 펼쳐지는데 이것은 시작에 불과하다. 감탄사를 연발하며 퇴적층 암반을 지나니 드넓게 펼쳐진 퇴적암층 지대가 눈앞에 파노라마처럼 펼쳐지는데, 그 자연이 만들어낸 신비로운 풍경을 마주하니 갑자기 온몸에 알싸한 전율이 흐른다.

1 퇴적암 해식 절벽　2 암반에 찍힌 공룡 발자국 화석
3 해안을 이룬 퇴적층

짙푸른 파도와 파란 하늘, 바다건너 동그마니 떠있는 시루섬과 켜켜이 층을 이룬 거대한 퇴적암층이 조화롭게 어우러진 풍경은 그야말로 대자연이 빚어낸 비경이다. 그 퇴적암층에는 공룡발자국으로 보이는 것들이 어지럽게 널려있다. 공룡발자국을 따라가다 보니 시야가 탁 트인 너른 암반지대가 펼쳐지고 바다 건너편으로는 시루섬을 비롯하여 장사도와 중도, 본섬 사도 등이 한눈에 들어온다.

1 추도 해안과 공룡발자국 화석
2 추도 퇴적암층 해안과 바다 건너 사도 섬

1 사도교 우측 공룡발자국 화석산지   2 공룡발자국 화석
3 화석산지에서 바라본 사도교   4 화석산지에서 바라본 중도

용미암을 찾아 다시 시루섬으로

민박집에 돌아와 푸짐하게 차려진 아침 겸 점심식사를 마치고는 전날에 미처 다 찾아보지 못했던 '용미암'을 비롯한 기암괴석들을 찾아 나선다. 사도와 중도를 이어주는 사도교 오른쪽에 위치한 공룡발자국 화석지에 다다르니 때마침 물은 많이 빠져있었고 해안가에는 다양한 모양의 공룡발자국 외에도 공룡 알처럼 생긴 둥근 바위들이 어지럽게 널려있다. 쿵쾅 쿵쾅 수천만 년 전의 공룡 발자국소리가 들려오는 해안가를 뒤로한 채 사도교를 건너 중도로 발걸음을 옮긴다.

시리도록 푸르른 바다 건너편으로는 좀 전에 다녀온 환상의 섬 추도가 그림처럼 떠있다. 지금 이 순간만큼은 제주도의 찬란한 코발트빛 바다가 하나도 부럽지 않다. 흰색 해국과 보랏빛 해국이 바위틈에 뿌리를 내린 채 사이좋게 얼굴을 맞대고 피어있는 중도를 지나면 양면해수욕장이다. 모래해변을 지나 마침내 시루섬 입구에 있는 '거북바위' 앞에 선다. 거북선의 모태가 되었다는 거북바위 앞에는 샛노란 털머위 꽃이 화사하게 피어있다.

1 양면해수욕장과 장사도　**2** 추도(오른쪽 아래)
3 해국(흰꽃)　**4** 공룡발자국 화석산지

1 시루섬에서 본 장사도　**2** 장군바위

유독 푸른빛을 띠는 거대한 용미암, 정말 신묘해

멋진 조각 작품처럼 생긴 얼굴바위 틈에는 보랏빛 해국이 방긋 웃고 있고, 얼굴바위 맞은편에는 장사도가 그림처럼 자리한다. 얼굴바위를 지나면 아기고래를 닮았다는 '고래바위'와 해상훈련을 받던 이순신 장군의 병사들이 쉬었다는 '멍석바위', 장군이 앉아 있었다고 전하는 '장군바위' 등의 기암괴석들이 차례로 눈에 들어오는데 하나같이 그 모습들이 어찌나 신기하던지 정말 입이 떡 벌어질 정도다.

하지만 그뿐만이 아니다. 화산분출이 일어날 때 화산재 등이 쌓여서 굳어진 응회암층으로 이뤄진 시루섬 전체의 모습은 통틀어 하나의 예술 작품처럼 구석구석이 신비롭지 않은 곳이 없다. 넋을 잃고 이곳저곳에 눈길을 주던 중에 유독 푸른빛을 띠는 거대한 '용미암'이 눈에 확 띄었던 그 흥분된 순간만큼은 아마도 내 인생에서 쉽게 잊혀지지 않을 것이다.

1 고래바위 **2** 기암절벽

하늘로 치솟은 기암절벽에서 시작된 '용미암'은 암반지대를 가로질러 짙푸른 바다 속으로 슬그머니 모습을 감췄다. 이곳 시루섬의 '용미암'을 제주도에 있는 '용두암'의 꼬리라고들 하는데 그렇다면 과연 이 용의 꼬리는 제주도 '용두암'까지 연결되어 있는 것일까? 어찌되었든 하늘을 향해 치켜세운 거대한 꼬리는 과연 '용의 꼬리'라고 할 만큼 규모가 장대했을 뿐만 아니라 위용 또한 대단했다. 어쩜 이렇듯 신기하게 생겼을까? 보고 또 보아도 그 감동과 환희의 물결은 쉽게 잠들지 않았다. 감히 셔터를 누르고 또 눌러보지만 실제 눈으로 보고 느끼는 것만큼의 감흥까지는 담아 낼 수가 없었다. 아쉽지만 그냥 눈으로 마음으로 가슴속 깊이 간직할 수밖에...

1 바다로 들어간 용미암
2 용미암에 붙어 있는 하트모양 홍합 **3** 용미암

'용미암'을 마지막으로 시루섬에서의 '숨은그림찾기'가 끝났다. 어딘가에 '규화목(나무화석)'도 있다고 하는데 안타깝게도 찾을 길이 없다. 거북바위 외에는 안내표지판을 찾아볼 수 없는 점이 살짝 아쉽지만 어쩌랴, 그에 따른 합당한 이유는 분명 있을 터, 아직 배시간이 남아있으니 아무 곳에나 털퍼덕 주저앉아 유유자적 기암괴석들이 저마다 내뿜는 신비로움에 흠뻑 빠져보자. 천혜의 보고(寶庫) 사도에서 보내는 마지막 힐링타임이다.

시루를 닮은 섬 증도는 1억 년 전 퇴적암 위에 어지럽게 흩어진 공룡발자국들을 비롯해서 용의 꼬리 모양을 한 거대한 용미암, 윤곽이 뚜렷한 얼굴바위, 거북바위, 고래바위 등 기기묘묘한 모양의 기암괴석들이 함께 어우러진 천혜의 자연사박물관이다. 고래바위 옆으로 무수히 찍혀있는 공룡발자국 화석과 파도가 들이치는 갯바위에 다닥다닥 붙어있는 따개비와 홍합 등을 뒤로한 채 시루섬 '증도'를 빠져나오는 것으로 사도와 추도 여행을 마무리 한다.

사도·추도 주요 핵심정보

1억 년 전 공룡들의 놀이터였던 사도는 워낙 작은 섬이다. 선착장에서 섬 남쪽 끝에 있는 증도까지의 거리는 약 1km 내외, 도보로는 약 15분 남짓 걸린다. 양쪽으로 바다를 거느리고 있는 독특한 모양의 모래톱 건너편에 있는 증도 '시루섬'은 기암괴석들과 1억 년 전의 공룡발자국들이 무수히 흩어져있는 천혜의 자연사 박물관이다. 이곳에서 꼭 찾아봐야하는 것은 '용의꼬리'라고 하는 '용미암'이다. 분명 보는 순간 큰 울림과 감명을 받게 될 것이다.

또한 이웃 섬 추도마을도 꼭 들어가 봐야 하는 곳이다. 비록 손바닥만 한 섬이지만 섬 왼쪽에 약 7천만 년 전 중생대 백악기에 형성된 퇴적암 층리로 절경을 이룬 해안 절벽과 섬 오른쪽 시루떡처럼 켜켜이 쌓인 해안가 퇴적암층에 무수히 찍혀있는 공룡발자국 화석들이 경이로운 볼거리를 제공한다. 뿐만 아니라 천연기념물(공룡발자국화석 산지 및 퇴적층)과 등록문화재(추도마을 옛담장)로 가득 찬 보물창고 같은 곳이다.

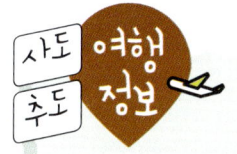

- 신비의 섬 '사도'로 가는 방법은 여수 백야 선착장에서 태평양해운이 1일 3회 운항하는 '대형카페리3호'를 이용하거나 여수여객선터미널에서 1일 2회 운항하는 '태평양1호'를 이용해야한다. 승용차를 이용해서 여수까지 간다면 백야 선착장을, 대중교통편을 이용한다면 여수여객선터미널을 이용하는 것이 좋다.

- 여수엑스포역에서 여수여객선터미널까지 택시비는 약 5~6,000원, 소요시간은 10분정도 걸린다. 백야 선착장에서 사도까지 약 60분, 여수여객선터미널에서는 약 1시간 40분 정도 걸리지만 백야 선착장은 대중교통편으로 가기에는 시간도 많이 걸리고 불편하다.

- 시도와 이웃한 섬 추도는 바닷길이 열릴 때를 제외하고는 사도에서 주민들의 배를 이용해서 들어가야 한다. 따로 배편은 없다. 두 섬을 이어주는 바닷길은 음력 정월대보름과 2월 영등사리, 음력 3월 보름, 4월 그믐 등을 전후로 2~3일 동안만 열린다.

- 백야 선착장 주차는 선착순, 요금은 무료이다.

- 매표시 신분증을 반드시 지참해야 한다.

교통편 및 배편 정보 (2017년 4월 기준)

배편 백야 선착장 ⇌ 사도

① 여수 백야 선착장에서 사도행

○ 태평양해운(대형카훼리3호) www.sa-do.co.kr

문의전화 : 061-686-6655
주소 : 화정면 백야해안길 73

운항정보 및 운항시간, 요금
- 백야도 → 사도(동하절기) 1일 3회 : 08:00, 11:30, 14:50
- 사도 → 백야도(하절기) 1일 3회 : 09:50, 13:20, 16:40 (*동절기 16:25)
- 요금 : 성인기준 편도 8,500원 / 소요시간 약 60분

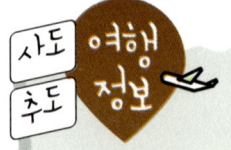

배편 여수연안여객터미널⇌사도

❷ 여수 연안여객선터미널에서 사도행

➲ 태평양해운(태평양1호) www.sa-do.co.kr

문의전화 : 061-662-5454

주소 : 여객선터미널길 17

운항정보 및 운항시간, 요금
- 여수 → 사도(하절기) 1일 2회 : 06:00, 14:20(*동절기 14:00)
- 사도 → 여수(하절기) 1일 2회 : 07:30, 15:50(*동절기 15:30)
- 요금 : 성인기준 편도 11,500원 / 소요시간 약 1시간 40분

※ 동절기 : 10월 1일~3월 31일
※ 운항시간표는 여러 사정에 의해 변경될 수 있으므로 여행 전에 반드시 해당 선사에서 확인야야 한다.

배편 사도⇌추도

❸ 사도에서 추도행

문의전화 : 010-9622-0019(장원모 이장)

※ 요금은 4인 기준 왕복 2만원, 1인 추가시 5,000원씩 추가요금 발생

숙소 및 식당 정보

사도에는 마트와 식당이 따로 없다. 마을에 구판장이 있기는 하나 문이 잠겨 있을 때가 더 많다. 식수와 필요한 생필품은 육지에서 미리 준비해야 한다. 펜션은 없고 민박집만 있으며 식사는 대부분의 민박집에서 가정식 백반이 가능하다. 안나네민박 백반이 정갈하면서도 푸짐하고 맛있다.

· 선착장 부근
안나네민박 061-666-9196   ※ 백반 8,000원
포도나무민박 061-665-0019
사도횟집민박 061-666-9199
사도전통한옥민박 061-666-0012
땅이네민박 061-665-9203
은주네민박 010-4571-9213
모래섬민박 061-665-6580
우리동네민박식당 061-666-9198

추가 정보

여행 참고 사이트
여수시 관광정보 tour.yeosu.go.kr

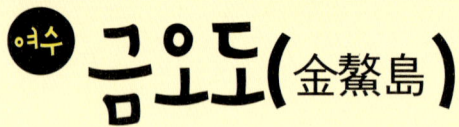

여수 금오도 (金鰲島)

아찔한 해안 절벽 따라 천혜의 해안비경이 발아래 펼쳐지는 섬

금오도는 섬 서쪽 깎아지른 낭떠러지 해안 절벽을 따라 환상의 트레킹 코스인 '비렁길'이 꿈결처럼 펼쳐지는 아름다운 섬이다. 길섶에 핀 색색의 야생화들과 쪽빛 남해 바다의 눈부신 비경을 바라보며 구불구불 이어지는 비렁길을 따라 천천히 걷다보면 걸음걸음마다 탄성이 절로 터져 나온다. 뿐만 아니라 비렁길 곳곳에 숨겨놓은 전망대에 서면 눈앞에 펼쳐지는 아찔한 해안 절경이 펼쳐진다.

섬 북쪽의 해안 도로를 따라 펼쳐지는 해안 풍경도 뛰어나 섬 드라이브 코스로도 제격이다. 섬의 서북쪽 끝에 위치한 함구미마을에서 여천항을 거쳐 우학리까지 이어지는 해안 도로는 왼쪽으로 바다를 내려다보며 달리는 길이다. 차창 밖으로 펼쳐지는 짙푸른 바다와 크고 작은 섬들이 빚어내는 서정적인 풍광은 여행객의 시심을 자극하고도 남는다. 비렁길에는 포함되어 있지 않지만 1코스 시작점인 함구미마을의 옛 돌담장은 남다른 정취를 선사하는 만큼 꼭 둘러보자. 고색이 창연한 돌담길을 따라 유유자적 거닐다보면 도심에서 지친 심신이 저절로 정화될 것이다.

금오도 1박 2일 코스

첫째날 돌산 신기항 … 여천항 … 함구미마을 … 송광사 절터 … 수달피비렁 전망대 … 미역널방 … 금오도 해안 도로 … 우학리

둘째날 우학리 … 직포마을 … 갈바람통 전망대 … 매봉전망대 … 비렁다리 … 학동마을 … 안도대교 … 안도 동고지마을

아슴아슴
봄빛에 무르익은 그 섬으로 가는 길

여수 금오도와 인근 섬 '안도'를 찾아 떠나는 이번 여행은 남녘의 봄을 만나러 가는 길이기도 하지만 비렁길 3코스에 흩뿌려진 붉은 동백꽃을 다시 보고 싶은 간절한 마음을 안고 떠나는 그리움의 여행이다. 그러니까 딱 2년 전 봄, 비렁길 1코스에서부터 3코스까지 걸으며 보았던 아름다운 풍광들과 곳곳의 전망대에서 바라보았던 해안 절경들 그리고 비렁길 3코스에 보석처럼 피어있던 붉은 동백꽃을 잊지 못해 다시 금오도로 떠나는 추억 여행인 것이다.

옛 추억을 찾아 떠나는 그리움의 여행은 동이 트기 전 새벽 6시에 집을 떠나면서 시작된다. 차창 밖으로 펼쳐지는 아련한 봄 풍광을 바라보며 쉼 없이 달린 끝에 마침내 여수 시내에 닿는다. 서울 집을 떠난 지 장장 6시간만이다.

여수에 왔으면 게장백반을 꼭 먹어봐야 한다. 여수를 대표하는 여수 10미에는 돌산갓김치와 게장백반, 서대회, 여수한정식, 갯장어회·샤부샤부, 굴구이, 장어구이·탕, 갈치조림, 새조개 샤부샤부, 전어회·구이 등이 있다. 그 중에서도 여수의 싱싱한 돌게로 만든 게장백반은 여수 2미에 속할 정도로 인기가 많다.

여수 게장백반 맛집으로 입소문 자자하기도 하거니와 아주 오래전 여행길에 들러서 맛나게 먹었던 기억도 있었기에 여수시 봉산동에 위치한 황소식당 앞에 닿으니 문 앞에 수많은 사람들로 장사진을 이루고 있었다. 그도 그럴 것이 주말인데다 지금 시각이 12시이니 한창 바쁜 점심시간이 아닌가. 얼른 포기를 하고는 인근에 위치한 두꺼비게장집에 들렀으나 역시나 문전성시, 우여곡절 끝에 닿은 곳은 등가게장집이다.

등가게장집의 메뉴는 게장정식과 갈치조림을 포함한 게장정식, 이렇게 딱 2가지가 있다. 주문 후 조금 기다리니 여수의 대표적인 특산품 갓김치와 나물 등의 기본 찬을 시작으로 간장게장, 양념게장, 조기찌개가 나오더니 마지막으로 갈치조림이 나온다. 게장 맛은 예전의 감칠맛은 찾아 볼 수 없지만 그럭저럭 먹을 만했다.

1 양념게장　**2** 등가게장 게장정식과 갈치조림　**3** 돌산 신기항

약간의 아쉬움이 남는 점심식사를 마치고는 돌산대교를 건너 푸른 바다와 진달래, 개나리, 목련 등 화사한 봄꽃들의 환영 인사를 받으며 쉼 없이 달려 닿은 곳은 돌산 신기항이다. 터미널명이 아예 '금오도비렁길 여객터미널'인 것이 재미있다. 신기항에서 여천 구간의 여객선만 운영하는 모양이다.

여수 금오도로 들어가는 여객선을 탈 수 있는 곳은 여수연안여객터미널과 돌산 신기항, 여수 백야 선착장 등 세 곳이나 되므로 비교적 선택의 폭이 넓다. 그만큼 비렁길의 인기가 높다는 이야기이기도 하다. 차량 없이 들어가서 비렁길 1코스부터 걸을 예정이라면 여수 백야 선착장과 여수연안여객터미널을 선택하는 것이 좋다. 만약 차량을 싣고 들어갈 예정이라면 돌산 신기항이 최선책이다. 돌산 신기항에서는 1일 7회(주말에는 수시운행)로 금오도행 배편이 가장 많기도 하거니와 거리도 가장 짧다.

돌산 신기항에 도착한 시각은 오후 1시 30분경, 우선 매표소 안으로 들어가 운항 시간표를 확인해보니 주말인 관계로 금오도행 배편은 1일 13회로 늘었고 마침 오후 2시에 출항하는 배편이 있었다. 서둘러 신분증을 준비해서 승선권을 구입하고는 금오도 여천행 여객선에 자동차와 함께 오른다.

1 금오도 여천행 여객선 **2** 화태대교

바다는 하늘빛을 품어 푸르기 그지없고 왼편으로는 여수시 돌산읍 신복리와 남면 화태도를 잇는 연도교 '화태대교'가 위용을 자랑하고 있다. 잠시 화태대교를 배경으로 사진놀이를 하는 사이에 뱃머리를 돌린 '한림페리9호'는 금오도 여천항을 향해 앞으로 나아가기 시작했다.

신기항을 떠난 배는 미끄러지듯 화태도와 나발도, 대횡간도, 소횡간도, 대두라도, 소두라도 등 주변의 크고 작은 섬과 섬 사이를 지나더니 금방 그리움의 섬 '금오도' 여천항에 닿는다. 신기항을 떠난 지 불과 20여분만이다.

1 여천여객터미널　**2** 여천마을 표지석

비렁길 따라 천혜의 해안비경이 펼쳐지는 섬, 금오도

금오도는 전라남도 여수시 남면에 속한 섬으로 면적 26.99㎢, 해안선 길이 64.5㎞, 최고점은 대부산(382m)이다. 우리나라에서 21번째로 큰 섬이자 여수시에서는 돌산도 다음으로 큰 섬이며, 다도해해상국립공원에 속한다. 고종 21년(1884년)까지 궁궐에서 쓰일 소나무를 보호하고 가꾸기 위해 민간인의 출입과 벌채를 금지하는 봉산(封山)으로 지정 되었던 곳. 섬의 모양새가 마치 큰 자라를 닮았다고 하여 '금오도(金鰲島)'라 불리게 되었다고 전한다. 섬의 중앙부인 우학리에 남면사무소가 있다.

여천항 풍경

돌산 신기항과는 다르게 여천여객터미널(여천항)은 제법 규모를 갖춘 2층 건물이다. 건물 왼쪽으로는 방풍나물과 방풍국수, 전복, 멸치 등을 판매하는 로컬푸드 직매장과 특산물 코너가 마련되어 있었고 터미널 안에는 매표소와 관광안내소, 비렁길 카페 등이 있었다. 건물 밖 왼쪽 편에는 마을 주민들이 직접 재배한 더덕과 도라지, 방풍나물, 머위, 원추리, 취나물 등을 펼쳐놓고 판매를 하고 있었다. 싱그러운 봄나물들을 구입하고 싶은 마음이야 굴뚝같았지만 지금은 섬으로 들어오는 길, 아쉽지만 나올 때를 기약하며 마음을 접는다. 여천항을 품고 있는 여천마을에는 식당과 슈퍼, 민박, 펜션 등이 늘어서 있어 비렁길의 인기를 실감케 한다.

이번 금오도 여행은 금오도 비렁길 1코스 일부구간과 3코스 전부를 걷는 일정 외에 금오도 해안 도로를 따라 드라이브를 즐기고, 금오도와 안도대교로 연결된 섬 '안도(安島)'로 넘어가 명품마을인 동고지마을에서 유유자적 힐링타임을 보낼 예정이다.

금오도 여행 첫째 날 일정은 비렁길 1코스 일부 구간과 함구미마을을 돌아보는 것이다. 함구미마을은 비렁길 1코스 시작점이기는 하나 대부분은 선착장에 내린 뒤에 곧바로 오른쪽으로 방향을 잡고 걷기 시작하기 때문에 그냥 지나치기 십상이다. 그래서 이번 여행에서는 함구미마을을 천천히 돌아보며 마을 뒷산으로 오른 후에 비렁길을 따라 송광사(松廣寺) 옛 절터와 수달피비렁 전망대를 지나 미역널방 전망대까지 다녀올 예정이다.

이 두 곳의 전망대는 1코스 5km 구간 중에서도 가장 아름다운 풍광을 보여주는 곳으로 꼭 다시 찾고 싶은 곳이기도 했다. 1코스 구간에는 이곳 외에도 가슴 설레게 하는 '신선대'가 또 있기는 했지만 일정상 이번 여행에서는 빼야만 했다. '신선대'는 천길 낭떠러지 해안 절벽 위에 형성된 평평한 너럭바위로 신선내에 서면 정면으로는 푸른 바다가 펼쳐져 보이고 양옆으로는 비렁길 1코스와 2, 3코스 일부 구간이 그림처럼 펼쳐져 눈부신 비경을 자랑한다.

여천마을 전경

👣 감성적인 풍경들이 연이어 펼쳐지는 해안 도로

여천마을을 빠져나와 섬의 서북쪽 끝 지점에 위치한 함구미마을로 가기 위해 오른쪽 해안 도로로 접어든다. 조금 달리다보니 방금 빠져나온 여천마을이 한눈에 내려다보이는데 한 폭의 그림을 그려놓은 듯하다. 구불구불 굽이치는 해안 도로는 오른쪽으로 쪽빛 바다가 펼쳐지고 바다 건너편으로는 대두라도와 소두라도 섬이 어른거린다.

감동에 감동을 더하는 길, 갈 길을 재촉하려 했지만 곧 발목을 잡히고 만다. 눈부신 바다를 배경으로 서너 채의 가옥들이 옹기종기 이마를 맞대고 숨은 듯 자리한 모습이 눈에 들어오는데 그 모습은 마치 잔잔한 서정시 한 편을 보는 듯 묘하게 가슴 한 구석을 적신다. 빈집들일까? 아니면 지금도 사람들이 살고 있는 집일까?

해안 도로에서 만난 풍경

송고 신착장이 있는 송고마을을 막 지나는데 마을 끝자락 해안가에 돌담장을 지붕까지 두른 빨간 지붕의 자그마한 집 한 채가 눈에 띄었다. 도저히 그냥 지나칠 수가 없다. 뒤로는 크고 작은 섬들이 병풍처럼 둘러서 있고, 그 앞으로는 해안가 쪽으로 삐죽이 튀어나온 너른 갯바위 위에 작은 집 한 채가 금방이라도 파도에 휩쓸릴 듯 위태롭게 서있는데, 그 아슬아슬한 모습은 보는 이의 가슴을 저릿저릿하게 만든다.

해안 도로에서 만난 풍경

함구미마을로 향하는 길은 마냥 더디다. 아니 더딜 수밖에 없다. 시원스레 펼쳐지는 쪽빛 바다는 눈이 부시도록 아름답고 그 바다를 배경으로 펼쳐지는 소소한 풍광들은 여행자의 영혼을 흔들어 놓기에 충분하다. 이처럼 감성적인 풍경들이 연이어 펼쳐지고 길가에 듬성듬성 서 있는 벚나무와 개복숭아 나무는 연분홍 꽃봉오리들을 조롱조롱 매단 채 환하게 미소를 짓고 있으니 도저히 차를 멈추지 않고는 배길 수가 없다. 차라리 차를 버리고 두발로 걷고 싶은 길, 그 아름다운 풍광들이 펼쳐지는 해안 도로를 따라서 가다 서다를 반복하며 느리게 달리다보니 마침내 아련한 추억이 서린 함구미마을과 선착장이 시야에 들어온다. 참으로 감개가 무량하다.

해안 도로에 핀 개복숭아꽃

함구미마을과 함구미항

지금으로부터 2년 전 이맘 때, 이른 새벽 여수연안여객터미널에서 첫배를 타고는 여명이 밝아오는 바다를 바라보며 멀고 먼 뱃길을 무려 1시간 30여분이나 달릴 끝에 닿은 함구미마을은 막 잠에서 깨어난 듯 고요했다. 선착장에서 이정표를 따라 마을 오른쪽 언덕을 오르기 시작해서 코끝을 간지럽히는 진한 매화 향기에 취하고 붉은 동백꽃에 매료된 채 걷던 그 길을 다시금 바라보니 2년 전 그 찬란했던 순간들이 주마등처럼 뇌리를 스쳐간다.

해안 도로 끝지점에서 내려다 본 함구미마을

느릿느릿 함구미마을 늙은 돌담길

해안 도로는 함구미 선착장을 오른편 아래로 두고 마을 중간쯤 높이를 가로지르며 이어지더니 마침내 마을 끝자락에서 끊어지고 만다. 해안 도로 마지막 지점은 결국 아랫마을과 윗마을 중턱 사이에 자리한 셈이다. 비렁길 1코스 시작점부터 걸으려면 선착장이 있는 곳까지 내려가야 하지만 미역널방과 수달피비렁 전망대만 들러볼 예정이기에 곧바로 윗마을 뒤쪽 능선으로 올라야 한다. 윗마을로 오르는 길은 도로 한켠에 있는 버스정류장을 끼고 양옆으로 나 있지만 그 중에서 오른쪽 길로 접어든다.

함구미마을은 마치 수채화 물감을 풀어 놓은 듯 온천지가 연초록 신록의 봄빛으로 찬란하다. 이곳 금오도의 특산품인 방풍나물과 머위 등으로 밭이나 들이나 온통 연초록빛으로 일렁이는 것이다.

파릇파릇 돋아난 방풍나물로 반짝거리는 밭을 양쪽에 끼고 돌담길을 따라 오르니 높게 쌓아올린 돌축대 위에 번듯하게 새로 지은 '비령길민박'집과 아담한 교회가 나타난다. 아기자기하게 늘어선 돌담길은 계속 이어지고 제법 가파른 길임에도 불구하고 이런저런 마을 경치들을 바라보며 걸으니 전혀 힘들지가 않았다. 그도 그럴 것이 크고 작은 돌들을 켜켜이 쌓아올린 돌담장에는 담쟁이덩굴이며 마삭줄, 송악 덩굴들이 얼기설기 얽혀 독특한 풍경을 자아내고 있으며, 동백나무가 떨어트려 놓은 붉은 꽃송이들은 바닥에서 다시 피어나 황홀경을 이루니 그 풍경에 매료되어 힘들 틈이 없는 것이다.

함구미 윗마을 돌담길

1 콩짜개덩굴과 송악, 담쟁이덩굴 등이 얽혀있는 돌담장   **2** 콩짜개덩굴

콩짜개덩굴이 무성하게 자라고 있는 높다란 돌담장을 지나면 길은 두 갈래로 나뉜다. 오른쪽 길은 계속 마을 골목으로 이어지는 길, 왼쪽 길은 마을 외곽으로 이어지는 길이다.

함구미 마을 돌담길

함구미마을 구석구석을 이어주는 돌담장은 너무도 아름다웠다. 섬사람들의 삶이 녹아있는 돌담길을 따라 거닐다보니 봄의 화신 샛노란 개나리꽃이 활짝 피어 반긴다. 남국의 정취를 물씬 풍기는 저 푸른 잎의 정체는 종려나무일까? 샛노란 개나리꽃과 어우러진 풍광이 참으로 눈이 부시다. 길옆으로는 매화나무 수십여 그루가 꽃잎을 거의 다 떨군 채 서있다. 모습은 볼품없지만 진한 향만큼은 기품을 잃지 않은 채 폐부 깊숙이 스며든다.

물이 부족한 섬에서는 물이 귀한 생명수일 수밖에 없다. 그런 연유로 섬에는 집집마다 빗물을 받아두는 물탱크가 있다. 파란 물탱크는 곧 섬 주민들의 삶이자 생명줄인 것이다. 독특한 풍광을 자아내는 파란 물탱크도, 색색의 낡은 슬레이트 지붕도, 수백 년은 묵었음직한 늙은 돌담장도, 섬사람들에게는 그저 평범한 삶의 일부분일 텐데, 낯선 여행객이 보기에는 모두 자연스러운 멋이 담긴 한 폭의 풍경화 그 자체다.

1 돌담길과 동백꽃　**2** 개나리 꽃길

마을 윗자락에는 그들의 수입원인 방풍나물이 무럭무럭 자라고 있는 대규모의 밭이 차지하고 있고 그 끝자락에는 '아빠와아들'이라는 펜션 겸 간단하게 차를 마실 수 있는 쉼터이자 편의점이 자리하고 있다. 비렁길을 걷는 이들에게 저 쉼터는 오아시스 역할을 톡톡히 할 것이다. 온통 초록빛으로 물든 방풍밭을 지나자 길은 두 갈래로 나뉘면서 비렁길 1코스 이정표가 보인다. 드디어 오르막 구간이 끝난 것이다.

1 방풍나물 밭 **2** 고양이와 돌담집 **3** 고색창연함이 묻어있는 돌담집

1 할머니와 강아지   **2** 비렁길 이정표와 펜션겸 편의점

비렁길 1코스 송광사 절터

이정표를 마주보고 서니 2년 전 추억들이 방울방울 뇌리를 스친다. 왼쪽은 1코스 비경 중의 한 곳인 '신선대'를 지나 2코스 시작점인 두포마을과 3코스 시작점인 직포마을로 향하는 길이고, 오른쪽은 송광사 절터를 지나 수달피비령 전망대와 미역널방을 지나 다시 함구마 마을로 되돌아오는 길이다. 아름다운 해안 절경을 품고 있는 신선대로 가려면 왼쪽으로 1.8km 정도를 더 가야하지만 이번에는 아쉽게도 일정에 없다.

오른쪽 길로 접어든 후 잠시 걷다보니 곧 쪽빛 바다가 눈앞에 펼쳐지고 왼쪽으로는 비렁길 1, 2, 3 코스 일부 구간들이 아스라이 펼쳐져 보인다. 꿈에 그리던 길, 아련한 추억이 서린 그리움의 길이다. 바다를 내려다보고 있던 붉은 동백 꽃송이들도 그 시린 마음을 알아챘는지 살며시 자리를 비켜준다.

마음을 다잡고 앞으로 걸어보지만 자꾸만 뒤돌아보게 만드는 길이다. 저 멀리 천 길 낭떠러지 해안 절벽 위에 펼쳐진 신선대 너럭바위와 깍아지른 해안 절벽 중턱에 자리한 굴등 전망대가 자꾸만 눈앞에 아른거린다.

1 비렁길에 핀 동백꽃
2 비렁길에서 뒤돌아 본 풍경

금오도 비렁길은 원래 마을 사람들이 산에 나무를 하러 다니거나 낚시를 하러 다니던 옛길로 섬의 서쪽 아찔한 해안 절벽 위를 따라 걷는 길이다. 비렁길의 '비렁'은 절벽, 낭떠러지를 뜻하는 순우리말 '벼랑'에서 유래된 남도 사투리이다. 길섶에 핀 색색의 야생화들과 쪽빛 남해바다의 눈부신 비경을 바라보며 구불구불 이어지는 비렁길을 따라 천천히 걷다보면 도심에서 찌든 심신이 저절로 힐링이 되는 환상의 트레킹 코스이다.

함구미마을 끝에서 미역널방으로 가는 길은 대체적으로 높고 낮음이 없는 평탄한 길이다. 은빛 햇살 부서지는 바다와 아름다운 자연 절경을 맘껏 가슴속에 새기며 유유자적 걷다보면 동백나무숲과 노오란 개나리 꽃밭을 지나 송광사 절터에 닿게 된다. 산 중턱에 거대한 바위가 병풍처럼 서 있는 곳, 그 예사롭지 않은 모습에 자꾸만 고개가 오른쪽으로 기운다.

함구미마을 뒷산에 자리한 송광사(松廣寺) 옛 절터는 고려시대에 보조국사 지눌이 세운 절터로 추정되는 곳이다. 전해지는 전설에 의하면, 아주 먼 옛날에 보조국사 지눌이 좋은 절터를 찾기 위해 모후산 정상에 올라 나무로 만든 세 마리의 새를 날려 보냈는데, 그 중 한 마리가 이곳에 내려앉아 그 자리에 절을 세웠다고 한다. 하지만 지금은 밭으로 변해버린 옛 터에 작은 안내판만이 홀로 지키고 서 있을 뿐이고, 절터 뒤쪽으로는 그 옛날 산 중턱에서 절을 내려다보고 있었을 멋들어진 바위벼랑이 옛 이야기를 전하려는 듯 위용을 뽐내고 있다.

1 송광사절터
2 절터 앞에 핀 동백꽃

1 대나무숲　**2** 수달피비렁 전망대

자연을 거스르지 않은 수달피비렁 전망대

송광사 절터를 지나면 대나무 숲이 나오고 오후 햇살에 반짝이는 연둣빛 대나무 숲을 지나면 수달피비렁 전망대에 닿게 된다.

핑크빛 목재 데크로 아담하게 조성된 수달피비렁 전망대는 뒤로는 높은 산이, 앞으로는 눈부시게 아름다운 쪽빛 바다가 내려다보인다. 전망대 한가운데엔 이름 모를 나무 한 그루가 서있어 풍취를 더해준다. 자연을 거스르지 않은 길, 나무를 베어내지 않고 남겨둔 채 데크 전망대를 만든 사람들에게 고개 숙여 고마움을 전하고 싶다. 아마도 저 한 그루의 나무가 없었다면 이 쉼터는 생명이 없는 그저 밋밋한 쉼터가 되었을 것이다.

수달피비령 전망대는 비령길 1코스를 걷는 중 미역널방을 지나 두 번째로 만나게 되는 전망대이다. 개인적으로 1코스 전망대 중에서 가장 맘에 들었던 곳이고 언젠가 꼭 한 번 다시 와보고 싶었던 곳 중의 한 곳이기도 했다. 핑크빛 목재 데크로 아담하게 조성된 이곳은 멋들어진 자태를 뽐내는 한 그루의 나무와 벤치가 있어 남다른 정취를 자아내는데다 사방으로 아름다운 풍광이 더해져 잠시 향기로운 차 한 잔 마시며 속세의 모든 시름 날려 보내기에 제격인 곳이다. 발아래 내려다보이는 쪽빛 바다와 여수 백야 선착장에서 함구미마을을 거쳐 2코스 종점인 직포마을을 오가는 여객선이 만들어내는 풍광은 수달피비령 전망대에서 받을 수 있는 또 하나의 보너스이다.

쉼의 시간을 보내고는 핑크빛 데크 산책로를 따라 미역널방 전망대로 향한다. 왼쪽으로 바다를 내려다보며 걷는 환상의 비령길, 까마득한 낭떠러지 위로 난 데크 산책로는 아찔한 스릴감과 긴장감을 안겨준다.

수달피비령 전망대

데크 산책로에서 보이는 미역널방

아찔한 해안 절벽 위의 미역널방 전망대

해면으로부터 90m에 이르는 깎아지른 해안 절벽 위에 조성된 미역널방 아래로는 푸른 물결이 넘실대는 광활한 바다가 펼쳐져 있어 숨이 막힐 듯 아찔한 비경을 자랑한다. 해안 절벽 아래로 은빛 그림자를 드리운 여객선이라도 지나가면 그 풍광은 더 찬란하게 빛나고, 기암괴석들이 만들어내는 천길 깎아지른 해안 절벽은 보면 볼수록 탄성이 절로 나오고 동시에 아슬아슬 가슴을 조이게도 만든다.

길섶에서 방긋 웃고 있는 흰 개별꽃 무리의 아름다움에 취하랴, 쪽빛 바다와 어우러진 아찔한 해안 절경에 취하랴. 이처럼 분홍빛 목재 데크 산책로를 따라 걷는 길은 무아지경에 빠진 채 걷는 길이다. 마침내 미역널방이 코앞으로 다가왔고 넋을 빼앗긴 채 한동안 주변 경치를 즐기며 한껏 여유로움을 즐긴다.

푸른 파도가 넘실대는 아찔한 미역널방 전망대에서 바라보는 모습은 그야말로 감동 그 자체이다. 바람, 햇살, 바다 등 금오도의 자연조건을 주제로 삼아 작품으로 승화시킨 독특한 조형물들이 늘어서 있는 미역널방 전망대는 비렁길 1코스에서 첫 번째로 만나는 전망대이자 3코스의 매봉 전망대와 더불어 금오도 비렁길을 대표한다. '미역널방'은 섬주민들이 미역을 널어 말리던 곳이라 하여 유래된 이름이다.

어느덧 태양은 서쪽 수평선 위로 기울기 시작했다. 오늘 비렁길 1코스 탐방은 여기까지. 길을 따라 더 가다보면 걷기 좋은 흙길이 이어지고 다시 함구미 선착장으로 내려서게 된다. 하지만 우리는 여기서 발걸음을 되돌린다.

1 전망대에서 보이는 해안 절경
2 미역널방 전망대

우학리 할매맛집 서대회무침과 쏨뱅이 매운탕

할매 맛집의 서대회무침

금오도 여행 첫째 날 묵을 숙소는 우학리마을에 위치한 별밤지기펜션이다. 이 펜션은 친절함은 물론이고 이부자리가 보송보송 청결하기로 소문난 곳이다. 더군다나 다음날 일정이 시작되는 비렁길 3코스의 시작점인 직포마을과 가까운 거리에 있어 안성맞춤이다.

우학리는 면소재지가 있는 섬의 중심부에 위치하기도 하지만 식당도 여러 곳이 있는데다 농협하나로마트까지 있어 여러모로 편리성을 갖춘 곳이다.

오늘 저녁을 먹을 식당은 펜션 주인아주머니의 추천으로 알게 된 곳, 서대회무침과 쏨뱅이 매운탕을 잘하는 '할매맛집'이다. 할매맛집은 남면파출소 바로 옆, 우학리 바닷가에 있다. 외관은 단층 건물로 허름했지만 펜션집 주인아주머니의 추천을 믿고 고민할 것도 없이 성큼 안으로 들어가서는 서대회무침과 쏨뱅이 지리탕을 주문한다. 가격도 저렴하다. 서대회무침은 20,000원~ 30,000원, 매운탕과 지리탕은 30,000원이다.

주문 후 조금 기다리니 방풍나물과 머위나물, 톳무침, 김치, 멸치고추조림, 콩나물, 버섯장아찌 등의 기본 찬들이 나오는데 하나같이 정갈하고 먹음직스럽게 생겼다. 뒤이어 무를 듬성듬성 썰어 넣은 맑은 쏨뱅이 지리탕 냄비와 보기에도 군침이 도는 서대회무침이 나온다. 한상 모두 차려지니 푸짐하다. 각종 야채와 버무려진 서대회는 새콤달콤 입맛 돋우기에 제격이다.

서대회무침

대유마을 수항도 일출

대유마을에서 맞이한 찬란한 일출광경

섬에서의 일출을 감상하기 위해 새벽부터 서둘러 작은 섬 '수항도'를 품고 있는 유송리 대유마을로 향한다. 섬 동쪽에 위치한데다 마을 앞 바다에 '수항도'라는 작은 섬이 떠있어 아마도 색다른 분위기의 멋진 일출을 감상하기에 제격일 것이다. 수항도(首項島)는 금오열도(金鰲列島)의 수많은 섬들 중 한 곳으로 섬의 형상이 마치 물을 담은 항아리처럼 생겼다 해서 붙여진 이름이다.

금오도 일출

긴 침묵의 시간이 지나고 마침내 낮게 깔린 해무 사이로 초승달 모양의 붉은 태양이 살며시 모습을 드러낸다. 순간 작은 탄성이 저절로 흘러나오고 가슴은 터질 듯이 벅차오른다. 허나 그 감동의 순간은 너무도 짧다. 잠시 잠깐 희열감에 도취되어 있는 사이에 초승달 모양이었던 태양은 점점 반달 모양으로 그리고는 이내 태양 본래의 둥그런 모습을 되찾는다. 찬란하다, 또 황홀하다.

우학리로 향하는 해안 도로에서 만나는 해돋이 풍광도 장관, 그냥 지나치지 못하고 다시 차에서 내려 온 세상이 황금빛으로 물든 그 가슴 뭉클한 풍광에 맘껏 젖어든다. 수항도를 마주보고 있는 유송리 대유마을에서 우학리로 넘어오는 해안 도로는 곳곳이 일출 포인트, 안도 동고지마을과 외삼도, 중삼도, 초삼도, 오동도 등의 섬들이 색다른 풍광을 자아내는 장쾌한 해돋이를 즐길 수 있다.

1 별밤지기펜션과 텃밭 2 별밤지기펜션 밥상

민박집에서 받은 선물, 건강밥상

온 심신을 황금빛으로 물들인 채 펜션으로 돌아오니 마치 우리를 기다렸다는 듯이 주인아주머니가 방문을 열고 나와서는 찬은 없지만 아침을 간단하게 준비해 놓았으니 어서 들어가서 밥 먹을 준비를 하라는 게 아닌가. 어머나, 이렇게 고마울 데가 있나! 어제 저녁에 아침밥 걱정을 했더니 일출 보고 돌아오는 시각에 맞추어 식사를 준비해 놓은 것이다.

사실, 섬에서 묵을 때는 민박집에서 해주는 가정식백반을 맛보는 것도 또 다른 섬 여행의 묘미이다. 헌데 이곳 펜션에서는 약간의 김치는 제공이 되지만 식사는 제공되지 않는 곳이다. 그 사실을 미리 알고 있었지만 아쉬운 마음에 혹시나 해서 어제 저녁에 말을 건네 봤지만 역시나 힘들다는 답변이었다. 하기에 전혀 기대를 안 하고 있었는데 이렇듯 생각지도 않았던 아침밥상을 받게 되니 여간 고마운 것이 아니었다.

주인아주머니가 손수 차려준 밥상은 훌륭했다. 채소뿐이라고 겸연쩍어 했지만 섬에서 나는 싱싱한 해초와 채소로 차려진 밥상이 그저 황송하기만 했다. 금오도의 특산물인 방풍나물과 갓김치, 쪽파김치, 멸치조림, 브로콜리, 파래무침, 매생이무침, 시원한 쑥된장국 등의 반찬들과 찰지게 지어낸 잡곡밥의 맛은 그야말로 꿀맛이었다. 아침을 맛있게 먹고 짐을 챙겨 나오니 펜션 텃밭에 핀 샛노란 꽃이 반긴다. 처음엔 유채꽃이려니 했는데 알고 보니 청경채 꽃, 청경채도 이렇게 예쁘게 꽃을 피우는지는 미처 몰랐다.

친절한 주인아주머니 내외의 배웅을 받으며 별밤지기펜션을 나와 잠시 우학리마을을 둘러보니 금오도 섬의 중심지답게 면사무소와 우체국, 파출소를 비롯하여 어린이집과 병설유치원, 초, 중, 고등학교에 심지어 농협하나로마트까지 있는 제법 큰 규모의 마을이었다. 빨주노초 색색으로 예쁘게 치장한 여남초등학교 교정에 들러 잠시 기념촬영을 한 후에 차를 타고 이동, 이정표를 따라 약 10여분 정도 달린 끝에 우학리 서쪽에 위치한 직포마을에 도착한다.

금오도 이정표

직포마을 풍경

비령길 3코스 시작점, 직포마을

직포마을은 해변에 늘어선 수백 년은 묵었음직한 아름드리 소나무 그리고 금오도의 특산물인 방풍나물 밭들이 볼거리를 제공하는 곳으로 비령길 2코스 마지막 지점이자 3코스 시작점이다. 여수 백야 선착장에서 배를 타면 함구미마을을 거쳐 바로 직포마을에 닿을 수 있기 때문에 비령길 3코스를 바로 시작하기에도 좋고, 직포마을부터 함구미마을까지 반대로 걸을 때도 좋다.

보통 금오도 섬 내에서 숙박을 하지 않는 경우에는 이른 새벽 여수에서 첫배로 들어와 함구미 선착장에서 내린 후에 비령길 1코스와 2코스 탐방을 마치고는 다시 이곳에서 배를 타고 여수로 나가는 것이 일반적인 코스이다. 이럴 경우에는 직포에서 함구미로 나갈 때 배 위에서 비렁길 아래 형성된 기암절경을 덤으로 감상할 수 있을 뿐만 아니라 만약 행운이 따른다면 멸종위기 종인 토종고래 '상괭이'도 만날 수 있다.

여객선 매표소를 지나 주차장에 차를 세워놓고는 본격적으로 비렁길 3코스 탐방에 들어간다. 비렁길 3코스는 처음부터 가파르게 이어지는 데크 계단으로 시작된다. 계단 주변으로 늘어선 동백나무들은 마치 붉은 보석을 달아 놓은 듯 화사한 동백꽃으로 치장을 했다. 그 모습을 보니 벌써부터 가슴이 두근두근 설렌다. 심호흡을 한번 크게 하고는 계단을 오르기 시작한다.

이곳에서 갈바람통 전망대까지는 0.7km, 3코스 마지막 지점인 학동까지는 3.4km이다. 계단을 오르기 시작하자 머리 위 나뭇가지에 매달려있던 붉은 동백꽃송이들이 어서 오라며 환영의 인사를 건넨다. 아름다운 동백꽃, 심성도 곱디곱구나. 양쪽으로 늘어서있는 동백나무 꽃가지들을 올려다보며 계단을 다 오르니 걷기 좋은 평탄한 오솔길이 이어진다.

1 동백꽃 핀 데크 계단 **2** 비렁길

1 동백꽃 흩뿌려진 비렁길　2 동백꽃 하트

붉은 동백꽃잎 흩뿌려 놓은 환상의 꽃길

한동안 검붉은 꽃잎과 샛노란 꽃술을 뽐내는 동백꽃들이 맑은 얼굴로 유혹을 하는 황홀한 꽃길이 이어지더니, 본격적으로 어둠 짙은 동백터널로 들어서자 어둑한 숲속은 온통 선홍빛 꽃등(燈)으로 수 놓였다. 후드득 흩뿌려진 동백꽃 송이들이 붉은 꽃등처럼 반짝거리는 꿈결 같은 길, 울창한 동백나무 숲길은 끝없이 이어지고 붉은 꽃잎 흩뿌려 놓은 환상의 꽃길도 계속 이어진다.

가끔 오른쪽으로 시야가 트이면 고개를 들고 푸른 바다를 바라본다. 그러면 저 멀리에 굴등전망대가 옛 추억을 떠올리게 하며 눈앞에 아른거린다. 방울방울 옛 시간들이 떠오르는 추억의 길이다. 길섶으로 하얗게 피어난 남산제비꽃 무리는 떨어진 붉은 동백꽃과 어우러져 환상의 조화를 이룬다. 이렇듯 길섶을 수놓은 색색의 제비꽃과 붉은 동백꽃들이 발목을 부여잡는 비렁길 3코스는 그야말로 환상의 꽃길이다.

꽃길은 계속 이어지고 평탄했던 오솔길은 다시 가파른 오르막 계단으로 바뀐다. 숨을 헐떡이며 계단을 오르고 나면 다시 평탄한 숲길이 나온다. 그리고는 얼마 지나지 않아 갈바람통 전망대에 닿게 된다.

동백숲에서 본 굴등 전망대

1 갈바람통 전망대
2 전망대에서 바라본 해안 절벽

해안 절벽 사이로 짙푸른 파도 넘실거리는 갈바람통

한쪽 귀퉁이에 커다란 소나무가 지키고 서있는 데크 전망대에 서면 정면으로는 쪽빛 망망대해가 펼쳐지고 오른쪽으로는 비렁길 1코스와 2코스 일부 구간이 아스라이 바라보인다. 왼쪽으로는 천 길 낭떠러지 기암절벽이 우뚝 서있고 그 아래로는 푸른 파도가 넘실거려 보는 순간 그 아찔함에 현기증이 날 지경이다. 이곳 전망대에서는 운이 좋으면 토종고래 '상괭이'도 볼 수 있다고 한다.

비렁길에서 바라본 갈바람통

데크 전망대에서 되돌아 나와 오른쪽 길로 접어들면 서로 마주보고 우뚝 솟아있는 천 길 낭떠러지 해안 절벽 사이로 짙푸른 파도가 넘실거리고 낚싯배까지 하얀 포말을 일으키며 오가는 것이 보이는데 그야말로 장관, 탄성이 절로 나온다.

갈바람통을 지나 붉은 보석을 매단 동백 꽃가지들이 유혹하는 산책로를 따라 걷다보면 오른쪽 해안으로 내려가는 길이 보인다. 비렁길 이정표는 곧장 가는 길을 가리키지만 우리는 비렁길을 버리고 해안가 쪽으로 내려간다. 키 작은 소나무들이 듬성듬성 서있는 널찍한 암반 위에 서면 앞으로는 은빛 햇살 반짝이는 망망대해가, 왼쪽으로는 높다란 산이 우뚝 솟아있는 비경이 펼쳐진다. 바로 비렁길 최고의 절경으로 꼽히는 매봉 전망대가 위치한 '매봉'인 것이다. 매봉 아래쪽으로는 병풍처럼 펼쳐진 기암절벽과 에메랄드빛 바다가 어우러져 눈부신 풍광을 선사한다.

1 동백꽃 터널
2 매봉과 해안 절경
3 비렁길
4 동백꽃

제비꽃, 동백꽃이 유혹하는 평탄한 오솔길은 언제부터인지 가파른 오르막으로 바뀌었다. 그 길을 오르는 이들의 표정은 모두가 제각각이다. 대부분의 사람들은 거친 숨을 몰아쉬며 느릿느릿 거북이걸음으로 올라가지만 어떤 이들은 빠르게 뛰듯이 토끼걸음으로 올라간다. 그렇게 급경사의 오르막 구간과 내리막 구간이 반복되는 험난한 코스가 이어지더니 이번에는 끝이 보이지 않는 오르막 계단이 앞을 가로막는다. 계단 아래쪽으로는 그동안 힘든 길을 걷느라 지친 심신을 달래주려는 듯 연분홍 진달래가 활짝 미소 짓고 있다.

오르막 계단은 산비탈을 따라 끊임없이 이어지고, 놀며 쉬며 오르다보니 다시 내리막길이다. 잠시 후, 오르막 내리막이 번갈아 이어지던 데크 계단이 끝나는가 싶더니 이번에는 감탄사가 절로 나오는 거대한 기암절벽이 병풍처럼 펼쳐져 있다. 이처럼 비렁길 3코스는 잠시도 지루할 틈을 주지 않는다.

거대 암벽을 끼고 걷는 길은 계속 오르막 구간이다. 기기묘묘한 형상의 기암절벽이 끝나는 곳에서 다시 하늘로 치솟은 오르막 계단이 이어진다. 그리고 마지막 계단에 올라 조금 더 걷다보면 오른쪽으로 '매봉 전망대'가 바라보인다. 천 길 낭떠러지 해안 절벽 위에 아슬아슬하게 걸쳐놓은 매봉 전망대를 이쪽에서 보니 현기증이 날 정도로 아찔하다.

1 매봉 전망대
2 거대 암벽을 끼고 걷는 비렁길

전망대에서 바라본 금오도와 안도, 연도

탁 트인 바다가 펼쳐지는 매봉 전망대

아름다운 해안 절경과 탁 트인 바다 전망으로 스트레스가 한 방에 날아 갈 것 같은 장쾌함을 선사하는 매봉 전망대는 비렁길 1코스에 있는 미역널방 전망대와 더불어 비렁길을 대표하는 전망대이다. 비렁길 3코스 시작점인 직포마을과는 1.8km, 갈바람통 전망대와는 1.1km 거리에 있으며, 3코스 마지막 지점인 학동까지의 거리는 1.6km이니 직포마을과 학동마을의 중간쯤에 위치하는 것이다.

비렁길 중에서 경치가 가장 빼어나다는 매봉 전망대에 서니 가슴이 뻥 뚫리는 듯 상쾌하다. 거칠 것 없이 탁 트인 바다풍광이 파노라마처럼 펼쳐지는 곳, 발아래로 아스라이 펼쳐지는 쪽빛 바다를 보고 있노라면 맑고 청량한 기운이 온 몸을 휘감는다.

전망대에 서서 왼쪽을 바라보니 '비렁다리'가 저 멀리 어렴풋이 보이고, 그 뒤로 3코스 종착지인 학동이 보인다. 그 뒤로 이어서 비렁길 4코스와 5코스 일부 구간이 아스라이 펼쳐지고 더 뒤로는 안도와 연도 섬이 그림자처럼 희미하게 보이는데 짙푸른 바다와 조화롭게 어우러진 그 모습은 영락없이 한 폭의 풍경화다.

1 매봉 전망대　**2** 전망대 옆 해안 절벽

저 멀리 아스라이 내려다보이던 비렁다리가 이내 모습을 감추고 나면 비렁길은 다시 녹음 짙은 어둑한 숲길로 들어선다. 이제부터는 급경사의 내리막길로 바뀌는데 그 내리막길은 제법 길게 오랫동안 이어진다. 이 급경사의 내리막길은 비렁길 3코스 중에서 가장 험난한 코스로 학동마을에서 직포마을 방향으로 걷는 사람들에게는 꽤나 힘겨운 구간이 될 것이다. 그렇게 한참을 내려오니 길은 두 갈래로 나뉜다. 왼쪽은 직포항(직포마을)로 향하는 길, 오른쪽은 학동으로 향하는 길이다.

비렁다리 전경

갠자굴통 협곡을 이어주는 아찔한 비렁다리

그렇게 한참을 비렁길이 선사하는 비경에 취한 채 걷다보니 깎아지른 수직 절벽 위에 설치된 출렁다리가 모습을 드러낸다. 비렁길 3코스 구간 '갠자굴통' 협곡 사이를 이어주는 길이 42.6m, 폭 2m 규모의 이 '비렁다리(출렁다리)'는 지난 2014년 7월 완공되었다. 특이한 점은 바닥의 일부분이 강화유리로 투명하게 되어있어 아찔한 스릴을 즐길 수 있다는 것이다. 또한 가락지처럼 생긴 이 다리를 연인이 함께 건너면 결혼에 성공한다고 하여 '언약의 다리'라고도 불린다.

이제 그 아찔한 스릴을 즐길 차례, 천천히 다리를 건너기 시작한다. 다리 중간쯤에 다다르니 출렁출렁 조금씩 흔들리더니 급기야는 투명한 유리바닥이 나타난다. 절로 오금이 저려지는 아찔한 순간이다.

아슬아슬 손에 땀을 쥐게 하는 '언약의 다리'도 건넜겠다, 이제 다시 학동마을로 발걸음을 옮긴다. 학동마을까지는 1.1km 남았음을 이정표가 가리키고 있다. 푸른 바다와 기암절벽이 만들어내는 해안 절경은 계속 이어지고 발걸음은 자꾸만 느려진다.

1 비령다리에서 바라본 협곡과 바다 풍경
2 비령다리 중간에 있는 유리바닥
3 아찔한 비령길

금오도

마침내 금오도 비렁길 코스 중에서 가장 험난하면서도 가장 풍광이 아름답기로 손꼽히는 3코스를 무사히 완주했다. 그것도 붉은 동백꽃이 한창 제 빛을 발할 때 걸었으니 그 어떤 말로도 비렁길이 선사하는 매력과 가슴 뭉클함, 희열감을 다 표현하기는 어렵다. 비렁길 4코스가 계속 이어지지만 오늘은 여기까지가 예정이므로 4코스와 5코스는 다음을 기약한다.

점심은 학동마을 바닷가에 있는 '학동한접시쉼터'에서 전복라면으로 먹기로 되어 있다. 이곳 식당은 직접 잡은 전복을 넣고 끓여주는 전복라면이 유명한 곳으로 컵라면과 과자, 음료수, 아이스크림 등을 함께 판매하고 있었다.

노란 양은냄비에 끓여서 나온 전복라면에는 콩나물 조금과 전복이 들어있었다. 찬으로는 깍두기와 방풍나물, 톳이 나오는데 방풍나물과 톳을 새콤달콤 초고추장에 찍어먹는 맛이 별미다.

전복라면과 방풍나물, 톳

1 비렁길 해안 절경
2 동백꽃 길
3 학동마을 풍경

금오도 주요 핵심정보

곳곳에 천혜의 비경을 품고 있는 금오도 비렁길은 함구미마을에서 장지마을까지 이어지는 총 18.5km, 5개 코스로 조성되어 있으며 섬 서쪽의 아슬아슬한 해안 절벽을 따라 마을과 마을로 이어져 있다. 비렁길 이정표는 비교적 잘 되어 있어 길 잃을 염려는 없다. 다만 해안 절벽(벼랑길)을 따라 걷는 길이니 만큼 각별한 주의를 기울여야 한다. 여행객 편의를 위한 화장실은 각 코스가 시작되고 끝나는 마을마다 설치되어 있다. 섬 내 택시는 2대가 있으나 이용이 쉬운 편은 아니다.

비렁길 1코스에서는 미역널방과 신선대 등이 아찔한 비경을 자랑하며, 아늑한 분위기를 자아내는 수달피비렁 전망대는 잠시 쉬어가기에 좋다. 2코스에서는 깎아지른 해안 절벽 중턱에 설치한 굴등전망대와 촛대바위가 볼만하다. 특히 굴등 전망대와 직포마을에서 보는 낙조가 일품이다. 1코스 시작점인 함구미마을의 옛 돌담장은 남다른 정취를 선사하는 만큼 코스에는 포함되지 않았더라도 꼭 들러보는 것이 좋다.

비렁길 3코스는 다른 코스에 비해 오르막 내리막 구간이 많은 편이다. 힘들지만 비렁길 5개 코스 중 가장 뛰어난 풍광을 보여주는 만큼 꼭 도전해 봐야 하는 곳. 특히 매봉 전망대는 탁 트인 바다 전망을 보여주는 곳으로 비렁길 최고의 풍광을 선사한다. 갈바람통 전망대와 비렁다리의 비경도 놓칠 수 없다. 또한 3코스는 그야말로 동백나무 군락지. 동백꽃이 피는 3월 중순에서 말 사이에 찾게 된다면 붉은 꽃융단을 펼쳐놓은 듯한 황홀경에 빠져들게 될 것이다.

금오도 일출은 유송리 대유마을에서 우학리로 넘어가는 해안 도로 곳곳이 감상 포인트이다. 특히 수항도를 마주보고 있는 대유마을에서 보는 해돋이 풍광이 남다른 정취를 안겨준다. 한편 해넘이는 직포마을과 비렁길 곳곳에서 만날 수 있다.

금오도 비렁길 코스 정보

- **1코스** 5.0km (약 2시간 소요)

  함구미마을 … 미역널방 … 수달피비령 전망대 … 송광사 절터 … 신선대 … 두포마을

- **2코스** 3.5km (약 1시간 30분 소요)

  두포마을 … 굴등전망대 … 촛대바위 … 직포마을

- **3코스** 3.5km (약 2시간 소요)

  직포마을 … 갈바람통전망대 … 매봉전망대 … 비렁다리 … 학동마을

- **4코스** 3.2km (약 1시간 30분 소요)

  학동 … 사다리통전망대 … 온금동 … 심포

- **5코스** 3.3km (약 1시간 30분 소요)

  심포 … 막개 … 장지

- **종주코스** 18.5km (약 8시간 30분 소요)

  함구미 … 두포 … 직포 … 학동 … 심포 … 장지

⊕ 선홍빛 동백꽃 그리고 형형색색의 야생화들이 발목을 잡는 비렁길과 천혜의 해안비경을 품은 아름다운 섬 '금오도' 여행은 뱃길에서부터 시작된다. 금오도로 들어가는 배편은 여수연안여객터미널과 돌산 신기항, 백야 선착장 등 세 곳에서 출발한다.

특히 백야 선착장에서 출항하는 여객선은 비렁길 1코스 시작점인 함구미마을을 거쳐 2코스 종점이자 3코스 출발점인 직포마을까지 곧바로 연결하는 '금오도 비렁길 직항로'이기에 도보 여행자들이 이용하기에 좋다. 또한 함구미항에서 직포항을 오가는 뱃길에서는 배안에서 비렁길 1, 2코스 일부 구간과 비렁길 아래 펼쳐진 아름다운 해안 절경을 감상할 수 있으며 운이 좋으면 토종고래 '상괭이'도 만나 볼 수 있다.

만약 기차나 버스, 항공 등 대중교통 수단을 이용할 경우에는 여수연안여객터미널에서 함구미까지 운항하는 여객선을 이용하는 것이 좋다. 돌산 신기항이나 백야 선착장은 대중교통 수단으로 이동하기에는 거리가 너무 멀다(여수엑스포역에서 여수여객터미널까지 택시요금 약 5,000원~6,000원).

돌산 신기항에서 금오도 여천항을 오가는 여객선은 운항거리도 짧고 배편이 많은 것이 장점이기는 하나 여천항에 도착해서 비렁길 1코스 시작점인 함구미마을까지 가려면 다시 마을버스나 택시를 이용해야하는 불편함이 따른다. 그러므로 도보 여행자들이 이용하기에는 적당치가 않다. 만약 차량을 싣고 들어갈 예정이라면 돌산 신기항이 최선책이다. 신기항에서는 1일 7회(주말에는 수시운항) 운항으로 금오도행 배편이 가장 많기도 하거니와 소요시간 약 25분으로 거리도 가장 짧다.

따라서 차량을 싣고 들어 갈 경우에는 운항거리가 가장 짧은 돌산 신기항을, 도보 여행자는 비렁길 접근이 용이한 여수 백야 선착장을, 대중교통 이용 도보 여행자는 여수연안여객터미널을 이용하는 것이 좋다. 여천항에서는 여객선 도착 시간에 맞춰 남면버스가 대기하고 있다.

교통편 및 배편 정보 (2017년 4월 기준)

배편 여수연안여객터미널 ⇄ 함구미

❶ 여수연안여객터미널에서 금오도 함구미행

▶ (주)신아해운 www.hshaewoon.com

문의전화 : 061-665-0011~12

주소 : 전라남도 여수시 여객선터미널길 17

운항정보 및 운항시간, 요금

- 여수 ↔ 금오도 함구미 : 1일 3회 운항(소요시간 약 90분)
- 여수 출항 : 하절기(06:10, 09:50, 14:50)
- 함구미 출항 : 하절기(07:50, 11:15, 16:35)
- 요금(편도) 성인기준 : 여수 → 함구미 13,500원 / 함구미 → 여수 12,300원

배편 신기항 ⇄ 여천항

❷ 여수 돌산 신기항에서 금오도 여천항행

▶ (주)한림해운 hanlim.haewoon.co.kr

문의전화 : 061-666-8092

주소 : 전라남도 여수시 돌산읍 신기길 90

운항정보 및 운항시간, 요금

- 1일 7회 운항(소요시간 약 25분)
- 신기 출항 : 하절기(07:45, 09:10, 10:30, 12:00, 14:30, 16:00, 18:00)
            동절기(07:45, 09:10, 10:30, 12:00, 14:00, 15:50, 17:00)
- 여천 출항 : 하절기(08:20, 09:40, 11:00, 13:00, 15:00, 16:30, 18:30)
            동절기(08:20, 09:40, 11:00, 13:00, 14:30, 16:20, 17:30)
- 운항요금(편도) 성인 기준 : 5,000원, 승용차 13,000원, 승합차 17,000원

※ 주말과 성수기에는 수시 운항

배편 백야 선착장 ⇌ 함구미 ⇌ 직포항

❸ 여수 백야 선착장에서 금오도 함구미행

◐ (주)좌수영해운 www.좌수영.com

문의전화 : 061-665-6565

주소 : 전라남도 여수시 화정면 백야해안길 73

운항정보 및 운항시간, 요금

- 1일 3회 운항(소요시간 함구미까지 약 40분, 함구미에서 직포 약 30분)
- 백야 출항 : 07:30, 10:50, 14:20
- 직포 출항 : 08:50, 12:40, 16:00
- 함구미 출항 : 09:20, 13:10, 16:30
- 운항요금(편도) 성인기준 : 함구미 7,500원 / 직포 11,000원 / 함구미 ↔ 직포 5,000원

※ 주말과 성수기에는 수시 운항 (산악회나 단체는 별도 문의)
※ 승용차 함구미 기준 16,500원 / RV. SUV 20,900원
※ 신분증 지참 필수, 운항시간은 동·하절기, 주말, 기상여건 등에 따라 변경될 수 있으므로 반드시 해당 선사에 사전 문의

교통편

❹ 금오도 섬 내 교통편

◐ 남면택시 010-8614-2651, 061-666-2651

숙소 및 식당 정보

· 여수

황소식당 061-642-8007 / 전남 여수시 봉산남3길 5
두꺼비게장 061-643-1880 / 전남 여수시 봉산남3길 12
등가게장 061-643-0332 / 전남 여수시 봉산동 282-10
※ 게장정식 1인분에 8,000원(단, 1인일 때는 만원), 갈치조림 + 게장정식(2인분 기준)은 1인분에 14,000원

· 금오도 여천항 주변(슈퍼와 민박, 펜션)

섬사랑식당 슈퍼 010-6633-5377, 010-4035-5377 / 전라남도 여수시 남면 유송리 415
금오도비렁길 슈퍼민박식당 010-3080-9405 / 전라남도 여수시 남면 여천금이길 11-14
바위섬펜션 010-9949-8482 / 전라남도 여수시 남면 유송리 449   금오도펜션.net
바람에언덕펜션 010-2247-0146 / 전남 여수시 남면 유송리 449-7   바람에언덕.com

· 함구미마을(민박, 펜션)

비렁길민박 061-664-9164, 010-7179-9164 / 전남 여수시 남면 유송로 12-4
섬마을펜션 010-5662-7097 / 전남 여수시 남면 함구미윗길 22   금오도.kr
아빠와아들펜션 쉼터 010-5536-2136 / 전남 여수시 남면 함구미윗길 43-1

· 우학리(민박, 펜션, 식당)

별밤지기펜션 010-7176-0368 / 여수시 남면 내외진안길 19   금오도펜션.com
할매맛집 061-666-6933, 010-9714-6665 / 전남 여수시 남면 금오로 874(남면 파출소 옆)
상록수식당 민박(+식당) 061-665-9506, 010-6260-9506 / 여수시 남면 금오로 854
※ 해물정식은 사전 예약이 필수

추가 정보

여행 참고 사이트
여수관광문화 tour.yeosu.go.kr
여수관광문화 금오도 비렁길 tour.yeosu.go.kr/tour/leisure/walk/geumodo_bireonggil

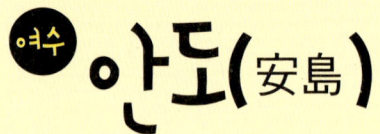

여수 안도(安島)

때 묻지 않은 자연 그대로의 동고지명품마을을 품은 섬

'한반도를 품은 호수 마을'이라고 하는 안도는 에메랄드빛 바다를 자랑하는 안도 해수욕장과 이야포 몽돌해수욕장을 품고 있지만 무엇보다 동고지명품마을을 품고 있어 더 빛나는 섬이다. 쪽빛 청정바다와 옛 돌담. 자연 그대로의 질박한 섬마을 풍경이 조화롭게 어우러져 검박하면서도 고졸한 풍취가 물씬 묻어나는 동고지명품마을은 두 말이 필요 없는 명품 여행지이다. 제대로 된 힐링을 할 수 있는 감성 여행지. 투박하지만 질박한 운치를 자아내는 돌담길을 따라 마을 한 바퀴 돌다보면 도심에서 지친 마음과 몸은 어느새 쪽빛으로 물든다. 새벽에 일찍 일어나 해돋이마루로 달려가서 즐기는 일출 감상은 동고지마을이 주는 또 하나의 선물이다. 동고지마을 진입로에서 우측으로 가면 에메랄드빛 바다가 펼쳐지는 안도해수욕장이 있다. 잊지 말고 꼭 들러보자. 에메랄드빛 바다를 바라보며 고운 모래해변을 거니는 것만으로도 힐링이 된다.

안도 1박 2일 코스

첫째날 금오도 ··· 안도대교 ··· (안도) ··· 동고지 명품마을

둘째날 해돋이마루 일출 ··· 동고지명품마을 (돌담길) ··· 동고지해변 ··· 동백나무숲 (마을) ··· 안도해변 ··· 안도대교 ··· 금오도 여천항 ··· 돌산 신기항

1 장지마을과 대부도, 소부도 **2** 안도대교

벚나무 꽃가지들이 수줍게 유혹하는 안도 섬으로 가는 길

금오도 동남쪽에 위치한 안도는 2010년 2월에 완공된 안도대교로 이어지면서 금오도에서 쉽게 오가게 된 섬이다. 안도는 전라남도 여수시 남면에 딸린 섬으로 여수 남쪽 34㎞ 해상에 위치하며 면적 3.96㎢, 해안선 길이 29km, 최고봉은 상산(上山, 207m)이다. 원래는 너비 200m 가량의 S자형 수로를 사이에 두고 동도(東島)와 서도(西島)로 나뉘어져 있었으나 수로의 남쪽 끝에 발달한 사주(砂洲)로 인해 하나로 연결된 섬이다. 섬의 형상이 마치 날아가는 기러기를 닮았다고 하여 안도(雁島)라고 하였다가 후에 선박이 안전하게 피항(避港)

할 수 있는 곳이라 하여 안도(安島)라 불리게 되었다고 한다. 섬 북쪽에는 연도교로 이어진 금오도(金鰲島)가 위치하며 남쪽에 연도(鳶島)가 위치한다. 섬 내에는 고운 모래사장과 에메랄드빛 바다를 품은 안도해수욕장과 이야포 몽돌해수욕장이 있다.

지난 2014년 4월에 국립공원 11번째 명품마을로 선정된 '동고지명품마을'은 안도 섬 동북쪽 끝에 위치하며, 현재 10가구에 15명의 주민들이 거주하고 있다. 동고지명품마을에서는 매년 1월 1일에 해맞이 축제가 열리는데 일출감상이 끝난 후에는 마을 주민들이 직접 만든 유자차와 전복죽을 무료로 나눠준다.

금오도 비렁길 3코스 트레킹을 마치고 색색의 꽃물로 물들인 채 안도 섬으로 향하는 길은 연분홍 꽃 몽우리들을 조롱조롱 머금고 있는 벚나무 꽃가지들이 수줍은 모습으로 유혹하는 길이다. 안도대교를 건너자마자 이정표를 따라 좌회전, 한반도 모양의 호수를 굽이굽이 휘돌아 마침내 안도마을을 지나고 안도해수욕장 방향으로 계속 달리다보니 왼쪽으로 좁은 길이 나타난다. 곧장 가면 안도해수욕장이고 동고지마을로 가려면 왼쪽 좁은 도로로 접어들어야 한다.

안도해수욕장

동이 트는 새벽 마을 풍경

가슴 졸이는 동고지마을 진입로와 장엄한 일출

좁다란 도로로 들어서자 오른쪽으로 동고지마을 입간판이 보인다. 동고지마을로 들어가는 약 1.2km 구간의 도로는 예상했던 대로 도로폭이 상당히 협소해서 차량이 서로 비켜갈 수 없는 상황이었다. 더구나 도로는 구불구불 이어지는데다가 오른쪽으로는 낭떠러지였다. 초행길이다 보니 천천히 진행하면서도 반대쪽에서 차가 나올까 가슴을 졸여야하는 상황. 허나 오른쪽 차창 밖으로 펼쳐져 보이는 코발트빛 바다 풍광은 너무도 매혹적이었다. 바로 고운 모래와 맑은 바닷물로 유명한 안도해수욕장이다.

가슴 졸이며 구불구불 좁은 길을 따라 가다보니 진입로 중간쯤에 차량 교행지가 나타난다. 안도의 한숨이 절로 나온다. 이거 길이 좁아도 너무 좁은 거 아냐? 어찌어찌 손에 땀을 쥔 채 살얼음판을 달려 무사히 국립공원 동고지명품마을에 안착, 마을 가장 위쪽에 자리한 '어가민박'에 들어선다. 금오도 직포마을을 떠난지 꼭 30여분 만에 도착한 것이다. 비록 거리는 얼마 되지 않았지만 아슬아슬 가슴을 졸여야하는 공포의 시간임에 틀림이 없었다.

동고지마을 입간판

우리가 오늘 하룻밤 묵을 어가민박은 마을주민들이 운영하는 펜션형 독채로 '아라'와 '나린' 이렇게 두 채가 나란히 붙어있다. 실내는 원룸형으로 매우 넓었으며 시설 또한 지은 지 얼마 안 되는 현대식 새 건물이기에 매우 깨끗했다. 무엇보다 가슴까지 시원해지는 탁 트인 전망, 방에서 대형 유리창문을 통해 마을과 바다가 한눈에 내려다보인다는 것이 가장 매력적이었다. 사실, 동고지마을에는 마을 어르신들이 운영하는 민박도 여럿 있었지만 이번 여행에서는 좀 더 편안하고 쾌적한 잠자리를 위해 '어가민박'으로 정했던 것이다.

어가민박 대형 유리창문을 통해 보이는 마을 풍경

별 흐르는 암흑의 밤이 지나고 날이 밝았다. 창문으로 새어 들어오는 여명을 보는 순간 게으름을 피우려던 마음은 눈 녹듯 사라지고 해돋이를 보기 위해 주섬주섬 카메라를 챙겨 들고 숙소를 빠져나온다. 이곳 동고지마을은 매년 새해 첫날 열리는 해맞이행사로 유명한 곳, 예까지 왔으니 그 유명한 해돋이 감상을 포기할 수 없지 않은가. 새해 첫날 해맞이 행사 때는 이 섬을 찾아온 사람들에게 따끈한 유자차와 전복죽을 나눠준다고 한다.

숙소를 뒤로한 채 섬마을사람들이 '해돋이마루'라고 부르는 전망대로 향한다. 해돋이마루는 마을 뒷동산에 있으므로 마을 초입 언덕에 세워 놓은 종합안내도를 마주보고 오른쪽 길로 방향을 잡아야한다. 마을 안내도를 지나 어스름이 밝아오는 길을 따라 조금 걷다보니 길은 곧 두 갈래로 나뉜다. 앞으로 곧장 가는 길은 숲길을 지나 마을 방파제쉼터로 내려가게 되는 '해마루길'이다. 오른쪽 길로 접어들어 해돋이마루 전망대에 올라서니 동쪽 하늘은 벌써 벌겋게 물들기 시작했다.

1 해돋이마루에서 바라본 일출 풍광
2 해돋이마루 전망대

어가민박에서 내려다본 동고지마을 전경

고졸한 운치 더하는 마을 돌담길

오늘 일정은 달팽이걸음으로 유유자적 마을 돌아보기이다. 해가 퍼지기를 기다리며 컵라면으로 아침을 해결한 후에 짐을 대충 정리하고는 마을 탐방길에 나선다. 사실, 동고지마을에는 마을주민들이 운영하는 '어가식당'이 있다. 그러나 어제 저녁도 컵라면 오늘 아침도 컵라면으로 식사를 하게 된 이유는 하루 전, 아니면 당일 오전 일찍이라도 미리 전화로 예약을 했어야 했는데 그만 깜빡하고 말았던 것이다. 섬에서는 모든 것이 예약이 아니면 힘들다. 모든 재료를 구하고 만들어야 하는 만큼 당연한 결과일 것이다.

마을로 내려가는 좁다란 계단을 내려서자 오른쪽으로 '토박이 할머니 집'이라 쓰인 예쁜 명패가 돌담에 붙어있는 것이 눈에 띈다. 명패에는 주소와 "동고지마을 최고령의 인심 좋은 토박이 할머니가 사시는 곳입니다. 동고지가 참 살기 좋은 마을이라 오래오래 사셨다고 하십니다. 무엇이 그렇게 좋았을까 이야기를 청해보세요"라는 마을 어르신을 소개하는 글이 자세히 쓰여 있다. 명패만 봐도 이 집에 어떤 분이 살고 계시는지 대충은 짐작이 가고도 남는 정겨운 모습이다.

토박이 할머니집의 돌담을 지나면 오른쪽으로 올망졸망 늘어서 있는 초록색 밭들이 보이는데 이곳 동고지마을은 밭을 한가운데 두고 가장자리로 돌담장과 어우러진 고만고만한 가옥들이 늘어서 있는 점이 특이하다. 밭에는 방풍나물과 머위, 시금치, 마늘, 쪽파, 갓 등의 채소들이 자라고 있었다.

구불구불 이어지는 마을 골목길과 가옥들은 말끔하게 단장이 되어있으며 가옥을 두르고 있는 돌담장에는 수백 년 세월의 두께가 켜켜이 쌓여 있어 고졸한 운치를 더했다. 유머와 노래가 특기인 시원한 성격의 주인아저씨가 활기찬 목소리로 맞아 준다는 '시원한 파도아저씨 민박'과 담쟁이덩굴이 돌담을 감싼 '동고지민박'집을 지나 '자연미녀 할머니 집'이라는 명패 앞에서 발걸음을 멈추고 만다. 돌담과 장독대, 다락 등 옛 어가의 느낌이 제대로 살아 있는 이 집에는 방풍 장아찌를 잘 만드는 자연미인 김두심 할머님이 살고 계신다고 한다. 궁금한 마음에 한 번 만

1 돌담과 밭이 어우러진 마을 풍경
2 동고지 민박

나 뵙고 싶었지만 아쉽게도 뵐 수는 없었다.

옛 돌담과 어우러진 마을길 탐방은 계속 이어진다. 섬사람들의 삶과 생활이 고스란히 녹아있는 고색창연한 돌담장만 보고 걸어도 행복한 길이다. 주말 가족별장, 동고지 마을 속 조금 다른 집이라고 하는 세련된 감각의 '동고지 첫 번째 펜션'을 지나고 마침내 '아라우물'과 '바다 한 송이 집'이 마주보고 있는 곳에 다다랐다.

'바다 한 송이 집'은 동고지마을 가장 아래쪽에 위치한 민박집으로 김치와 효소를 잘 담근다는 할머니가 살고 계시는 집이다. 바다와 가까운 만큼 탁 트인 전망이 일품이다. 마침 민박집에서 나오는 마을 할머니 한 분을 만나 이런저런 말씀을 듣게 되었는데 이 '아라우물'은 아주 오래전부터 동고지마을을 지켜온 우물로 아무리 가물어도 물이 마른 적이 한 번도 없었으며 예전에는 마을 사람들이 모두 이 우물을 사용했었다고 자랑을 하신다.

1 돌담길 **2** 동고지 첫번째 펜션과 명패 **3, 4** 아라우물

동고지해변 풍경

몽돌해안과 동백꽃 동산

투명한 바닷물이 드나들 때마다 챠르르 챠르르 아름다운 소리를 내는 몽돌해안, 드레스 자락 펼치듯 하얗게 부서지는 파도를 보고 있노라면 모든 고뇌와 상처를 앗아가 버리는 듯 마음이 평화로워진다. 이제 잠시 순수 동심으로 돌아가는 시간, 몽돌 구르는 소리와 하얗게 부서지는 파도를 바라보며 유유자적 해안가를 거닐어 본다. 얼마 가지 않아 갯바위에 작은 거북손들이 다닥다닥 붙어있는 있는 신기한 모습이 눈에 들어온다. 영락없이 거북의 손 모양을 닮았다. '거북손'은 삶아서 먹으면 쫄깃하면서도 짭조름한 맛이 일품이다.

몽돌해안을 벗어나 남해의 쪽빛 바다가 시원하게 내려다보이는 쉼터에 다다른다. '동쪽의 방'이라 불리는 이 쉼터는 '아라우물'과 '어가식당' 사이에 있다. 하나의 작품처럼 멋들어지게 조성해놓은 이 '동쪽의방'은 마을 주민들뿐만 아니라 동고지마을을 찾는 여행객들이 편히 쉴 수 있는 쉼의 공간이다.

1 동고지해변 풍경　**2** 갯바위에 붙어있는 거북손
3 동쪽의방 쉼터　**4** 바다한송이집

동쪽의방 쉼터에 앉아 작은 섬마을의 소소한 풍광들을 즐기다보니 선착장 방파제 쉼터로 향하는 길바닥에 흩뿌려진 붉은 동백 꽃송이들이 여행자의 마음을 뒤흔든다. 흩뿌려진 꽃송이들 위로는 붉은 보석을 조롱조롱 매단 동백나무들이 군락을 이룬 숲이 보이는 것이 아닌가. 전혀 예상치 못했던 광경이다. 발걸음은 절로 움직여지고 가슴은 콩닥콩닥 뛰기 시작한다. 그리고는 뭔가에 홀린 듯 붉은

1 동백 꽃길   2 동백숲

꽃가지를 늘어뜨린 동백나무들이 군락을 이룬 어둑한 언덕으로 올라선다. 붉은 동백꽃으로 물든 숲, 순간 탄성이 절로 나온다. 바로 눈앞에 송이 째 떨어진 동백꽃들이 붉은 꽃융단을 펼쳐놓은 듯한 황홀경이 펼쳐지는 것이다.

마을에서 만난 할머니 한 분이 맞은편 소나무들이 서있는 나지막한 동산을 가리키며 저곳으로 넘어가면 바다로 내려가는 길이 있으니 가보라고 권하신다.

1 동백나무와 어가식당
2 마을 할머니와 마을 풍경

1 마을 앞동산에서 바라본 마을 풍경 **2** 야생화 산자고

별천지, 야생화 꽃밭에서

마을길 반 바퀴를 휘돌아 '동고지 마중 민박'집 앞에 섰지만 소나무가 서있는 동산으로 오르는 길은 찾을 길이 없다. 다시 되돌아 나와 어찌어찌 길을 찾아 올라가니 눈앞에 별천지가 펼쳐진다. 벼랑 아래 갯바위로 넘실대는 파도와 눈부신 쪽빛 바다, 먼 바다에 떠있는 작은 섬들이 한데 어우러진 풍광은 가슴이 시리도록 아름다웠다. 그뿐만이 아니었다. 풀숲에는 작은 야생화 '산자고'가 지천으로 피어있는데 그 모습은 마치 흰 별이 반짝거리듯 눈이 부셨다.

발아래 시원하게 펼쳐지는 쪽빛 바다도 보고 예쁜 야생화 산자고와도 눈 맞추는 치유의 시간, 몸과 마음을 온통 순백의 하얀 꽃물과 시린 쪽빛으로 물들인다. 기쁨과 즐거움으로 가득 채워지는 꿈결같은 시간이다.

~~~~~ **산자고** ~~~~~

외떡잎식물 백합목 백합과의 다년생 초본으로 중부 이남의 양지바른 풀밭에서 자란다. 꽃은 흰색으로 4~5월경에 줄기 끝에 한 송이씩 피며 꽃잎 뒤에 자줏빛 선이 선명하다.

투박한 아름다움과 고졸한 정취가 물씬 묻어나는 옛 돌담과 검박한 풍광, 때 묻지 않은 청정 자연이 살아 숨 쉬는 동고지마을 산책이 끝났다. 아쉽지만 다시 일상으로 복귀해야 하는 시간, 이제 짐을 챙겨 금오도 여천항으로 나가야 한다. 싱싱한 바다를 품은 '어가식당'의 어촌밥상은 다음으로 미루고 다시 찾아올 그날을 기약하며 마을을 빠져 나온다. 뜻하지 않게 만났던 동백나무 숲과 야생화 '산자고' 꽃이 무리지어 피어있던 작은 동산은 동고지마을에서 우리에게 준 특별한 선물이었다.

앞동산에서 바라본 바다

1 마을 풍경 **2** 마을 진입로 차량 교행지에서 내려다본 바다

쪽빛바다, 하얀 드레스자락 드나드는 안도해변

마을을 빠져나오는 좁은 길은 여전히 아슬아슬 손에 땀을 쥐게 하는 길이다. 샛노란 유채꽃이 배웅을 하는 마을 진입로를 겨우 빠져나와 좌회전, 안도해수욕장에 다다른다.

바닷가에 내려서자 눈부신 햇살과 에메랄드빛 바다, 하얀 백사장이 눈앞에 펼쳐지는데 탄성이 절로 나온다. 와! 안도에 이렇게나 예쁜 해변이 숨어 있었다니… 비단결처럼 곱디고운 모래사장과 제주도의 어느 해변을 연상케 하는 에메랄드빛 바다는 눈이 시리도록 아름다웠다. 더구나 아무도 없는 고즈넉한 바닷가에서는 사르르 철썩 사르르, 파도가 들고 날 때마다 하얀 드레스자락을 펼치며 쉼 없이 만들어내는 해조음만이 들려올 뿐이다. 은빛 모래해변을 거닐며 아슴아슴 여린 봄빛 아른거리는 봄날의 감성을 오롯이 즐기기에 모자람이 없는 곳이다. 안도 해수욕장은 하얀 모래가 매우 좋다고 해서 백금포해수욕장이라고도 불린다.

안도해수욕장

안도해변을 뒤로 한 채 연분홍 꽃가지 늘어뜨린 벚나무들을 지나고 이국적인 느낌을 주는 가두리 양식장을 지나 안도마을 '안호정' 정자 인근에 도착한다. 잠시 호수 위에 떠있는 빨간색 다리를 건너보기 위함이다. 이 빨간 다리는 안도대교에서 마을을 에두르지 않고 바로 당산까지 이어지는 다리이다. '한반도를 품은 호수마을'이라 쓰인 안도마을 표지석을 지나니 왼쪽으로 당산으로 올라가는 계단이 보이고 그 옆쪽으로는 안호정 정자와 '해상 순찰기념비'가 서있다. 3월의 남쪽 섬은 붉은 동백꽃의 세상, 당산으로 오르는 길도 온통 붉은 동백꽃으로 물들었다. 살랑살랑 불어오는 시원한 봄바람을 즐기며 호수를 가로지르는 빨간 다리에서 잠시 쉬어간다.

1 당산으로 오르는 계단과 동백나무
2 안도마을 포구 풍경
3 당산과 안도대교를 이어주는 다리

벚나무 꽃가지와 어우러진 봄바다

해물정식 대신 싱싱한 자연산회로 즐긴 만찬

잠시 후에 다다른 곳은 안도마을 천혜의 포구 앞에 위치한 제일식당이다. 사실 오늘 점심식사는 안도에서 유명한 해물정식으로 먹을 예정이었다. 허나 해물정식을 잘하기로 입소문난 백송식당은 오늘 휴무. 그래서 금오도 우학리로 건너가 먹을 예정이었는데 좀 전에 당산으로 오르는 꽃길에서 우연히 만난 동고지마을 위원장의 추천을 받아 이곳으로 오게 된 것이다.

오늘 점심으로 즐길 만찬은 고소하고 쫄깃한 맛이 살아있는 자연산회이다. 오랜만에 섬에 왔으니 싱싱한 자연산회를 맛보지 않으면 섭섭하다. 주문을 하고 조금 기다리니 기본 찬들이 나오기 시작한다. 꼬막무침과 톳무침, 방풍나물, 머위나물, 갓김치, 쪽파김치, 간장게장, 전복, 해삼, 문어숙회, 멍게, 소라, 굴, 군소, 군부, 하수오장아찌, 가오리찜, 새우찜 등의 20여 가지 반찬들이 한상 차려지는데 상다리가 휘어질 정도였다. 싱그러운 바다향기를 머금은 진수성찬, 이것저것 조금씩 맛보다보니 메인 회가 나오기도 전에 이미 배가 부르다. 오늘 메인은 모듬회(도다리 & 돔)이다. 쫄깃한 식감과 고소한 맛이 일품인 회를 먹은 후에는 맑은 지리탕으로 마무리, 정말 힐링이 절로 되는 듯하다.

시간이 멈춘 곳, 청정 동고지명품마을의 질박한 아름다움에 반해 늦장을 부렸더니 예상했던 시간보다 훨씬 더 많은 시간이 흐르고 말았다. 안도 섬에서 더 들러보고 싶은 곳은 아직 많이 남았다. 섬의 중앙에 솟은 상산(207m)을 에두르는 상산둘레길과 안도마을 남쪽에 위치한 이야포 몽돌해변, 섬 서쪽에 위치한 서고지 마을 등, 하지만 이제는 정말 뭍으로 나가야 한다. 아쉬움을 뒤로한 채 안도대교를 넘어 여천항으로 향한다.

1 해안 도로에서 바라본 바다풍경
2 가오리찜 **3** 여천항에서 돌산 신기항으로나가는 여객선

안도 주요 핵심정보

안도 섬 동북쪽 끝에 외따로 떨어져 있는 동고지마을은 진입로가 좁고 불편하다. 하지만 마을로 들어서는 순간 그 수고로움은 곧 눈 녹듯이 사라지게 될 것이다. 언덕 아래로 아기자기하게 펼쳐지는 섬마을 풍광은 한 폭의 그림 속 환상의 세계로 들어온 듯한 착각을 불러일으키기에 충분하다. 작아서 더 아름다운 마을, 때묻지 않은 청정 자연 그대로의 모습을 고스란히 간직한 마을, 그곳이 바로 동고지명품마을이다. 동고지마을은 일출명소인 만큼 해돋이마루에서 즐기는 해돋이 풍광도 놓치지 말자.

안도에는 섬 중앙에 솟은 상산(207m)을 에두르는 상산둘레길이 있다. 안도마을 남쪽에 위치한 이야포 몽돌해변에서 시작해서 오지암마을을 거쳐 안도(백금포)해변까지 이어지는 이 둘레길은 총거리 약 4km, 소요시간 약 2시간 정도 걸린다. 안도에서 꼭 둘러볼 곳은 안도해수욕장이다. 고운 모래사장과 에메랄드빛 바다가 시원하게 펼쳐지는 매혹적인 해변이다.

- 안도 동고지명품마을로 가기 위해서는 여수연안여객터미널에서 배편을 이용하여 안도로 들어가야 한다. 금오도에서 안도대교를 거쳐 들어가는 방법도 있다.
- 동고지마을을 찾아가는 길은 금오도 해안 도로와 안도 섬 곳곳에 이정표가 있어서 편리하다.
- 안도 선착장에서 동고지마을까지는 약 2km, 소요시간 약 30분 정도 걸린다(도보 기준). 섬 내 대중교통편은 없다.
- 동고지마을에는 마을 주민들이 운영하는 어가펜션과 민박, 어가식당이 있다. 식당과 민박, 펜션을 이용하려면 마을 홈페이지나 전화로 사전 예약을 해야 한다. 마을에는 편의점이나 마트가 없으니 필요한 물품은 반드시 여수나 금오도에서 미리 준비해서 들어가야 한다. 동고지마을로 들어가기 전에 위치한 안도마을에는 식당과 민박, 모텔 등이 있다.

교통편 및 배편 정보 (2017년 4월 기준)

배편 여수연안여객선터미널 ⇌ 안도

① 여수연안여객선터미널에서 안도행

- (주)한림해운 hanlim.haewoon.co.kr

  문의전화 : 061-666-8092

  주소 : 전라남도 여수시 여객선터미널길 17

  운항정보 및 운항시간, 요금
  - 여수 ↔ 안도 1일 2회 운항(소요시간 약 1시간 40분)
  - 여수 출항 : 06:20, 14:30(*동절기 14:00)
  - 안도 출항 : 08:15, 16:50(*동절기 16:15)
  - 운항요금(편도) 성인 기준 : 15,050원, 승용차 27,000원, 승합차 33,000원

천천히 섬여행

교통편

❹ 안도 섬 내 교통편
○ 안도콜밴 061-666-2664, 010-3578-1254

※ 섬 내 대중교통편은 없다.

숙소 및 식당 정보

· 동고지명품마을
동고지명품마을펜션/민박(서영숙 사무장)(+식당) 010-8495-0045 / 전라남도 여수시 남면 동고지길 165(지번주소 : 전남 여수시 남면 안도리 32)
※ 동고지마을 donggoji.co.kr

· 안도
제일식당민박(+식당) 061-652-5640, 010-9443-5772 / 여수시 안도해변길 47
※ 자연산회 小 70,000원~자연산회 大 100,000원

백송식당민박(+식당) 061-665-9391 / 여수시 남면 안도안길 18
※ 해물정식은 사전 예약이 필수

추가 정보

여행 참고 사이트
동고지마을 donggoji.co.kr
여수관광문화 tour.yeosu.go.kr

태곳적 신비를 간직한
통영의 여러 섬

한려수도의 중심인 통영 앞바다에 떠있는 섬들은 유인도, 무인도를 통틀어 무려 570개(유인도 44, 무인도 526)에 이른다고 한다. 섬이 많기로는 우리나라에서 1004개의 섬을 거느린 전남 신안군에 이어 두 번째이다. 그 통영의 바다 위에 뿌려진 천태만상의 수많은 섬들 중에서도 '한려해상 바다백리길'을 품은 섬, 매물도와 소매물도, 비진도, 연대도를 소개한다.

매물도와 소매물도, 등대섬은 가까이 붙어있는 섬으로 대부분의 여행객들은 대매물도보다는 소매물도와 등대섬을 더 많이 찾는다. 하지만 대매물도 또한 소매물도 못지않은 대자연의 비경을 품고 있는 섬이다.

비진도는 산호빛을 발하는 바다가 아름답기로 소문난 곳이다. 하지만 비진도 최고의 비경은 선유봉 '미인 전망대'에서 내려다 본 산호빛 바다 그리고 섬과 섬을 이어주는 잘록한 모양의 은빛 모래해변이 어우러진 환상적인 풍광이다.

우리나라 최초의 '탄소 제로 섬' 에코아일랜드로 주목 받고 있는 섬 연대도는 '한려해상 바다백리길' 중 4구간인 '연내도 지겟길'과 이웃 섬 만지도를 이어주는 낭만의 출렁다리 그리고 물빛 고운 몽돌해안을 품고 있는 섬이다.

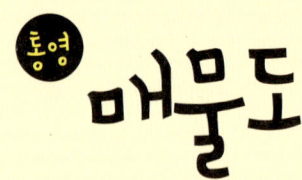

걸음걸음마다 펼쳐지는 장쾌한 조망이 매혹적인 매물도

매물도 섬을 한 바퀴 에둘러 걷는 '매물도 해품길'은 한려해상국립공원에서 조성한 바다백리길 중 하나이다. 발아래 넘실대는 검푸른 망망대해 위에 한려수도의 크고 작은 섬들이 보석처럼 알알이 박혀있는 천혜의 비경을 바라보며 걷다보면 매일 반복되는 일상에 지친 심신이 절로 치유가 된다. 매물도 해품길은 울창한 동백나무숲터널과 광활한 초원지대, 유려한 곡선으로 이어지는 부드러운 능선을 따라 걷기도 하지만 때로는 가파른 경사 길을 오르내리기도 한다. 장군봉에서 대항마을로 내려오는 초원길은 손에 잡힐 듯 가까이 서있는 등대섬과 소매물도가 그림자처럼 따라오는 아름다운 길이다. 각 마을에 몽돌해변이 하나씩 있는데 당금마을 몽돌해변에서는 매물도 최고의 일출을, 매물도 초기 정착민들의 삶과 애환이 깃든 대항마을 꼬돌개에서는 최고의 노을을 만날 수 있다.

매물도 1박 2일 코스

첫째날 통영여객선터미널 … 대항 선착장(대항마을) … 당금 선착장(당금마을) … 당금발전소 … 전망대 … 몽돌해안 … 매물도 분교 … 당금마을 전망대 … 홍도 전망대 … 대항마을 갈림길 … 장군봉 … 등대섬 전망대 … 꼬돌개 … 대항마을

둘째날 대항 선착장(대항마을) … 몽돌해안 … 소매물도 등대섬

천혜의 비경이 발아래 펼쳐지는 매물도 해풍길을 찾아서

꿈에 그리던 매물도 여행, 대매물도와 소매물도, 등대섬 등 세 개의 섬으로 이뤄진 통영 매물도로 떠나는 여행의 시작은 통영에서부터 시작된다. 이번 통영 여행은 한려해상국립공원에서 조성한 '바다백리길'을 걷기 위함이다. 2박 3일 동안 대매물도를 시작으로 소매물도와 등대섬 그리고 마지막으로 비진도를 돌아볼 예정이다.

통영여객선터미널로 건너가서 매물도행 승선권을 구입한다. 승선권 구입 시에는 신분증을 반드시 제시해야 하며, 개찰 시에도 신분증과 승선권을 동시에 제시해야 한다. 드디어 개찰이 시작되었고 무사히 매물도행 배에 오른다.

통영여객선터미널 내부전경

통영항에서 비진도를 거쳐 소매물도와 대매물도를 운항하는 이 여객선은 1층과 2층에 선실이 있었지만 2층 선실 뒤쪽에 위치한 갑판에 자리를 잡고 앉는다. 오전 7시가 되자 여객선은 천천히 물살을 가르며 바다로 나가기 시작한다. 오늘 통영의 산봉우리들은 하얀 솜이불을 덮은 듯 두꺼운 안개구름으로 뒤덮였다. 통영항을 떠난 여객선은 주변의 작은 섬들을 지나 비진도 내항에 닿는다. 내항을 떠난 배는 다시 춘복도 섬이 앞바다에 떠있는 외항에 도착한 후에 여행객들을 내려놓고는 다시 매물도로 향한다.

1 매물도로 향하는 뱃길 풍경
2 비진도 외항마을 풍경

비진도를 떠나 소매물도로 향하는 뱃길은 바다 위에 해무만 가득할 뿐 주변으로 아무것도 보이지 않는 그야말로 오리무중의 망망대해이다. 파도는 훨씬 거칠었으며 짙푸르던 바다의 투명한 물빛은 회색빛으로 바뀌었다. 배는 이리 출렁 저리 출렁 춤을 추듯 출렁대는데 정신이 하나도 없다. 그뿐만이 아니다. 소금기를 가득 머금은 바닷바람이 한바탕 얼굴을 할퀴고 지나가면 온몸은 소금기에 절어 끈적거린다.

비진도 외항을 떠난 여객선은 그렇게 거친 파도를 헤치고 달린 끝에 마침내 소매물도 선착장에 도착한다. 소매물도 역시나 희뿌연 안개 속에 갇혔다. 배에서 내린 수많은 여행객들은 짙은 안개 속으로 빨려 들어가듯이 선착장을 빠져나가 섬으로 흩어지고, 텅 빈 배 안에는 우리 일행 둘만 달랑 남았다. 역시나 소매물도의 인기를 실감하게 되는 순간이다.

소매물도 해안 풍경

소매물도를 떠난 배는 약 10여분 후에 대매물도 대항마을 선착장에 닿는다. 우뚝 솟아오른 장군봉 아래쪽 비탈진 곳에 계딱지처럼 옹기종기 모여 있는 마을 풍경이 정겹다. 배에서 내리기 전만 해도 희뿌연 해무로 가득했던 장군봉은 언제 그랬냐는 듯이 해맑은 얼굴로 맞이한다. 사실, 해무가 완전히 걷힌 것은 아니다. 그래도 파란 하늘이 보이니 그나마 다행이다.

선착장에 정박 중인 여객선

뱃길에서 바라본 대항마을 전경

크고 작은 섬들 알알이 박혀있는 해안 절경을 품은 섬, 매물도

통영에서 동남쪽으로 약 26km 떨어진 해상에 자리한 매물도는 경남 통영시 한산면 매죽리(每竹里)에 딸린 섬으로 대매물도와 소매물도, 등대섬(글쎙이섬) 등 세 개의 섬으로 이루어져 있으며, 세 섬 모두 한려해상국립공원에 속한다.

대매물도는 면적 2.4㎢, 해안선길이 5.5km, 최고점은 장군봉(210m)으로 1810년경 초기 정착민들이 들어와 현재 꼬돌개라고 불리는 지역에 논밭을 일구어 정착하게 되면서 마을의 역사가 시작되었다. 매물도라는 지명은 섬의 모양이 군마의 형상과 닮아 말 마(馬)자와 꼬리 미(尾)자를 써서 마미도(馬尾島)라고 불렀었는데 이후 경상도 발음으로 인해 변화되면서 '매물도'가 되었다는 설과 옛날에 매물(메밀의 경상도 방언)을 많이 심었던 섬이라 해서 '매물도'라 부르게 되었다는 설이 있다. 매물도는 흔히 대매물도를 가리키며 소매물도와 등대섬을 합쳐 '소매물도'라 부른다.

오늘 하룻밤 묵을 숙소는 대항마을 이장님 댁인 '푸른민박'이다. 민박집에서 미리 마중을 나오기로 했는데 선착장 주변에는 아무도 보이지 않는다. 전화를 걸어보니 저 앞쪽에서 발걸음을 멈춘 채 뒤를 돌아보며 전화를 받는 분이 어렴풋이 보인다. 배는 도착했는데 선착장을 빠져 나오는 사람은 보이지도 않았거니와 전화도 받지 않기에 다시 집으로 돌아가는 중이었다고 한다. 아마도 우리 둘만 내린 데다가 선착장 풍경을 구경하느라 늦게 나온 탓에 우리를 미처 보지 못했나보다.

암튼 우리는 그분을 따라서 급경사의 가파른 언덕길을 거친 호흡을 내쉬며 힘들게 오른 뒤에 마침내 민박집에 도착한다. 민박집은 푹푹 찌는 한여름 날씨임에도 선풍기가 필요 없을 정도로 상당히 시원했을 뿐만 아니라 짙푸른 바다가 내려다보이는 병풍 같은 풍경까지 더해주니 대만족이다. 게다가 입, 퇴실은 자유라고 하니 금상첨화가 아닐 수 없다.

대항마을로
오르는 계단길

해품길에서 만나는 대항마을 풍경

한려해상 바다백리길 5구간, 매물도 해품길

'한려해상 바다백리길'은 한려해상국립공원 통영지구의 대표적인 6개 섬에 주민들이 다니던 옛길을 토대로 조성한 총 42.1km(약 100리) 구간의 섬 트레킹 코스이다. 바다백리길에는 1구간 미륵도 달아길, 2구간 한산도 역사길, 3구간 비진도 산호길, 4구간 연대도 지겟길, 5구간 매물도 해품길, 6구간 소매물도 등대길 등이 있다.

한려해상 바다백리길 5구간에 해당하는 '매물도 해품길'은 당금마을(당금항)을 시작으로 당금발전소 → 전망대 → 몽돌해안 → 매물도분

1 민박집에서 바라본 바다 풍경   **2** 대항마을 풍경

교 → 당금마을전망대 → 대항마을 갈림길 → 장군봉 → 등대섬전망대 → 꼬돌개를 지나 대항마을(대항항)까지 이어지는 코스로 거리는 총 5.9km, 소요시간은 약 4~5시간 정도이다.

오늘 돌아볼 트레킹코스는 대항마을에서부터 걷기 시작해서 당금마을과 당금마을전망대를 거쳐 장군봉, 꼬돌개를 지나 다시 대항마을까지 되돌아오는 원점회귀형 코스로, 대매물도 섬을 온전히 한 바퀴 돌아보는 구간이다. 그러다 보니 원래코스에 비해 약 1km 정도는 더 걷게 되는 셈이다.

무거운 짐은 민박집에 다 내려놓고 얼음물과 비상식량만을 배낭에 넣는다. 민박집을 나서니 당금마을 쪽으로는 아직도 안개가 자욱하다. 매물도 해품길은 도로 바닥에 그어진 파란 선을 따라 탐방로가 이어진다. 대매물도의 최고봉인 장군봉(210m)을 오르려면 꼬돌개 반대방향으로 오르는 코스가 훨씬 수월하다는 민박집 아주머니의 말씀도 있었지만 오늘 해품길 마지막 코스가 꼬돌개에서 저녁노을을 볼 예정이었기에 꼬돌개 반대방향인 당금마을 쪽으로 방향을 잡는다.

1 하늘타리 꽃　**2** 대항마을 풍경
3, 4 물탱크에 설치된 예술 작품

독특한 예술 작품들이 소소한 기쁨 안겨주는 대항마을

소박한 섬사람들의 애환이 서려있는 마을길을 따라 당금마을로 가는 길가에는 주황빛 참나리와 순백의 하늘타리, 진보랏빛 칡꽃, 색색의 채송화 등이 곱게 피어있어 걷는 내내 소소한 기쁨을 안겨준다. 뿐만 아니라 마을 돌담이나 골목길, 담벼락, 물탱크 등에 설치된 아기자기한 예술 작품들과 민박집마다 걸려있는 독특한 모양의 문패들도 눈길을 끌기에 충분하다. 또한 마을 곳곳에 세워져 있는 파랑색 물탱크가 유독 눈에 많이 띄었는데 물이 부족한 섬마을에서는 물이 곧 삶이고 생명이었기에 모으고 나누는 것도 스스로 깨달았을 것이다. 덕분에 소매물도와는 다르게 이곳 대매물도는 물 걱정이 전혀 없다고 한다.

당금마을까지 약 1km를 남겨두고 길은 두 갈래로 나뉘는데 곧바로 가면 당금마을, 오른쪽 길로 접어들면 장군봉으로 향하게 된다. 결국 이 갈림길에서 오른쪽 길로 가면 장군봉 정상에 오른 후에 등대섬전망대를 지나 꼬돌개쪽으로 내려오게 된다. 그러면 섬 반 바퀴만을 돌게 되는데 섬을 온전히 한 바퀴 돌아볼 예정이었으므로 곧바로 가는 길을 선택한다.

1 대항마을 이정표와 당금마을로 향하는 길
2 당금마을로 향하는 고갯길

마을 돌담길을 따라 걷다가 '당금마을 가는 길'이란 조형물이 놓인 커다란 바위를 지나 칡덩굴 늘어진 모퉁이를 돌아서면 방금 지나온 대항마을과 선착장이 한눈에 들어온다. 그동안 평탄했던 시멘트 길도 어느샌가 끊기고 풀이 허리 높이까지 올라오는 좁고 험난한 고갯길이 시작된다. 보랏빛 칡꽃의 진한 향이 코끝을 스치는 오솔길을 유유자적 걷노라면 그 끝에 당금선착장과 어유도 섬이 한눈에 들어온다. 이쯤 되면 탄성이 절로 나온다. 여린 안개에 쌓여 어슴푸레 모습을 드러내는 어유도와 은빛 물살을 가르며 드나드는 어선들은 그대로 한 폭의 그림이다.

1 고갯길에서 내려다보이는 당금마을 선착장과 어유도
2 대항마을 돌담과 안내표지
3 당금마을로 향하는 고갯길에서 뒤돌아 본 풍경

고갯길에서 내려다보이는 당금마을 전경

그림엽서 같은 풍광 조망되는 당금마을로 향하는 고갯길

다시 길을 재촉하다 보면 '쉬어가는 곳'이라는 조형물이 나타난다. 이곳에 앉아 짙푸른 바다와 어우러진 그림 같은 풍광을 내려다보며 잠시 쉬어가도 좋다. 다시 풀숲을 헤치고 걷기 시작한다. 그러다보면 고기떼들이 많이 몰려든다는 '어유도'와 물고기를 노리는 매를 닮았다는 매섬, 당금 선착장, 옹기종기 붙어있는 알록달록 지붕들이 한 장의 그림엽서처럼 그 모습을 드러낸다.

당금마을 풍경

분홍빛 엉겅퀴 꽃이 발목을 잡는 언덕길을 내려서면 길은 곧 당금마을길로 이어진다. 당금마을에도 역시나 파란 물탱크들이 곳곳에 놓여있는 이색적인 풍경이 눈길을 끈다. 당금마을 골목길에서 다시 파란색 선을 따라 걷다보면 당금마을 발전소가 보인다. 이곳에서 오른쪽 길로 접어들면 곧바로 장군봉으로 향하게 되지만 발전소 뒤쪽에 있는 전망대를 들렀다 가기로 한다. 안내 표지판을 보니 이곳에서부터 장군봉까지의 거리는 3km이다.

전망대에 오르니 깎아지른 해안 절벽 아래쪽으로는 한려수도 푸른 바다가 그림처럼 펼쳐지고, 발전소 건물 뒤쪽으로는 앞으로 걸어야할 해품길 능선길이 파노라마처럼 펼쳐져 장관을 이룬다. 다시 수풀을 헤치고 발전소 뒤를 돌아 내려오면 왼쪽 발아래로는 몽돌해변이, 오른쪽 언덕 위에는 옛 한산초등학교 매물도분교가 자리한다. 검은 몽돌해변과 속살이 훤히 들여다보이는 쪽빛 바닷물은 여행자의 땀을 식혀주기에 충분하다.

1 발전소 뒤쪽 전망대에서 내려다 본 해안 절경
2 발전소와 매물도 풍경

몽돌해안

꽃피는 이른 봄날이 기다려지는 동백나무 터널

시원한 쪽빛 바다를 내려다보며 '매물도 해품길' 구간임을 알리는 게이트를 지나면 본격적으로 섬 트레킹이 시작된다. 쨍쨍 강렬하게 내리쬐는 한여름 햇살은 제법 따갑고 벌써부터 그늘이 기다려진다. 나무 그늘 하나 없는 초원지대를 조금 걷다보니 제법 쉴만한 나무 그늘이 나타난다. 연분홍빛 누리장나무 꽃 활짝 핀 시원한 그늘에 앉아 잠시 쉼의 시간을 갖는다.

대항마을과 당금마을을 잇는 고갯길과는 다르게 이곳 해품길에는 풀들이 깨끗하게 베어져 있어 걷기에 부담이 없다.

1 해품길에서 뒤돌아 본 당금마을
2 말끔하게 정비된 해품길

당금마을 선착장에서 장군봉까지 3.1km임을 알리는 안내 표지판을 지나 길은 동백나무가 빼곡히 늘어선 울창한 숲 터널로 접어든다. 동백꽃이 피는 이른 봄날에는 송이째 툭툭 떨어진 붉디붉은 동백꽃들이 지천으로 깔려 화려한 꽃길을 만들 것이다. 울창한 동백터널과 대나무 숲이 이어지는 시원한 숲 터널을 빠져나오면 시야가 탁 트이고 다시 한여름 뙤약볕 내리쬐는 오솔길이 나타나는데 초원지대에는 연분홍 엉겅퀴 꽃이 무리지어 피어있다. 지금은 비록 시들어가는 중이지만 얼마 전까지만 해도 아마 장관을 이뤘을 것이다. 평탄한 길은 여기까지이다. 이제부터는 천천히 오름길이 시작된다. 이정표에는 장군봉이 2.2km 남았음을 알려준다.

1 동백나무 숲 터널
2 구불구불 이어지는 해품길

군데군데 무리지어 서있는 동백나무 군락에 마음을 빼앗기며 천천히 야트막한 오름길을 오르면 싱그러운 풀향기 폴폴 날리며 온몸을 휘감는 드넓은 초원지대가 나타난다. 참으로 평화로운 풍경이다. 그 평화로운 풍경을 눈으로 즐기고 몸으로 만끽하며 천천히 길을 걷는다. 길은 다시 오른쪽 방향으로 이어지는데 제법 급경사의 계단이 시작된다. 끝도 없이 이어지는 이 계단은 고통과 즐거움이 교차되는 고난의 길이자 기쁨의 길이다.

1 곳곳에 서있는 동백나무군락
2 아름다운 초원지대

매물도 해품길 구간 중 최고의 길이자 최악의 길로 기억되는 이 오름길은 마땅한 나무 그늘이 없어 한여름 뙤약볕으로 너무도 고통스러웠다. 반면에 뒤를 돌아보면 거대한 공룡 한마리가 가로 놓여있는 듯한 풍광이 펼쳐지고 그 뒤로는 한려수도의 섬들이 그림처럼 펼쳐지는가 하면 왼쪽으로는 방금 걸어온 길들이 한눈에 보이는데 그야말로 절경이다. 비록 강렬한 여름햇살로 몸은 고통스럽기 짝이 없지만 마음만은 한 폭의 수채화처럼 펼쳐지는 매혹적인 자연경관에 도취되어 황홀하기 그지없다. 걸음걸음마다 탄성이 절로 나오고 발걸음을 더욱 더뎌지게 하는 풍경이다.

1 오름길에서 내려다 본 풍경
2 오름길에서 내려다 본 풍경(거대한 공룡 형상), **3** 참나리꽃

전망대에서 내려다 본 풍경

장쾌한 풍광 파노라마처럼 펼쳐지는 당금마을 전망대

그렇게 뙤약볕의 오름길을 하염없이 올라 마침내 드넓은 초원지대가 펼쳐지는 파고라 형태의 '당금마을전망대' 쉼터에 다다른다. 전망대 앞에 서니 당금마을과 몽돌해안 뿐만 아니라 어유도와 가왕도, 대병대도에 이어 멀리 거제도 여차몽돌해변까지 어슴푸레 보인다. 그 반대편으로는 대매물도 섬의 주봉인 장군봉(將軍峰)을 비롯하여 등가도와 홍도, 대구을비도, 소구을비도 등 바다 위에 떠있는 크고 작은 섬들이 점처럼 아스라이 보이는데 그 파노라마처럼 사방으로 펼쳐지는 풍광은 가슴이 뻥 뚫리는 듯 꽤나 장쾌하다. 날씨가 맑은 날에는 대마도까지 보인다고 하는데 오늘은 얇게 깔린 해무 때문에 아쉽게도 보이지 않는다.

사방이 탁 트인 전망대 쉼터를 벗어나 다시 장군봉으로 향하는 능선길은 오름길이기는 하나 청량한 바람이 쉼 없이 불어오는 상쾌한 길이다. 가슴속까지 시원해지는 달콤한 바람을 온몸으로 맞으며 설렁설렁 걷기 시작한다. 왼편으로 분홍빛 엉겅퀴 꽃이 점점이 수를 놓은 초원지대가 눈앞에 펼쳐지는데 어느 영화 속 한 장면을 보는 듯 아름답다. 발아래 펼쳐진 남해바다와 초록풀이 무성한 초원지대 그리고 장대한 장군봉을 바라보며 걷는 능선 길은 한여름 무더위를 날려 버리기에 충분했다.

1 당금마을 전망대
2 능선길에서 바라본 바다 풍광
3 전망대에서 바라본 능선길

1 거북 형상의 거대한 바위 **2** 매물도 능선길

발아래 깎아지른 해안 절경, 홍도 전망대

무더위도 잊은 채 살랑이는 바람을 맞으며 걷다보면 왼쪽으로 커다란 바위가 보인다. 이 바위는 대형 거북이 한 마리가 천 길 낭떠러지 아래쪽 바다를 향해 기어가는 형상이다. 그 아찔한 모습을 바라보며 잠시 쉼의 시간을 보내고는 다시 길을 재촉한다. 앞, 뒤, 양옆 어디를 둘러봐도 한 폭의 그림처럼 펼쳐지는 아름다운 풍광으로 걷는 내내 감탄사를 연발하며 걷다보니 어느새 '홍도 전망대'가 보인다. 이곳 전망대에서는 괭이갈매기 번식지인 홍도가 보인다는데 짙은 해무로 인하여 보일 듯 안보일 듯 희미하다.

장군봉 아래쪽, 기암괴석들을 깎아 세운 듯 절경을 자아내는 해안 절벽은 보는 내내 감동을 선사한다. 점점이 떠있는 섬들 사이를 오가는 어선들과 깎아지른 해안 절경 그리고 우뚝 솟아오른 장군봉이 빚어내는 비경에 취한 채 한껏 욕심내어 그 모든 풍경을 눈과 가슴에 담아본다. 다시 음침한 동백나무숲터널을 지나니 어느새 늠름한 장군봉이 코앞으로 다가왔다. 대항마을의 알록달록 지붕들과 마을 앞바다에 떠있는 가익도를 발아래 굽어보며 가파른 내리막길을 따라 대항마을 갈림길인 삼거리에 닿는다.

한여름 무더위 속에서 힘들게 걸어왔으니 잠시 휴식시간을 갖는다. 정자에 앉아 바다에서 불어오는 시원한 바람으로 땀을 식히며 미리 준비해온 연잎밥으로 간단하게 늦은 점심식사를 마치고는 다시 장군봉으로 오르기 시작한다. 이정표를 보니 이곳 삼거리에서 장군봉 정상까지는 0.9km, 당금마을 선착장까지는 2.2km, 대항마을 선착장까지는 0.7km라고 한다. 그리고 보니 오늘 아침 9시 반쯤부터 걷기시작해서 오후 2시 20분까지 약 3.2km를 걸어온 셈이다. 다른 사람들은 섬 한 바퀴를 도는데 3~4시간 걸리는 것을 놀며 쉬며 걷다보니 5시간여 동안 섬 반 바퀴밖에 돌지 못한 것이다.

1 홍도 전망대 **2** 매물도 해안 전경 **3** 장군봉 전경

어유도 전망대에서 내려다본 대항마을 선착장과 어유도

장쾌한 바다 풍광 펼쳐지는 아찔한 어유도 전망대

장군봉으로 오르는 길은 초입부터 무척 가파른 급경사의 길이었지만 양옆으로 활엽수들이 울창하게 늘어선 그늘진 숲길이라 그런대로 걸을 만 했다. 오름길 도중 길 잃은 아기염소와 마주치는 바람에 잠시 곤경에 처하기도 했지만 우여곡절 끝에 '어유도 전망대' 입구에 무사히 도착한다. 다시 거친 바윗길을 힘겹게 올라 널따란 바위(어유도전망대) 위에 서니 천 길 낭떠러지 아래로 대항마을과 선착장, 소매물도, 가익도, 줄여, 어유도 등이 파노라마처럼 펼쳐진다. 그 아찔한 풍경에 서 있기도 힘들만큼 다리가 후들거린다. 눈앞에는 가슴이 탁 트이는 장쾌한 바다 풍광이 펼쳐지지만 더 이상 머무르기에는 무리이다. 곧 되돌아 내려와서는 다시 오름길로 접어든다.

푸른 보석처럼 반짝이는 큰천남성이 군락을 이룬 오름길은 지그재그로 이어지고, 그 오름길이 거의 끝나는 지점에 서니 어유도와 가왕도, 거제도, 대병대도, 대덕도, 소덕도 등의 섬들과 좀 전에 걸었던 능선길이 한눈에 들어오는 장쾌한 풍경이 펼쳐진다. 다시 길 양옆으로 동백나무들이 울창하게 우거진 숲길을 지난 끝에 마침내 장군봉의 전설을 형상화한 예술 작품이 설치되어 있는 장군봉 정상에 우뚝 서게 된다.

1 어유도 전망대
2 어유도와 크고 작은 섬들이 보이는 전망
3 동백나무 군락
4 장군봉의 나무 벤치
5 장군봉의 전설을 형상화한 예술 작품

1 장군봉 전망대에서 바라본 소매물도와 등대섬　2 장군봉 정상 전경

장군봉 정상, 아스라하게 펼쳐지는 망망대해

드디어 대매물도의 최고봉인 장군봉(해발 210m) 정상에 올랐다. 힘들게 오른 만큼 그 성취감은 배가 되기 마련이다. 짜릿한 희열감으로 들뜬 채 '장군봉 전망대'에 서니 발아래로는 수평선을 이룬 망망대해가 아스라하게 펼쳐지고 점점이 떠있는 작은 섬들 옆으로 아름다운 소매물도와 등대섬이 손에 잡힐 듯 가까이 보인다. 짙푸른 바다를 내려다보고 있는 의자에 앉아 상쾌하게 불어오는 바람을 맞으며 망망대해만 내려다보아도 좋은 곳, 여기까지 오는 동안 한여름 뙤약볕 길을 걷느라 고생한 고난의 시간들이 한순간에 보상되는 시간이다.

장군봉 정상에서 대항마을 선착장까지의 거리는 2.8km, 흑염소 무리가 점유해버린 전망대를 뒤로하고는 대항마을 선착장으로 향하는 내리막길로 접어든다. 이제부터는 소나무와 억새가 어우러진 억새숲길이 이어진다. 한 폭의 동양화 같은 소매물도와 등대섬의 실루엣이 길을 걷는 내내 눈앞을 아른 거리는 길이다. 또한 은빛 햇살을 받은 초록빛 억새가 출렁거리는 아름다운 길이기도 하다. 억새꽃이 피는 가을날에는 또 어떤 황홀경을 자아낼지 궁금하기만 하다.

소매물도가 보이는 초원지대 내리막길

1 동백나무숲길
2 억새 우거진 오솔길
3 등대섬 전망대에서 바라본 소매물도

소매물도와 등대섬이 코앞에, 등대섬 전망대

진한 칡꽃향기가 코끝을 스치는 조붓한 숲길과 동백나무 숲 터널, 억새 우거진 조붓한 오솔길을 걷다보니 어느덧 햇살은 수평선으로 기울고 소매물도를 가장 선명하게 볼 수 있다는 '등대섬 전망대'에 닿는다. 엎어지면 코 닿을 듯 가까이 다가온 소매물도와 등대섬은 은빛 물살을 가르며 오가는 어선들과 어우러져 그대로 한 폭의 그림이 된다. 심신이 절로 평온해지는 아름다운 모습이다.

등대섬 전망대를 뒤로하고 몇 번의 숲 터널을 지나는 동안 서쪽 하늘은 엷은 오렌지 빛으로 물들기 시작했다. 여린 노을빛으로 반짝이는 바다가 아련하게 내려다보이는 푸른 초원 위에는 누런 소들이 평화로이 풀을 뜯는 목가적인 풍경이 펼쳐진다. 한 폭의 그림이 따로 없다.

1 녹음 짙은 숲길
2 소들이 있는 목가적인 풍경

꼬돌개 오솔길

초기 정착민들이 삶을 이어가던 꼬돌개에서 낙조를

점점 노을빛으로 짙어지는 아름다운 바다를 굽어보며 걷다보니 저 멀리 당금 선착장과 어유도, 가왕도가 차례로 보이고 몇 발작 더 떼어놓으니 대항 선착장과 대항마을의 알록달록한 지붕들이 먼발치에 모습을 드러낸다. 동백나무와 후박나무 등이 늘어서 있는 이 일대가 바로 매물도 초기 정착민들이 논밭을 일구고 삶을 이어가던 '꼬돌개'인 것이다. 꼬돌개라는 지명은 이곳에서 야산을 개간하여 살아가던 마을 주민들이 두 해에 걸친 흉년과 괴질로 인해 단 한 사람도 살

꼬돌개 오솔길에서 바라본 가익도 노을

아남지 못하고 모두 죽게 되자 한꺼번에 꼬돌아졌다('고꾸라졌다'의 방언)고 해서 붙여졌다고 전한다.

매물도 초기 정착민들의 슬픔과 애환, 역사가 담긴 꼬돌개 오솔길에 앉아 황금빛으로 물들어가는 바다를 내려다본다. 이곳 꼬돌개는 매물도 최고의 노을을 감상할 수 있다고 하지 않던가... 가익도 바위섬으로 떨어지는 황금빛 노을을 바라보며 오늘 하루 동안 만났던 매물도의 아름다운 풍광들을 하나 둘 되새겨 보니 천근만근 지치고 힘들었던 심신이 절로 치유되는 듯 하다. 가익도는 매물도 앞 바다에 떠 있는 작은 바위섬으로 물이 들어오고 나감에 따라 5개 혹은 6개의 섬으로 보인다고 해서 '매물도 오륙도'라 불리기도 한다.

대항마을 풍경

마침내 기진맥진 녹초가 된 몸을 이끌고 다시 대항마을 민박집으로 돌아왔다. 무려 6.9km에 달하는 '매물도 해품길' 걷기를 무사히 완주한 것이다.

한려해상 바다백리길 5구간인 '매물도 해품길'의 총거리는 한려해상국립공원에서 내놓은 공식자료에는 5.2km로 되어있지만 이정표상의 거리는 5.9km이다. 거기에 대항마을에서 당금마을까지의 거리 1km를 더하면 무려 6.9km에 이르는 구간을 걸은 셈이다. 그것도 뙤약볕 내리쬐는 한여름 무더위에 말이다. 발아래 넘실대는 검푸른 망망대해 위에 한려수도의 크고 작은 섬들이 보석처럼 알알이 박혀있는, 천혜의 비경을 품은 '매물도 해품길'은 걸음걸음마다 탄성이 절로 터져 나오는 힐링로드이다.

매물도 주요 핵심정보

대매물도는 소매물도와 달리 새로 들어선 몇몇 펜션 건물들을 제외하고는 투박하고 풋풋한 섬 마을의 모습이 비교적 잘 보존되어 있다.

매물도 해품길은 당금마을과 대항마을 중 어디에서 출발해도 서로 연결된다. 각 마을 선착장에는 탐방로 안내판과 마을지도 등이 있으며, 탐방로는 선착장에서부터 바닥에 그어놓은 파란 선을 따라가면 쉽게 찾을 수 있다. 곳곳에 이정표와 안내판이 잘 정비되어 있어 길을 잃을 염려는 없다.

트레킹 코스는 대매물도 섬을 크게 한 바퀴 돌아보는 코스와 당금마을에서 몽돌해변과 매물도분교, 당금마을전망대를 지나 대항마을 갈림길에서 다시 당금마을로 되돌아오는 코스 그리고 대항마을에서 장군봉과 등대섬 전망대, 꼬돌개를 지나 다시 대항마을로 되돌아오는 코스 등 여러 코스가 있다. 섬 전체를 모두 둘러보는 코스가 힘들다면 장군봉 코스를 빼고 대항마을에서 또는 당금마을에서 시작하여 옛매물도분교와 당금전망대, 홍도전망대, 대항마을 갈림길로 이어지는 코스만큼은 꼭 돌아보자. 걷는 내내 한 폭의 수채화처럼 아름다운 비경이 파노라마처럼 펼쳐지는데다가 시야가 탁 트여 가슴까지 뻥 뚫리는 듯 장쾌하다.

아름다운 천혜의 자연경관과 섬 고유의 검박한 풍취를 잘 간직한 '매물도 해품길' 트레킹은 동백꽃 피는 봄 또는 은빛 억새꽃 피는 가을이 좋을 듯하다. 장군봉 코스는 한여름에 걷기에도 무난하나 동쪽 섬의 초원지대 코스는 사방으로 그림처럼 펼쳐지는 풍경은 매우 뛰어나지만 한여름 땡볕을 피할 수 있는 그늘이 없어 걷기에 좀 힘들다.

⊕ 매물도로 가려면 경남 통영시에 위치한 통영여객선터미널에서 한솔해운이 1일 3회 운항하는 여객선을 이용하거나 거제시 저구항에서 매물도해운이 1일 4회 운항하는 여객선을 이용해야 한다. 통영항에서 출발하는 여객선은 비진도를 거쳐 소매물도와 대매물도까지 운항하며, 소요시간은 약 1시간 30분~1시간 50분 정도 걸린다. 저구항에서 출발하는 여객선은 대매물도를 거쳐 소매물도까지 운항하며 소요시간은 약 30분~40분 정도 걸린다.

⊕ 서울에서 통영까지는 서울 강남버스터미널이나 남부터미널에서 통영행 고속버스를 이용하면 된다(통영종합버스터미널에서 통영항까지 택시 이용시 약 8~9,000원).

교통편 및 배편 정보 (2017년 4월 기준)

배편 통영항 ⇄ 대매물도

❶ 통영항에서 대매물도행

◐ (주)한솔해운 www.hshaewoon.co.kr

문의전화 : 055-645-3717 / 055-641-0313
주소 : 경상남도 통영시 통영해안로 234 통영항여객선터미널

운항정보 및 운항시간, 요금
- 평일, 주말 : 1일 3회 (07:00 / 11:00 / 14:30)
- 소요시간 : 약 1시간 30분~1시간 50분 정도
- 요금 성인기준(편도) : 출항 17,100원 / 입항 15,600원

※ 주말, 연휴, 성수기에는 여객운임의 10% 할증이 적용된다.
※ 여객선 운항은 2개 항로로 운항된다. (항로 1 : 통영 → 비진도 → 소매물도 → 대매물도 / 항로 2 : 통영 → 비진도 → 대매물도 → 소매물도)

매물도 여행정보

배편 저구항⇌대매물도

❷ 거제 저구항에서 대매물도행
○ 매물도해운(주) www.maemuldotour.com

문의전화 : 055-633-0051, 055-681-3535
주소 : 경남 거제시 남부면 저구해안길 60

운항정보 및 운항시간, 요금
- 1일 4회 (08:30 / 11:00 / 13:30 / 15:30)
- 소요시간 (당금 30분, 대항 40분)
- 요금 성인기준(편도) : 9,900원 (주말 10,800원)

※ 매표시 신분증 반드시 지참(카드 결제 시에는 비밀번호를 알아야만 결제 가능)
※ 승선권은 각 선사 사이트에서 예약하는 것이 좋다.
※ 기상 악화 및 선박 사정으로 운항시간이 변동 될 수 있으니 반드시 해당 선사에 확인

숙소 및 식당 정보

대매물도에는 식당이 없다. 대신 대부분의 민박집에서 가정식 백반이 가능하다. 식사를 하려면 민박집에 미리 예약해야 한다(1인 8,000~10,000원). 대항마을 이장님댁 푸른민박 백반이 맛깔스럽다. 각 마을 구판장에서도 식사가 가능하나 간혹 문을 열지 않는 날도 있으니 유의해야 한다.

※ 대항마을과 당금마을에 각 한 곳씩 구판장이 있기는 하나 섬에서 필요한 물품과 먹거리는 통영에서 미리 준비해 가는 것이 좋다. 통영항 주변에 편의점과 김밥집들이 있다.

· 통영항 부근 맛집
원조시락국 055-646-5973 / 경남 통영시 새터길 12-10 (시락국밥 5,000원)
- 서호시장 안에 자리한 '원조시락국'은 한자리에서 60년을 이어온 통영 맛집으로 반찬은 다양한 종류의 계절반찬으로 내놓는다. 새벽 4시 30분이면 문을 열고 주말에는 좀 더 일찍 연다고 한다.

· **대항마을**

섬예술가의집(푸른민박) 010-4847-9696 (백반 8,000)
무지개민박 055-648-7048, 010-9391-7047
바다민박 055-641-2840, 010-9816-8891
해품길펜션 010-2094-8521
해누리펜션 070-8841-2603, 010-7542-2603
매물도펜션 055-641-4783, 010-2827-6375

· **당금마을**

노을민박 010-4552-3008, 055-646-3008
은아민박 055-643-7466, 010-9965-7466
목련민박 010-3844-9853, 010-2066-9853
펜션형민박 055-648-1004, 010-3598-1005
하나펜션 010-8558-4224
당금펜션 055-641-0706, 010-8929-0706

 ## 추가 정보

여행 참고 사이트

통영시 문화관광 www.utour.go.kr
통영 섬여행 www.badaland.com
매물도 www.maemuldo.go.kr
소매물도 물때정보 www.maemuldo.go.kr
한려해상 바다 백리길 www.ecotour.knps.or.kr

소매물도 & 등대섬

천혜의 비경을 품은 소매물도와 등대섬

신비의 바닷길과 쪽빛 바다, 섬을 에워싼 천태만상의 기암괴석들이 멋진 조화를 이루는 소매물도와 등대섬은 누구나 한 번은 꼭 가봐야 하는 곳이자 가보고 싶어 하는 섬이다. 소매물도 남쪽에 인접한 등대섬은 바다 갈라짐 현상으로 하루에 두 번 열리는 신비의 바닷길을 통해서만 들어갈 수 있는 섬이다. 그 신비의 바닷길인 열목개를 지나 데크 계단을 따라 하얀 등대까지 오르는 길은 영화 속 한 장면을 걷는 듯 신비롭기 그지없다. 또한 그 오름길에서 바라보는 소매물도 섬과 S자 바닷길 그리고 색색의 들꽃 흐드러진 초원지대가 한데 어우러진 비경은 탄성이 절로 나오게 한다. 등대섬 정상에서 바라보는 모습 또한 기가 막히다. 섬 남쪽의 천 길 낭떠러지에 병풍처럼 펼쳐진 천태만상의 기암괴석들이 짙푸른 바다와 어우러져 빚어내는 풍경은 그야말로 장관. 가슴 찌릿한 장쾌함을 선사한다.

쉽게 입도를 허락하지 않는 소매물도의 등대섬은 꼭 한 번은 가봐야 하는 꿈의 섬. 비록 높은 망태봉이 가로막고 있더라도 열목개를 건너 등대섬에 닿게 되면 걸음걸음마다 눈앞에 펼쳐지는 아름다운 절경들로 진한 감동이 끝도 없이 밀려올 것이다. 소매물도 등대섬은 한마디로 대자연이 빚어낸 최고의 걸작품. 형언할 수 없는 아름다움 그 자체이다.

소매물도 1일 코스

첫째날 (대매물도) 대항 선착장 … 등대섬 선착장 … 등대 … 열목개 … (소매물도) … 등대섬 전망대 … 공룡바위 전망대 … 망태봉 … 가익도 전망대 … 소매물도 선착장 … 비진도 외항 선착장

1 등대섬 전망대에서 바라본 등대섬
2 대매물도 대항마을 몽돌해안

대매물도에서 곧바로 등대섬으로

매물도 섬 여행의 둘째 날이 밝았다. 오전 10시에 민박집에 미리 부탁해 놓은 낚싯배를 타고 소매물도의 등대섬으로 곧바로 들어갈 예정이다. 전날 상당히 고된 일정을 보냈기에 느지막이 일어나 아침을 먹고는 선착장으로 내려간다. 새벽에 자욱하게 내려앉았던 해무는 말끔히 사라지고 한여름 강렬한 햇살이 따갑게 내리쬐는 무더위와의 싸움이 시작되었다.

너무 일찍 도착했나보다. 선착장에는 여러 대의 낚싯배가 묶여 있었지만 사람은 그림자도 보이지 않았다. 어제 미처 보지 못했던 몽돌해안을 둘러보며 서성거리고 있는 사이에 모녀지간처럼 보이는 여행객 2명이 내려오더니 선뜻 한 낚싯배에 올라탄다. 그리고 조금 후 선주로 보이는 사람이 나타나더니 낚싯배 쪽으로 다가가길래 우리도 얼른 쫓아가 무사히 배에 올라탄다. 드디어 소매물도 여행이 시작된 것이다.

승객이라곤 두 모녀와 우리 둘을 포함해서 겨우 네 명, 배 앞쪽이 가장 안전하기도 하거니와 사진 찍기에도 좋다는 선주의 안내에 따라 우리 일행은 뱃머리 쪽에 자리를 잡고 앉는다. 배는 곧 대항마을 선착장을 뒤로한 채 쏜살같이 물살을 가르며 소매물도로 향한다. 새벽에 수평선을 뒤덮었던 짙은 해무는 다시 장군봉을 휘감고 있었다. 희뿌연 해무가 뒤덮고 있는 대매물도를 벗어나자마자 소매물도가 바로 모습을 드러낸다. 대매물도와 소매물도와의 거리는 약 0.5㎞, 손에 잡힐 듯 가까이 있다.

파노라마처럼 펼쳐지는 소매물도 동쪽 해안의 기암절벽과 공룡바위(고래등)를 지난 배는 곧 꿈에 그리던 등대섬 곁으로 바짝 다가간다. 거친 파도에 배는 이리 기우뚱 저리 기우뚱 정신없이 흔들리고, 세찬 바닷바람에 묻어온 물보라는 얼굴을 할퀴고 지나간다. 벅찬 감동을 느낄 여유조차도 허락하지 않는다. 깎아지른 듯한 거대한 기암절벽이 빚어내는 절경에 취해 탄성을 지르며 정신없이 셔터를 몇 번 누르는 사이에 낚싯배는 등대섬을 한 바퀴 돌아 선착장에 닿는다. 소매물도와 등대섬을 이어주는 신비의 바닷길은 예상했던 대로 이미 열려 있었다.

선착장에서 바라본 열목개 자갈길

등대섬 초원지대에는 엉겅퀴 꽃과 원추리 꽃이 절정

소매물도 남쪽에 인접한 등대섬은 바다 갈라짐 현상으로 하루에 두 번 열리는 신비의 바닷길(열목개)을 통해서만 들어갈 수 있는 섬, 그렇다고 바닷길만 건너면 갈 수 있는 섬은 아니다. 소매물도 선착장에서 급경사의 비탈길을 힘겹게 올라 망태봉을 넘은 후 그 바닷길을 건너야만 비로소 입도를 허락하는 쉽지 않은 섬이다. 이렇듯 사람들의 방문을 호락호락 허용하지 않는 등대섬을 대매물도에서 낚싯배를 이용해서 너무도 쉽게 당도했다. 소매물도의 험준한 산 하나를 거저 넘었으니 절반의 수고는 던 셈이다.

353 소매물도 & 등대섬

하얀 등대가 서있는 등대섬 정상까지는 데크 계단으로 이어진다. 푸른 초원 위에 지그재그로 펼쳐진 데크 오름길을 따라 등대로 오르는 길, 뒤를 돌아보면 소매물도 망태봉이 희뿌연 안개에 휩싸인 채 묵묵히 서있고 그 아래로는 기기묘묘한 기암괴석들이 빚어낸 아름다운 해안 절벽과 휘어진 바닷길이 어우러져 절경을 이룬다. 그림 같은 경치는 지그재그로 끝없이 이어지는 가파른 계단을 오를수록 더 황홀해지고 등대에 거의 닿을 즈음이면 마침내 발아래 거대한 공룡 한 마리가 모습을 드러낸다. 드넓게 펼쳐진 초원지대에는 엉겅퀴 꽃과 원추리 꽃이 색색이 피어 환상의 조화를 이룬다.

1 등대섬에서 바라본 소매물도 장군봉과 열목개
2 데크 계단에서 내려다 본 소매물도 공룡바위 3 등대와 엉겅퀴꽃 흐드러진 초원지대

1 등대에서 내려다 본 해안 절경   2 소매물도 등대

마침내 등대섬 정상에 서서 선경을 굽어보다

오르고 또 올라 마침내 등대섬 정상에 오르면 힘겹게 오른 것에 대한 보상이라도 하려는 듯 해안 절벽 천 길 낭떠러지 아래로 짙푸른 바다가 펼쳐지고, 그 위로 우뚝 솟아오른 천태만상의 기암괴석들이 빚어낸 해안 절경은 숨이 멎을 듯 아름답다. 그 반대쪽으로는 소매물도 섬과 유려한 곡선의 바닷길 그리고 색색의 들꽃이 흐드러진 초원지대가 한데 어우러진 비경이 펼쳐진다.

절로 감탄사가 터져 나오는 그 모습을 보고 있노라면 땀을 식혀주는 청량한 바람이 온몸을 휘감는다. 잠시 힐링타임, 등대 아래쪽 바닥에 걸터앉아 바람을 섞어서 마시는 시원한 냉커피 한 잔은 그야말로 꿀맛, 눈앞에 펼쳐진 절경은 더 신비롭게 다가오고 지친 심신은 절로 치유가 되는 아이스크림처럼 달콤한 시간이다.

색색의 야생화 점점이 수놓인 푸른 초원 위에 하얀 등대 하나가 우뚝 서있는 이국적인 풍경과 눈이 시리도록 짙푸른 바다 그리고 병풍처럼 섬을 에워싼 기암절벽이 조화를 이뤄 빼어난 비경을 자랑하는 등대섬은 과연 통영 8경 중에서도 으뜸이라 하지 않을 수 없다. 자연이 빚어낸 아름다운 풍경에 넋을 빼앗긴 채 쉼의 시간을 보낸 후에 다시 등대를 뒤로하고는 푸른 파도가 넘실거리는 몽돌해안에 선다.

데크 계단에서 본 공룡바위

열목개 자갈길을 건너는 여행객들

하루에 두 번 열리는 신비의 바닷길, 열목개

등대섬과 소매물도를 이어주는 약 70m의 바닷길은 열목개 자갈길로 불리는데 하루에 두 번 바닷길이 열렸을 때만 등대섬으로 걸어 들어갈 수 있는 유일한 통로이다. 때문에 등대섬으로 들어갈 때는 반드시 물때 정보를 미리 알아봐야 하는 세심한 주의가 필요하다.

하루에 두 번 바닷길이 열려 '모세의 기적'이라 불리는 열목개 자갈길을 지나 소매물도 본섬에 다다르면 기기묘묘한 형상의 갯바위들이 늘어서 있는데 거대한 작품전시장을 방불케 한다. 또한 뒤를 돌아보면 몽돌해안 뒤로 등대섬의 이국적인 풍경이 펼쳐지는데 그야말로 한 폭의 그림을 보는 듯 감동이다.

크고 작은 몽돌들이 깔려있는 몽돌해안을 지나면 길은 곧 깎아지른 급경사의 계단과 맞닥뜨리게 된다. 보는 순간 숨이 턱 막힌다. 허나 오르지 않으면 안 되는 길, 마음을 단단히 다잡고는 용기를 내어 한 계단 한 계단 밟고 올라선다. 가쁜 숨을 몰아쉬며 오르다가 고개를 들어 위를 올려다보면 계단은 끝도 없이 하늘로 이어지고 뒤를 돌아보면 발아래로는 옥빛 바다를 품은 아름다운 해안 절경이 펼쳐진다.

1 열목개 초입에서 바라본 등대섬
2, 3 열목개 해안풍경
4 계단에서 내려다 본 풍경

이렇게 오르다가 멈추기를 몇 번이나 반복 했을까? 급경사의 가파른 계단을 헉헉 대며 오르고 또 오르다 보니 마침내 끝이 보이지 않던 계단의 끝이 보이고 길은 평탄한 계단으로 이어진다. 그 가파른 계단길이 끝나는 소나무 숲 그늘아래 작은 쉼터가 하나 있다. 누구라도 숨을 헐떡거리며 사색이 되어 올라오는 곳이니만큼 쉼의 장소가 절실히 필요하다. 얼굴이 벌겋게 달아 오른 채 땀을 뻘뻘 흘리며 계단을 올라온 사람들은 너나 할 것 없이 모두들 올라오자마자 의자를 찾아 앉기 바쁘다.

이제 길은 지금까지와는 전혀 다른 초원지대로 이어진다. 약간 오르막길이기는 해도 방금 올라온 급경사의 계단과는 비교할 수 없을 만큼 걷기에 좋은 길이다. 허나 앞에는 해발 152m의 망태봉이 우뚝 서있고 사람들은 줄지어 그 산 정상으로 오르는 모습이 보인다. 또 한 번의 고비가 닥쳐온 것이다.

1 망태봉으로 향하는 완만한 데크 계단
2 망태봉으로 오르는 여행객들

등대섬 전망대에서 바라본 등대섬

대자연의 걸작품 등대섬이 한눈에, 등대섬 전망대

망태봉으로 오르기 바로 전에 오른쪽 소나무 숲으로 이어지는 길이 있다. 이 길은 이정표가 없어서 놓치기 쉬운 길이니 꼭 찾아보는 것이 좋다. 이 소나무숲길로 들어서면 바로 등대섬의 가장 멋진 모습을 볼 수 있는 '등대섬 전망대'가 있기 때문이다.

이곳 전망대에서 바라보는 소매물도의 등대섬은 그야말로 한 폭의 그림이요, 신이 빚어낸 최고의 예술작품이다. 짙푸른 바다 위로 우뚝 솟아오른 천태만상의 기암괴석과 푸른 초원 위에 외로이 서있는 하얀 등대, 그 아래로 구불구불 유려한 곡선으로 이어진 데크 계단이 한데 어우러진 등대섬의 풍광은 가히 절경이다. 대자연이 만들어낸 위대한 걸작품 앞에 서 있다는 것만으로도 황홀하다. 그 자연의 경이로움에 감탄을 금치 못한 채 우두커니 서서 바라보고 있노라니 힘겹게 오른 수고로움이 한 순간에 사라지고 만다.

다시 되돌아 나오면 길은 망태봉 정상으로 향한다. 역시나 가파른 오름길이지만 시원한 바람이 상쾌함을 더해주는 길이다. 산비탈 아래쪽으로는 바다를 향한 거대한 공룡바위가 서있고 그 뒤로 대매물도가 자리한다. 하지만 짙은 안개 때문에 희미하게 보일뿐이다. 다시 힘을 내어 한 계단 한 계단 천천히 오르다 뒤를 돌아보면 왼쪽으로는 대매물도와 공룡바위, 앞으로는 등대섬과 방금 걸어온 길들이 펼쳐진다. 가쁜 숨을 몰아쉬며 다시 오르다보면 곧 등대섬과 공룡바위가 발아래 굽어보이는 '공룡바위 전망대'에 다다른다. 순간 짜릿한 쾌감이 청량한 바람과 함께 온몸을 휘감는다.

1 망태봉 오름길에서 본 등대섬
2 공룡바위 전망대에서 바라본 공룡바위

길은 여기서 다시 망태봉 정상으로 향하는 오름길과 곧바로 선착장으로 향하는 평탄한 길로 나뉜다. 잠시 망설이다가 오름길을 버리고 평탄한 길로 접어든다. 허나 곧 쉬운 길이 아니라는 것을 깨닫게 된다. 험준한 바윗길이 이어지더니 울창한 동백나무 숲길로 접어든다. 동백나무 숲길이 끝나면 고생 끝이다. 갑자기 시야는 확 트이고 왼쪽으로 관세역사관으로 오르는 데크 계단과 이정표가 보인다. 관세역사관을 지나 망태봉 정상에서 바라보는 등대섬이 장관이라는데 아쉽지만 다음을 기약하기로 한다. 망태봉 정상에 위치한 관세역사관은 1987년 3월까지 남해안 일대 밀수를 감시하던 감시초소였으나 지금은 관세역사관으로 바뀌었다.

조금 더 가다보면 오른쪽으로 그럴듯한 쉼터가 기다리고 있다. 무더위 속에서 험준한 오름길을 걷느라 흘린 땀도 식히고 시원한 물도 마시면서 잠시 쉼의 시간을 보내기에 제격인 곳이다.

선착장으로 향하는 동백나무 숲길

1 선착장으로 향하는 데크   2 가익도 전망대

가익도 전망대에서 소매물도 선착장으로

데크 길은 서서히 내리막길로 이어지고 몇 걸음 걸어 내려오면 '가익도 전망대'가 나온다. 가익도는 매물도 앞 바다에 떠 있는 바위섬으로 물이 들어오고 나감에 따라 5개 혹은 6개의 섬으로 보인다고 해서 '오륙도'라고도 불리는 섬이다. 가익도 전망대에서 길은 다시 두 갈래로 나뉜다. 오른쪽 길은 옛 소매물도 분교와 남매바위를 지나 선착장까지 섬을 에둘러 걷는 길이고 왼쪽 길은 곧바로 선착장으로 내려가는 길이다. 이번에도 곧바로 내려가는 길을 선택한다.

평탄했던 길은 다시 가파른 내리막길로 이어지고 울창한 숲 터널을 벗어나면 갑자기 발아래로 알록달록하게 모여 있는 지붕들이 보인다. 바로 바다백리길 6구간인 '소매물도 등대길' 시작점인 게이트가 있는 곳이다.

1 소매물도 등대길 게이트
2 소매물도 마을 풍경

가파른 내리막 계단을 내려오면 마침내 마을에 닿게 된다. 내려올 때는 쉽지만 처음 이 급경사의 언덕을 오르는 사람들에게는 숨쉬기조차 힘든 길일게다.

세련된 분위기의 카페와 식당 등에는 소매물도 등대섬을 찾은 관광객들로 북적인다. 누구나 한번쯤은 꼭 가보고 싶어 하는 유명 섬인 만큼 과연 그 유명세를 실감케 한다. 그래도 다행인 것은 마을 주변만 번잡스럽다는 것이다. 마을을 벗어나면 섬 특유의 해안 절경과 자연경관이 잘 보존되어 있어서 아름다운 대자연을 즐기기 위한 섬 여행지로는 손색이 없다.

1 선착장으로 내려가는 급경사의 계단
2 등대섬으로 에둘러 가는 '소매물도 등대길' 시작점

선착장으로 내려오자 거제도로 나가려는 여행객들과 통영으로 나가려는 여행객들이 뒤섞여 소란스럽다. 거제도 저구항에서 들어온 여객선이 제법 많은 수의 여행객을 실은 뒤 빠져나가고 뒤이어 통영행 여객선이 도착한다. 두 지역에서 여객선이 들어오는 만큼 섬에서 나갈 때는 주의를 기울여야 한다.

소매물도 마을 전경

소매물도 주요 핵심정보

일명 '쿠크다스의 섬'이라 불리는 소매물도의 등대섬은 '쿠크다스'라는 과자 CF의 배경으로 등장하면서 많은 사람들에게 알려지기 시작한 곳으로, 누구나 꼭 한 번은 가봐야 하는 곳이자 가보고 싶어 하는 유명한 섬이다.

통영에서 약 1시간 30분, 거제 저구항에서 약 50분 정도 뱃길을 달려야만 만날 수 있는 소매물도는 통영에서 남동쪽으로 26㎞ 떨어진 해상에 위치하며 면적 0.51㎢, 해안선길이 3.8㎞의 작은 섬으로, 선착장 부근의 산비탈 경사지에 약 30여 가구가 마을을 이루고 있다. 한 폭의 수채화 같은 풍경이 펼쳐지는 등대섬은 소매물도 남쪽에 위치하며 소매물도 최고봉인 망태봉(152m)을 넘고 급경사의 내리막 계단을 지나 하루 두 번 열리는 열목개 바닷길을 지나야만 비로소 만날 수 있다. 그러므로 소매물도를 방문하기 전에 배편과 숙박 예약은 물론이고 반드시 물때 정보를 확인해야 한다. 물 때 정보는 매물도 사이트(www.maemuldo.go.kr)에서 찾아보거나 민박집에 문의하면 된다.

소매물도 선착장에서 망태봉을 거쳐 하얀 등대가 있는 등대섬 정상까지 다녀오는 데는 왕복 4Km 남짓. 걷는 사람에 따라 차이가 나겠지만 대략 3~4시간 정도 소요된다. 등대섬에는 매점이 없으니 물과 간식은 선착장에 있는 매점에서 미리 준비해야 한다. 등대섬으로 가는 길은 비교적 잘 정비되어 있으나 데크 길과 바윗길, 몽돌길이 포함되어 있을 뿐만 아니라 급경사가 반복되는 험준한 코스이다. 그런 만큼 운동화나 트레킹화를 준비하는 것이 좋다.

소매물도 선착장에서 좌측도로를 따라 이어지는 남매바위 코스와 등대섬 최고의 전망대라 불리는 망태봉 정상 코스는 체력에 따라 빼고 걸어도 좋다. 하지만 망태봉 계단길 아래쪽 능선, 소나무 숲 너머에 있는 '등대섬 전망대'는 잊지 말고 꼭 찾아보자. 이곳에서 만나는 등대섬은 신이 빚어낸 최고의 예술작품이고 형언할 수 없는 아름다움을 선사한다.

한려해상 바다백리길 6구간인 '소매물도 등대길'은 선착장에서 → 남매바위 → 가익도전망대 → 망태봉 → 열목개 → 등대섬 → 등대섬 정상에서 다시 열목개를 건너 선착장으로 되돌아오는 코스로 편도 3.1km, 왕복은 약 6km 정도 된다. 남매바위 코스를 빼면 왕복 4km 남짓으로 약 3~4시간 정도 소요된다. 선착장에서 좌측도로를 따라 남매바위 쪽으로 돌게 되면 약 1.1km를 더 걷게 되는 셈이다.

'한려해상 바다백리길'은 한려해상국립공원 통영지구의 대표적인 6개 섬에 주민들이 다니던 옛길을 토대로 조성한 총 42.1㎞(약 100리) 구간의 섬 트레킹 코스이다. 바다백리길에는 1구간 미륵도 달아길, 2구간 한산도 역사길, 3구간 비진도 산호길, 4구간 연대도 지겟길, 5구간 매물도 해품길, 6구간 소매물도 등대길 등이 있다.

⊕ 소매물도로 가려면 경남 통영시에 위치한 통영여객선터미널에서 한솔해운이 운항하는 여객선을 이용하거나 거제시 저구항에서 매물도해운이 운항하는 여객선을 이용해야 한다. 통영항에서 출발하는 여객선은 비진도를 거쳐 소매물도와 대매물도까지 운항하며, 저구항에서 출발하는 여객선은 대매물도를 거쳐 소매물도까지 운항한다.

⊕ 서울에서 통영까지는 서울 강남버스터미널이나 남부터미널에서 통영행 고속버스를 이용하면 된다(통영종합버스터미널에서 통영항까지 택시 이용시 약 8~9,000원).

교통편 및 배편 정보 (2017년 4월 기준)

배편 통영항⇌소매물도

❶ 통영항에서 소매물도행

◐ (주)한솔해운 www.hshaewoon.co.kr
문의전화 : 055-645-3717 / 055-641-0313
주소 : 경상남도 통영시 통영해안로 234 통영항여객선터미널

운항정보 및 운항시간, 요금
- 평일 : 1일 3회 (07:00 / 11:00 / 14:30)
- 주말 : 1일 5회 (07:00 / 09:00 / 11:00 / 12:30 / 14:30)
- 소요시간 : 약 1시간 30분~1시간 50분 정도
- 요금 성인기준(편도) : 출항 17,100원 / 입항 15,600원

※ 주말, 연휴, 성수기에는 여객운임의 10% 할증이 적용된다.
※ 여객선 운항은 2개 항로로 운항된다. (항로 1 : 통영 → 비진도 → 소매물도 → 대매물도 / 항로 2 : 통영 → 비진도 → 대매물도 → 소매물도)

배편 저구항 ⇌ 소매물도

❷ 거제 저구항에서 소매물도행

▶ **매물도해운(주)** www.maemuldotour.com

문의전화 : 055-633-0051, 055-681-3535
주소 : 경남 거제시 남부면 저구해안길 60

운항정보 및 운항시간, 요금
- 1일 4회 (08:30 / 11:00 / 13:30 / 15:30)
- 소요시간 : 약 50분
- 요금 성인기준(편도) : 11,000원 (주말 12,000원)

※ 매표시 신분증 반드시 지참(카드 결제 시에는 비밀번호를 알아야만 결제가능)
※ 승선권은 각 선사 사이트에서 예약하는 것이 좋다.
※ 기상 악화 및 선박 사정으로 운항시간이 변동 될 수 있으니 반드시 해당 선사에 확인

배편

❸ 대매물도에서 등대섬 쉽게 가는 방법

※ 이국적인 풍경이 펼쳐지는 소매물도 등대섬으로 들어가는 방법은 두 가지가 있다. 하나는 통영항이나 거제 저구항에서 여객선을 타고 소매물도 선착장에 도착한 후에 급경사의 가파른 산(망태봉)을 하나 넘은 후에 하루 두 번 열리는 바닷길을 통해 들어가는 방법이 있고 또 다른 방법은 대매물도에서 낚싯배를 이용해서 등대섬까지 쉽게 들어가는 방법이 있다. 낚싯배는 민박집에 미리 부탁하면 된다. 두 번째 방법은 대매물도를 함께 여행할 시에 가능하다(비용은 1인당 **15,000~20,000원**).

숙소 및 식당 정보

소매물도는 유명관광지인 만큼 선착장 부근에 식당과 카페, 매점 등이 여럿 있으며 각종 해산물을 파는 노점 좌판도 많이 있다.

· 소매물도

하얀산장 055-642-8515
다솔펜션 055-642-2916, 010-4858-2915
소매물도펜션 055-644-5377
쿠크다스펜션식당 010-8900-6886, 055-649-5775
인장씨네 민박, 후박나무 민박 010-9390-8400
등대식당 055-644-5377
토박이음식점 010-3515-0447

추가 정보

여행 참고 사이트
통영시 문화관광 www.utour.go.kr
통영 섬여행 www.badaland.com
매물도 www.maemuldo.go.kr
소매물도 물때정보 www.maemuldo.go.kr
한려해상 바다 백리길 www.ecotour.knps.or.kr

통영 비진도

산호빛 바다를 양옆으로 거느린 은빛 모래톱을 품은 섬, 비진도

산호빛 바다 그리고 섬과 섬을 이어주는 잘록한 모양의 은빛 모래해변이 멋진 조화를 이뤄 환상적인 풍광을 자아내는 아름다운 섬 비진도는 명품 트레킹코스인 '비진도 산호길'을 품고 있어 더욱 빛난다.

싱그러운 풀향기 폴폴 뿜어내는 울창한 동백나무숲과 활엽수림 등 녹음 짙은 어둑한 숲이 연이어 이어지는 비진도 산호길은 한여름에도 시원한 청량감을 안겨주는 섬 트레킹코스이다. 특히나 외항 선착장에서 비진암을 거쳐 갈치바위(용머리바위)까지 이어지는 평탄한 숲길은 시원한 파도소리 벗삼아 누구나 부담 없이 걷기에 좋다. 또한 갈치바위와 노루여 전망대에서 내려다보이는 짙푸른 바다 그리고 기암괴석들이 병풍처럼 늘어서 있는 해안 절경은 보는 순간 탄성이 절로 터져 나올 만큼 장쾌하다.

비진도 최고의 비경은 뭐니 뭐니 해도 선유봉 미인 전망대에서 굽어보는 산호빛 비진도해변과 개미허리처럼 잘록한 모양의 은빛 모래톱이다. 그 아름다운 모습은 누구라도 넋을 잃게 할 만큼 매혹적이다. 꽃담이 아름다운 숲속의 작은 암자 '비진암'은 붉은 동백꽃이 피어나는 봄날을 기다리게 하는 숲속의 보물이다.

비진도 1박 2일 코스

첫째날 소매물도 선착장 … 비진도 외항 선착장 … 외항마을 … 비진도해변

둘째날 비진도해변 … 탐방지원센터 … 게이트 … 비진암 … 갈치바위 … 노루여 전망대 … 선유봉정상 … 흔들바위 … 미인 전망대 … 망부석 전망대 … 게이트 … 외항 선착장 … 통영항여객선터미널

비진도 외항 선착장

산호빛 찬란한 바다와 한여름 최적의 트레킹 코스를 품은 섬, 비진도

매물도 여행 둘째 날 오후, 소매물도 선착장을 떠난 여객선은 망망대해 한가운데 불쑥 솟아오른 '가익도' 바위섬이 펼쳐 보이는 변화무쌍한 풍경을 뒤로한 채 비진도로 향한다. 시간이 얼마나 흘렀을까? 짙은 해무(海霧)로 뒤덮여 아무것도 보이지 않는 바닷길을 약 40여분 달린 끝에 마침내 비진도 외항 선착장에 닿는다.

비진도(比珍島)는 안섬(북섬)과 바깥섬(남섬)으로 이루어진 섬으로,

이 두개의 섬 사이에는 독특한 형태의 긴 사주(砂洲)가 형성되어 있다. 특이하게도 이 모래톱(사주)은 양쪽으로 두 개의 바다를 거느리고 있는데 서쪽은 모래해안, 동쪽은 몽돌해안으로 이루어져 있다. 섬에는 외항마을과 내항마을 이렇게 두 개의 마을이 있으며 각 마을마다 선착장을 갖추고 있다. 내항 선착장과 내항마을, 외항마을은 모두 안섬에 위치하며 외항마을 앞 모래톱에는 '비진도해수욕장'이 위치한다. 외항 선착장과 선유봉, 비진암 등은 두 섬을 잇는 모래톱 남쪽, 바깥섬에 위치한다. 8자 모양의 섬, 아령 모양의 섬, 가슴가리개 모양의 섬 등으로도 불리는 비진도는 한려해상국립공원 한산도지구에 속한 섬이다. 통영에서 남쪽으로 10.5km 해상에 위치하며 면적 2.766km², 해안선 길이 9km, 최고점은 선유봉(312.5m)이다.

선착장에 내린 후에 주변 풍광을 둘러보며 선착장 건너편에 있는 외항마을로 향하는데 마을 쪽에서 차 한대가 달려온다. 미리 연락해 놓은 민박집에서 마중을 나온 것이다. 오늘 하룻밤 묵을 펜션인 '해노는섬집'은 비취빛 바다를 자랑하는 비진도해수욕장 바로 앞에 자리하고 있다. 방안에서 은빛 모래사장과 푸른 바다가 발아래 내려다 보일뿐 아니라 바로 앞 바다 위에는 '춘복도'라는 작은 섬까지 떠있어 한 폭의 그림 같은 풍경에 그윽한 운치까지 더한다.

비진도 남쪽 섬(바깥섬)을 에두르는 약 5km 구간의 '비진도산호길'은 다음날 오전에 걸어볼 예정이니 우선 한여름 폭염 속에서 '소매물도 등대섬' 구간을 걷느라 지친 심신부터 달래주기로 한다. 짐을 풀고 서둘러 샤워를 마치고 나오자 어느덧 춘복도 섬 위로 붉은 태양이 기울고 있었다. 해변으로 다시 내려가기도 번거롭고 해서 그냥 베란다에서 황금빛으로 물들어가는 바다를 내려다보는 것으로 만족하기로 한다.

1 비진도 노을
2 비진식당의 해물된장찌개

비진도는 해물된장찌개가 유명하다. 펜션 베란다에서 편안하게 황금빛 낙조 감상을 마치고는 부근에 위치한 '비진식당'으로 향한다. 식당 밖에 놓여있는 노천 테이블에 앉아 시원하면서도 독특한 맛을 내는 해물된장찌개로 저녁식사를 마치고는 돌아오는 길에 어둠이 내려앉은 바닷가 산책을 하는 것으로 하루 일정을 마친다.

비진도산호길 입구에서 바라본 (사주 : 砂洲)

아쉽다, 짙은 안개 속에 갇힌 비진도 산호길

'비진도 산호길'은 한려해상국립공원 통영지구의 대표적인 6개 섬(미륵도, 한산도, 비진도, 연대도, 매물도, 소매물도)에 조성한 한려해상 바다백리길 중 3구간에 속하는 트레킹 코스이다. 산호길 코스는 외항선착장을 시작으로 망부석 전망대 → 미인 전망대 → 흔들바위 → 선유봉 정상 → 노루여 전망대 → 갈치바위 → 비진암을 지나 다시 외항마을로 되돌아오는 원점회귀형으로 거리는 총 5㎞, 소요시간은 약 3~4시간 정도이다.

날이 밝자마자 새벽부터 일어나 밖을 내다본다. 비진도 섬은 어디가 바다이고 어디가 산인지 구분이 안 될 정도로 온 세상이 짙은 안개로 뒤덮였다. 아침을 먹는 둥 마는 둥 대충 해결하고 짐을 정리하면서 안개가 걷히기를 기다린다. 하지만 오전 8시가 훨씬 넘었는데도 산봉우리를 감싸고 있는 안개는 좀처럼 걷힐 기미가 보이지 않는다. 이런 상태에서는 선유봉 정상에 올라봤자 아무것도 보일 것 같지 않았다. 일단은 상황을 지켜보며 산호길을 따라 걷는데 까지 걸어보기로 한다.

숙소에서 나와 비진도 북섬(안섬)과 남섬(바깥섬)을 이어주는 모래톱(사주 : 砂洲)으로 접어든다. 동쪽으로는 크고 작은 몽돌들이 깔려있는 몽돌해안을, 서쪽으로는 은빛 모래해변을 거느린 독특한 형태의 긴 모래톱을 지나 선유봉 정상으로 오르는 길목에 선다. 모래톱이 끝나는 지점에 위치한 이정표를 보니 방금 떠나온 외항마을까지는 0.2km, 외항선착장까지는 0.2km, 선유봉 정상까지는 1.8km라고 되어 있다.

입구에 있는 탐방지원센터를 지나면 본격적으로 '비진도 산호길'이 시작된다. 시멘트 포장도로를 따라 조금 걷다보니 길은 다시 선유봉 전망대 방향과 비진암 방향으로 나뉜다. 전날 민박집 아주머니에게 전해들은 이야기로는 곧바로 올라가는 길은 선유봉 정상까지 급경사의 가파른 오르막 구간이고, 오른쪽 길은 비진암을 경유해서 선유봉까지 에둘러 걷는 비교적 완만한 오르막 구간이라고 했다. 대신 곧바로 올라가는 구간은 선유봉까지 1.7km, 에둘러 걷는 구간은 거의 두 배에 해당하는 3.2km이다. 망설일 것도 없이 에둘러 돌아가는 완만한 코스를 선택한다.

1 산호길 갈림길에서 내려다본 모래톱　2 비진암으로 가는 해안길
3 땅두릅과 꽃　4 계요등 꽃

들꽃과 눈 맞추며 달팽이걸음으로 걷는 평탄한 숲길

에둘러 돌아가는 길은 오른쪽으로 바다를 내려다보며 걷는 길이다. 길 양옆으로는 계요등 꽃과 연녹빛의 땅두릅 꽃이 지천으로 피어 장관을 이룬다. 땅두릅은 이른 봄 어린 순은 식용으로 사용하고 뿌리는 한약재로 사용한다. '독활(獨活)'이라고도 하는 땅두릅은 이곳 비진도 섬의 특산물로 봄철 비진도 주민들의 가장 큰 소득원이 되는 효자 작물 중의 하나이다.

땅두릅 꽃밭을 지나면 '비진도 산호길' 게이트가 나온다. 이 게이트를 지나면 지금과는 전혀 다른 울창한 숲길로 들어서게 된다. 그 숲길은 동백나무 터널을 지나 다시 땅두릅과 '대반하'가 지천으로 깔려있는 돌담을 지나게 된다. 대반하가 이렇듯 무리지어 있는 모습은 처음 보는 광경이라 신기했지만 나중에 보니 산호길 곳곳에 지천으로 널려 있었다. 대반하는 천남성과의 여러해살이풀로 '반하'보다는 잎을 포함한 전체적인 모습이 더 커서 '대반하'라고 한다.

돌담길을 지나면 울창한 동백나무 숲길이 이어진다. 어둑한 숲길이 끝나면 살짝 짙푸른 바다가 얼굴을 내밀고는 다시 사라지고 음침한 돌담길이 이어진다. 이 돌담에는 신기하게도 붉은색 '도둑게'들이 살고 있었다. 돌담 주변에는 어떤 식물들이 서식하고 있는지 찬찬히 살피며 지나는데 갑자기 돌 틈에서 황급히 몸을 숨기는 것이 보여 가만히 살펴보니 도둑게이다. 처음에 보고 어찌나 놀랐는지 나도 모르게 소리를 지르자 도둑게들도 놀랐는지 돌 틈으로 몸을 숨기느라 바쁘다.

1 동백나무 숲길
2 대반하와 땅두릅이 있는 돌담길
3 대반하 무리

1 돌담길
2 바위틈에 숨어있는 도둑게
3 용머리바위(갈치바위)가 보이는 해안길
4 파도소리 들려오는 동백나무 숲길

계속 이어지는 길은 동백나무들이 울창하게 우거진 평탄한 숲길이다. 그리고는 다시 하늘이 열리고 시야가 탁 트인 오솔길이 시작된다. 그리고 그 길 끝에서 다시 바다를 만나게 되는데 저 멀리 바다로 돌출된 '용머리바위'가 모습을 드러낸다. 갑작스럽게 나타난 그 탁 트인 풍경에 눈은 물론 가슴속까지 시원해진다.

1 대나무숲과 돌담
2 능소화 핀 비진암 꽃담과 동백나무

꽃담이 아름다운 숲속 암자, 비진암

그 아름다운 풍경을 바라보며 활엽수들이 빼곡히 들어선 어둑한 숲길로 빨려 들어간다. 그리곤 대나무들이 우거진 돌담길을 지나 숲속에 고즈넉하게 자리 잡은 암자 '비진암'을 만난다. 작고 허름한 모양새의 비진암은 옛스러운 풍취를 자아내는 돌담과 돌계단 그리고 그 주변을 둘러싸고 있는 오래된 동백나무들이 조화롭게 어우러져 한껏 운치를 돋운다.

꽃담, 왜 비진암의 돌담을 꽃담이라 부르는 것일까? 암자 주변으로는 꽤 오래된 동백나무들이 군락을 이루고 있다. 이른 봄, 돌담 사이사이로 툭툭 떨어진 붉은 동백꽃송이들과 어우러진 모습이 아름다워 꽃담이라 불렸던 것은 아닐까? 오늘도 비진암의 돌담은 소담스런 능소화 꽃으로 뒤덮인 주황빛 꽃담이다.

녹음 짙은 숲길 끝에서 만난 비진암의 아름다운 풍광은 아마도 오래도록 가슴속 깊이 남을 것이다. 향긋한 풀내음을 온몸으로 만끽하며 천천히 느린 걸음으로 아름다운 꽃담을 지난다. 곧 조붓한 오솔길과 하늘이 보이지 않는 녹음 짙은 어둑한 숲이 나오고 그 길을 지나면 다시 시야가 탁 트이며 마침내 '용머리바위'에 닿게 된다.

1 녹음 짙은 활엽수림
2 용머리바위(갈치바위)

1 용머리바위에서 보이는 해안 절경   2 용머리바위에서 바라본 바다풍경

가슴 탁 트이는 해안 절경, 갈치바위

바다로 돌출된 기암괴석들이 깎아지른 벼랑을 이루고 있는 이곳의 '용머리바위'를 마을 사람들은 '슬핑이치' 또는 '갈치바위'라고도 한다. 언뜻 들으면 바위 모양이 갈치를 닮아 갈치바위라고 부르는 것 같으나 사실은 태풍이 불때마다 파도가 이 바위를 넘나들면서 소나무 가지에 갈치들을 걸쳐 놓았다고 해서 붙여진 이름이라고 한다. 세상에나! 갈치가 얼마나 많았으면 저렇게 높은 바위까지 파도가 치고 올라와 나뭇가지에 걸쳐 놓았다는 것일까? 그 사실이 놀랍기도 하거니와 여간 신기한 게 아니었다.

갈치바위에서 바라보는 해안 절경이 장관이다. 기암괴석들이 해안 절벽을 이룬 아찔한 낭떠러지 아래로 파도가 갯바위에 부딪히며 만들어내는 하얀 포말 그리고 짙푸른 바다 위를 오가는 작은 고깃배들이 한데 어우러진 풍광은 그야말로 한 폭의 그림이다. 가슴속까지 시원하게 해주는 장쾌한 파도소리까지 더하니 지상낙원이 따로 없다.

이정표를 보니 갈치바위에서 선착장까지는 1.8km, 선유봉까지는 1.4km, 수포마을까지는 0.3km이다. 수포마을은 방금 지나온 비진암이 있던 곳으로 지금은 암자만 남아있다.

1 용머리바위와 쉼터
2 소나무 숲에서 바라본 해안 절경

선유봉 정상으로 오르는 소나무 숲길

누구라도 넋을 빼앗길 만큼 매혹적인 풍경이 펼쳐지는 노루여 전망대

내친김에 젖 먹던 힘까지 내어 선유봉 정상을 향해 오른다. 지금까지는 가끔 하늘이 보이고 뜨거운 햇살이 내리쬐기는 했지만 대부분의 길은 활엽수들이 울창하게 우거진 평탄한 숲길로 한여름 트레킹 코스로는 최적의 조건을 갖춘 길이었다. 그러나 지금부터는 경사가 매우 가파른 오름길이 시작된다. 잠시 소나무들이 울창하게 늘어선 숲길이 이어지더니 길은 곧 동백나무가 빼곡히 늘어선 급경사의 돌계단으로 바뀌고 다시 나무계단으로, 그 나무계단 끝에서 산호길 최고의 전망대인 '노루여 전망대'를 만난다.

1 노루여전망대에서 바라본 갈치바위(사진 오른쪽 위) **2** 노루여전망대
3 정상으로 향하는 급경사의 돌계단

노루여 전망대에서는 연화도, 우도, 욕지도, 외부지도, 내부지도, 추도, 연대도, 오곡도, 미륵도 등을 비롯하여 멀리 남해까지도 보인다고 하는데 오늘은 바다 위에 깔린 짙은 안개로 아주 가까이 있는 오곡도와 연대도, 내부지도와 외부지도만 희미하게 보일 뿐이다. 다만 방금 지나온 갈치바위부터 이곳 전망대 왼쪽까지 이어지는 방대한 규모의 기암절벽과 깊이를 알 수 없는 짙푸른 바다, 넘실거리는 파도가 조화를 이룬 모습은 누구라도 넋을 빼앗길 만큼 매혹적이다.

산호길에서 내려다 본 노루여 전망대

전망대에서 쉬는 동안 안개가 조금씩 벗어지더니 급기야는 투명한 햇살이 내리쬐기 시작한다. 순간 바다도 푸른빛을 되찾고 여행객의 마음속에도 유리알처럼 반짝이는 빛이 스며든다. 길은 다시 울창하게 우거진 활엽수들이 어둑한 그늘을 만들어주는 급경사의 돌계단길이다. 가쁜 숨을 몰아쉬며 오르다보니 선유봉 정상까지 1km 남았다는 이정표가 보이고, 다시 몇 발자국 옮기자 또 다른 전망대가 기다리고 있다.

소사나무 숲길

선유봉 정상, 희뿌연 안개로 뒤덮인 망망대해뿐

시원한 바다를 내려다보며 잠시 숨을 고르고는 전망대를 뒤로 한 채 계속되는 가파른 숲길을 오르고 또 올라 마침내 선유봉 정상에 다다른다. 허나 한여름 폭염과 힘겨움을 이겨내고 무사히 정상까지 올랐다는 성취감도 잠시, 전망대에 올랐지만 발아래 보이는 것은 희뿌연 안개로 뒤덮인 망망대해뿐, 아무것도 보이지 않는다. 이곳 전망대에서는 미륵산 정상과 소죽도, 대죽도, 한산도에 이어 거제 가라산과 망산, 죽도, 저구항, 장사도, 가왕도 등을 비롯하여 어제와 그제 돌아

본 어유도와 매물도, 소매물도까지 보인다고 하는데, 커튼처럼 가려버린 저 안개가 이 순간만큼은 그저 얄미울 뿐이다.

해발 312.5m의 선유봉은 비진도에서 가장 높은 봉우리이다. 선유봉 정상에서 선착장까지는 2km, 아쉬움을 뒤로 한 채 진달래나무가 군락을 이룬 조붓한 숲길로 접어든다. 길은 곧바로 내리막길로 이어지는가 싶더니 다시 끝이 보이지 않는 까마득한 데크 계단이 하늘 높이 치솟아 있다. 지그재그로 이어지는 계단을 힘겹게 오른 후에 이어지는 완만한 숲길을 걷다보니 거대한 밥공기 모양의 '흔들바위'가 모습을 드러낸다.

전해오는 이야기에 의하면 이 비진도 흔들바위는 이곳에 살던 선녀가 하늘로 올라간 뒤에 홀로 남은 어머니의 식사가 걱정되어 땅으로 내려 보낸 것이라고 한다. 바위를 흔들어 보면 움직인다는데 여기까지 오느라 기진맥진한 상태였으니 이 거대한 바위를 흔들만한 힘이 남아 있을 리 없지 않은가? 흔들바위를 지나 가파른 계단을 따라 내려오다 보면 길은 두 갈래로 나뉜다. 오른쪽 길은 곧바로 선착장으로 내려가는 길, 왼쪽 길은 비진도 최고의 경치를 보여주는 '미인 전망대'로 향하는 길이다.

1 오르막 데크 계단
2 흔들바위

1 비진도해수욕장과 두 섬을 이어주는 모래톱(사주)
2 미인전망대
3 전망대에서 내려다 본 비진도 풍경

산호빛 바다와 개미허리같이 잘록한 모래톱이 한눈에, 미인 전망대

탁 트인 조망이 압권인 미인 전망대에 서니 개미허리같이 잘록한 모양의 모래톱과 양쪽으로 나뉜 두 개의 섬 그리고 매혹적인 산호빛 바다가 한눈에 내려다보이는데 가히 장관이다. 비진도 안섬 뒤로 한산도와 미륵도, 용초도, 추봉도, 매물도, 소매물도, 등대섬, 장사도 등의 크고 작은 섬들이 파노라마처럼 펼쳐진다는데 심술궂은 안개 때문에 아무것도 보이지 않을뿐더러 비진해수욕장의 물빛마저도 제빛을 발하지 못하는 것이 이내 아쉽다.

아쉬움을 뒤로한 채 발길을 돌린다. 길은 곧 급경사의 내리막길로 바뀐다. 이정표를 보니 이곳에서부터 선착장까지는 1.3km라고 한다. 우리나라 남부지방에만 분포하는 구실잣밤나무와 사스레피나무들이 우거진 어둑한 숲길을 지나니 '망부석 전망대'가 나타난다. 망부석 전망대에서는 한산도를 비롯하여 용초도, 추봉몽돌해변, 추봉도, 거제 노자산, 죽도, 가라산 등의 섬들과 '비진도 여인바위'가 보인다는데 역시나 짙게 깔린 안개 때문에 아무것도 보이지 않는다. 겨우 가까이 있는 비진도 안섬 자락만 희미하게 보일뿐이었다.

망부석 전망대

1 지그재그로 이어지는 급경사의 돌계단 2 콩짜개덩굴
3 활엽수림 4 외항마을과 안섬이 보이는 풍경

긴 여정의 끝, 형언할 수 없는 희열감으로 찬란하게 빛나다

망부석 전망대를 지나면 계속 가파른 내리막길이다. 지그재그로 이어지는 돌계단 주변으로는 다양한 종류의 활엽수들이 빼곡히 늘어서 있어 원시림을 방불케 한다. 그 어둑한 원시림 숲에는 콩짜개덩굴이 무리를 이루고 있다. 바위나 나무줄기를 감싸고 있는 콩짜개덩굴들을 신기한 듯 바라보며 한참을 내려오니 울울창창한 대나무 숲이 나오고, 그 숲을 빠져 나오면 드디어 시야가 탁 트이면서 비진도해변이 모습을 드러낸다.

희뿌연 안개는 아직도 외항마을과 비진도해변을 감싸고 있다. 다시 땅두릅이 양쪽으로 늘어서 있는 좁은 길을 지나고 게이트를 빠져 나오면 오전에 갈림길에서 헤어졌던 오른쪽 길과 만나게 된다. 긴 여정의 끝, 그리고 이어지는 안도감과 성취감, 그 순간의 기쁨은 형언할 수 없는 희열감으로 찬란하게 빛난다. 비록 한여름 푹푹 찌는 무더위로 예정된 시간보다 훨씬 많이 지체되는 바람에 내항마을까지 돌아보지 못했을 뿐더러 '미인 전망대'에서는 짙은 안개로 꼭 원했던 장쾌한 풍경은 만나지 못했더라도 이번 비진도 여행은 충분히 찬란했고 만족스러웠다.

다음번 통영 여행지로 또다시 '연대도 지겟길'을 꿈꾸며 통영항으로 향하는 여객선에 몸을 싣는다.

1 비진도 산호길 게이트
2 외항 선착장과 선유봉

비진도 주요 핵심정보

한여름 트레킹 코스로 최적의 조건을 지닌 '비진도 산호길'은 외항 선착장을 시작으로 망부석 전망대 → 미인 전망대 → 흔들바위 → 선유봉 정상 → 노루여 전망대 → 갈치바위 → 비진암을 지나 다시 외항마을로 되돌아오는 원점회귀형으로 거리는 총 5km, 약 3~4시간 정도 소요된다. 길은 탐방지원센터를 지난 후에 선유봉 전망대 방향과 비진암 방향으로 나뉘지만 어느 쪽을 선택하더라도 상관은 없다. 다만 비진암 방향으로 걷는 길은 완만한 오름길로 올랐다가 가파른 경사길로 내려오게 되고 선유봉 전망대 방향은 그 반대이다.

비진도 산호길은 안섬과 바깥섬 중 바깥섬만 한 바퀴 에둘러 걷는 코스이다. 안섬에 있는 내항 선착장에서부터 시작해서 내항마을과 외항마을을 거쳐 선유봉 정상으로 오르게 된다면 탐방로 구간은 약 2km, 소요시간은 약 30분정도 더 늘어나게 된다.

원시림을 방불케하는 산호길은 동백나무, 소사나무, 후박나무, 자귀나무, 때죽나무, 모밀잣밤나무 등의 울창한 활엽수들이 시원한 숲 그늘을 이뤄 상쾌한 청량감을 더한다. 미인 전망대에서 내려다보이는 산호빛 바다와 활처럼 휜 은빛 모래톱은 그야말로 한 폭의 그림. 노루여 전망대에서 만나는 빼어난 해안 절경은 가슴이 탁 트이는 장쾌함을 선사한다.

통영 앞바다에 보석처럼 떠있는 수많은 섬들 중 하나인 비진도는 일출과 일몰을 한 자리에서 볼 수 있는 섬일 뿐더러 섬과 섬 사이를 잇는 개미허리처럼 잘록한 모래톱과 산호빛 바다가 독특한 아름다움을 선사하는 섬이다. 외항마을 앞에 위치한 비진도해수욕장은 해안선 길이가 550m에 이르는 천연백사장으로 모래가 부드럽고 수심이 얕아 여름 가족 휴가지로 손색이 없다.

⊕ 비진도로 가려면 경남 통영시에 위치한 통영여객선터미널에서 한솔해운이 1일 3~5회 운항하는 여객선을 이용해야 한다. 통영항에서 출발하는 여객선은 비진도를 거쳐 소매물도와 대매물도까지 운항한다. 소요시간은 약 40분 정도 걸린다.

⊕ 서울에서 통영까지는 서울 강남버스터미널이나 남부터미널에서 통영행 고속버스를 이용하면 된다(통영종합버스터미널에서 통영항까지 택시 이용시 약 8~9,000원).

 ## 교통편 및 배편 정보 (2017년 4월 기준)

배편 통영항 ⇌ 비진도

❶ 통영항에서 비진도행

▶ (주)한솔해운 www.hshaewoon.co.kr

문의전화 : 055-645-3717 / 055-641-0313
주소 : 경상남도 통영시 통영해안로 234 통영항여객선터미널

운항정보 및 운항시간, 요금
- 평일 : 1일 3회 (07:00 / 11:00 / 14:30)
- 주말과 성수기 : 1일 5회 (07:00 / 09:00 / 11:05 / 13:05 / 14:30)
- 소요시간 : 약 40분
- 요금 성인기준(편도) : 출항 8,800원 / 입항 8,000원

※ 주말, 연휴, 성수기에는 여객운임의 10% 할증이 적용된다.
※ 기상 악화 및 선박 사정으로 운항시간이 변동 될 수 있으니 반드시 선사에 확인
※ 매표시 신분증을 반드시 지참(카드 결제시에는 비밀번호를 알아야만 결제가능)
※ 승선권은 선사 사이트에서 미리 예약하는 것이 좋다. 만약 예약을 하지 못했다면 통영항에서 새벽 6시부터 선착순으로 매표가 가능하다.

숙소 및 식당 정보

비진도에는 식당이 변변치 않다. 민박집에 알아보거나 미리 준비해 가는 것이 좋다. 외항마을에 위치한 비진식당의 해물된장찌개가 유명하다. 소규모의 매점들이 있기는 하나 대체로 물가가 비싼 편이다. 필요한 물품과 먹거리는 통영에서 미리 준비해 가는 것이 좋다. 통영항 주변에 편의점과 김밥집들이 있다.

· 비진도 외항

해노는섬집 펜션   010-2221-1093
해송원민박   055-642-9693
더씨펜션   055-645-3321
사계절민박   055-642-6146
시원한민박   010-4554-9682
비진식당   055-645-3539 (해물된장찌개 1인 10,000원)

· 통영항 부근

원조시락국   055-646-5973 / 경남 통영시 새터길 12-10 (시락국밥 5,000원)

※ 서호시장 안에 자리한 '원조시락국'이 있다. 한자리에서 60년을 이어온 통영 맛집으로 반찬은 다양한 종류의 계절반찬으로 내놓는다. 새벽 4시 30분이면 문을 열고 주말에는 좀 더 일찍 연다고 한다.

추가 정보

여행 참고 사이트

통영시 문화관광   www.utour.go.kr
통영 섬 여행   www.badaland.com
한려해상 바다백리길   www.ecotour.knps.or.kr

출렁다리와 지겟길, 에메랄드빛 몽돌해안을 품은 섬, 연대도

우리나라 최초의 '탄소 제로 섬' 에코아일랜드로 주목을 받고 있는 섬 연대도는 '한려해상 바다백리길' 중 4구간인 연대도 지겟길과 이웃 섬 만지도와 이어주는 낭만의 출렁다리 그리고 물빛 고운 몽돌해안을 품고 있는 섬이다.

섬의 5부 능선을 에둘러 걷는 연대도 지겟길(2.3㎞)은 유유자적 달팽이걸음으로 걸으며 '천선과나무', '콩짜개덩굴'과 같이 남부지방과 섬 지역 등지에 서식하는 식물들을 비롯하여 이름 모를 들풀과 들꽃 등을 만나며 때 묻지 않은 순수 자연과 소통하기에 최적화된 섬 트레킹 코스이다.

연대도의 마을 골목길도 정겹다. 파스텔톤의 아름다운 벽화가 담장을 가득 채우고 있는 담배 가게를 비롯해서 집집마다 개성과 재치가 넘치는 문패 그리고 섬 특유의 투박한 풍경들로 채워져 있는 조붓한 골목길을 거닐다 보면 어느새 가슴 가득 잔잔한 기쁨으로 충만 되는 것을 느낄 수 있다. 섬과 섬을 잇는 출렁다리는 독특한 자연 경관과 낭만, 바다 위를 걷는 듯한 아찔한 스릴까지 선사한다.

연대도 1박 2일 코스

첫째날 통영 강구안 … 달아 선착장 … 연대도 선착장 … 출렁다리 … 만지도 … 연대마을(골목길 탐방) … 몽돌해안(일몰)

둘째날 연대마을 … 에코체험센터 … 콩짜개덩굴 군락지 … 오곡 전망대 … 옹달샘 … 북바위 전망대 … 태양광발전소 … 연대마을 … 연대도 선착장 … 달아 선착장 … 통영종합버스터미널

1 섬나들이호 2 달아 선착장 매표소
3 뱃길에서 본 달아마을 전경

통영 미륵도 남단에 위치한
달아 선착장에서 에코아일랜드로

달아 선착장 매표소 건물은 주차장 뒤쪽 해안가에 자리한다. 건물 앞에는 '섬나들이호(출렁다리) 매표소'라고 크게 쓰여 있었으며 매표창구 주변으로는 정기여객선 '섬나들이호' 그리고 주말과 휴일에만 운항하는 '진영호'의 운항시간표 및 도선 요금표 등이 어지럽게 붙어있다.

승선권을 구입하려면 매표소에 딸린 옆 건물에서 승선명부를 작성한 후에 매표소에서 신분증과 함께 승선명부를 제시해야만 된다. 서둘러 승선명부를 작성하고 오후 2시 10분발 정기 여객선 승선권을 구입한다. 여객선이 출발하기까지는 아직 20여분 남짓 여유시간이 있다. 인근 편의점에서 둘째 날 아침에 먹을 컵라면과 김치, 간식 등을 구입 후에 '섬나들이호'에 오른다. 섬나들이호는 최대 승선인원이 40명밖에 안되는 도서민 수송 목적의 영세 도선으로, 운항 항로는 달아 선착장을 출발해 학림도~송도~저도~연대도~만지도 순으로 5개 섬을 순환한다. 1층에 객실이 있으며 2층에 좁은 갑판이 있다.

방금 전까지만 해도 높고 푸르렀던 하늘은 어느 사이엔가 잿빛 먹구름으로 뒤덮였다. 비가 내리면 안되는데... 하지만 우려도 잠시, 사진놀이를 하는 동안에 하늘은 다시 제빛을 되찾기 시작했고 달아 선착장을 떠난 배는 잠시 후 학림도에 닿는다. 연대도와 이웃하고 있는 학림도는 이번 여행에서 함께 둘러볼 예정이었으나 다음날 오후부터 계속 비가 내린다는 일기예보 때문에 포기한 섬이다.

1 학림도 선착장과 마을 전경　**2** 학림도 등대

학림도를 떠난 배는 바다에 떠있는 대규모의 가두리양식장 사이를 지나 '송도'에 한 무리의 낚시꾼들을 내려놓고는 다시 바닷길을 달려 연대도로 향한다. 학림도 바로 곁에 있는 '저도' 섬을 지나자마자 출렁이는 은빛물살 뒤편으로 연대도와 만지도를 잇는 출렁다리가 가물가물 시야에 들어온다. 바다 멀리 왼쪽으로는 오곡도가 그림처럼 떠있고 그 옆으로 연대도의 연대봉이 우뚝 솟아있다. 연대봉 우측 아래쪽에 마을과 선착장이, 선착장 우측으로 출렁다리와 만지도 섬이 파노라마처럼 펼쳐진다. 바다 위에 길게 누워있는 이 두 개의 섬이 두근거리는 가슴만큼이나 빠른 속도로 점점 더 가까이 다가오더니 마침내 섬나들이호는 연대도 선착장에 닿는다.

1 연대마을 전경
2 연대도 선착장과 출렁다리 **3** 연대도 등대

우리나라 최초의 탄소 제로 섬
에코아일랜드, 연대도

경상남도 통영시 산양읍 연곡리에 딸린 섬 '연대도'는 통영항에서 남쪽으로 18㎞ 떨어진 해상에 위치한다. 섬의 북서쪽 해안 선착장 부근에 마을을 이루고 있으며 면적은 0.79㎢, 해안선 길이 4.5㎞, 최고점은 220m의 연대봉으로 인구 약 80여명이 거주하는 작은 섬이다. 주변에는 만지도와 학림도, 오곡도, 내부지도 등의 섬들이 감싸고 있으며 한려해상국립공원의 일부로 지정되어 있다. 북동쪽 에코체험센터 인근 해안가 일대에 신석기시대의 조개더미인 '통영 연대도 패총 (統營 煙臺島 貝塚 : 국가지정문화재 사적 제335호로 지정)' 발굴현장이 있다. '연대도'라는 섬의 지명은 조선시대 임진왜란 당시 삼도수군통제영에서 왜적의 침입을 알리기 위해 섬의 정상에 봉수대를 설치하고 봉화를 올린 데서 유래되었다고 전한다.

선착장 앞 풍경

우리나라 최초의 탄소 제로 섬 에코아일랜드로 명성을 얻고 있는 '연대도'는 섬을 한 바퀴 에두르는 '연대도 지겟길' 트레킹 코스와 더불어 지난 2015년 1월 22일에 연대도와 만지도를 잇는 출렁다리가 개통되면서 많은 관광객들에게 각광을 받고 있는 곳이다. 선착장 앞에는 '연대도식당' 건물과 흰색건물에 빨강지붕의 멋들어진 공중화장실 등이 차례로 눈에 들어오는데, 주말 오후 시간이라서 그런지 제법 많은 수의 관광객들이 여기저기 무리지어 웅성대고 있었다.

우선 짐을 내려놓기 위해 숙소를 찾아 마을 쪽으로 향하다 보니 공중화장실 옆으로 정자와 야외무대가 보이고 정자 주변으로는 가을빛을 품은 노거수 서너 그루가 눈길을 끈다. 노거수들 옆으로는 '비지터센터(visitor center)'와 마을회관으로 사용하는 2층 건물이 보이는데 이 건축물이 바로 '패시브 하우스(passive house)'라고 하는 건물이다. '패시브 하우스'란 건축물 내부에서 발생되는 재생 가능한 자연 에너지를 최대한 활용하고, 첨단 단열공법을 이용해 에너지의 낭비를 최소화한 에너지 절약형 친환경 건축물을 가리킨다. 섬 내 패시브 하우스는 마을회관과 비지터센터 외에도 경로당, 에코체험센터 등의 건축물이 있다.

1 비지터센터와 마을 회관
2 정자와 야외무대 부근 노거수들
3 연대마을 전경

1 연대도 지겟길 골목
2 담배 가게 문패 **3** 연대도 담배 가게

아기자기 재치 넘치는 문패가 인상적인 연대마을

패시브 하우스 비지터센터 건물 맞은편으로 '연대마을' 표지석이 서 있고 그 뒤쪽으로 연대마을과 연대봉이 그림처럼 펼쳐진다. 비지터센터 옆으로는 벽에 '구들'이라 쓰인 경로당과 '연대도슈퍼', 과일을 판매하는 '바다상회' 등의 건물들이 나란히 늘어서있다. 바다상회 옆으로는 알록달록한 벽화가 그려진 세상에서 가장 아름다운 담배 가게가 있다. 산호빛 바다색을 닮은 예쁜 대문 옆에는 "연대도 유일한 담배집, 가장 오래된 밀감나무와 시원한 우물이 있습니다. 백또성아

할머니댁"이라 쓰인 문패가 붙어있다. 연로하신 어르신들이 주로 이용하시는 경로당과 너무도 잘 어울리는 '구들'이라는 글귀도 그렇거니와 굳이 대문 안을 기웃거리지 않아도 집안에 누가 살고 있는지 어떤 내력과 사연이 있는지를 대충 미루어 짐작할 수 있는 소박하고 재치 넘치는 문패의 문구가 재미있다.

담배 가게 담벼락 옆으로는 '별신대'가 세워져 있는데 별신대란 남해안 별신굿을 모시는 곳으로 마을사람들은 매년 정월 초순에 좋은 날을 받아서 마을의 안녕과 풍어를 기원하는 제를 지낸다고 한다.

담배 가게와 별신대를 지나고 태양광발전소 옆 지겟길 게이트로 향하는 골목을 지나 포구 앞에 자리한 '산토리니펜션'에 마침내 도착했다. 서둘러 무거운 짐들을 내려놓고는 곧바로 출렁다리로 향한다. 다시 왔던 길을 되짚어 나와 선착장 맞은편에 있는 '연대도식당' 오른쪽 골목으로 접어든다.

1 출렁다리와 만지도 전경
2 연대도 포구
3 연대도식당 옆 출렁다리 가는 곳

연대도와 만지도를 잇는 출렁다리

에메랄드빛 바다가
발아래 펼쳐지는 아찔한 출렁다리

길은 곧 데크 계단으로 바뀌는가 싶더니 오른쪽으로 방향을 튼다. 계단을 따라 오르니 갈림길이 나오는데 곧장 가면 출렁다리, 왼쪽 오름길로 오르면 출렁다리를 한눈에 관망할 수 있는 언덕이 나온다. 조금 가파르긴 하지만 몇 발작만 오르면 되니 일단 언덕으로 오르기로 한다. 언덕에 오르니 바다를 내려다보며 쉴 수 있는 벤치가 하나 놓여 있고 오른쪽으로 에메랄드빛 바다 위에 떠있는 만지도와 출렁다리가 한눈에 들어오는데 한 폭의 그림이 따로 없다.

연대도와 만지도를 잇는 이 출렁다리는 길이 98.1m, 폭 2m에 이르는 현수교 형식의 보도교로 지난 2015년 1월 22일에 개통되면서 유명세를 누리고 있다.

다시 언덕을 내려와 본격적으로 출렁다리 탐방이다. 출렁다리 건너편으로는 만지도 선착장으로 향하는 해안산책로가 아스라이 펼쳐진다. 속살이 훤히 내려다보이는 에메랄드빛 바다 위에 놓여있는 출렁다리로 내려서 천천히 걷기 시작한다.

오른쪽 바다 건너편으로는 학림도와 저도 등의 섬들이 길게 누워있고, 그 뒤로 미륵도가 목을 길게 빼고 모습을 보여준다. 앞으로는 만지도와 만지도 선착장으로 향하는 데크 해안산책로가, 왼쪽으로는 내부지도를 비롯한 섬들이 바다 위에 점점이 떠있다. 다리 아래로는 갯바위에 서있는 수많은 낚시꾼들 그리고 속살이 훤히 들여다보이는 투명한 바닷속에는 낚시꾼들을 현혹하는 학꽁치떼가 은빛 비늘을 반짝이며 물살을 거슬러 유영하는 모습이 내려다보인다. 학꽁치떼를 처음 보는 우리들은 그저 출렁다리 위에 서서 탄성만 질러댈 뿐이다.

1 연대도 해안 절벽과 내부지도   **2** 연대도로 향하는 출렁다리

달팽이걸음으로 이런저런 풍경에 눈길 빼앗기다보니 출렁거린다는 느낌도 거의 느껴보지 못한 채 어느새 다리 끝에 다다르게 되었다. 하지만 방심은 금물, 만지도 쪽에서 다가온 한 무리의 관광객들이 출렁다리로 진입하자 갑자기 허리가 휠 정도로 출렁대는 바람에 하마터면 앞으로 고꾸라질 뻔했다. 잠깐의 위기를 넘기고는 다시 평온을 되찾긴 했지만 가슴은 울렁울렁, 머리는 어질어질, 다리 난간을 잡고는 겨우 만지도에 닿는다.

어느덧 태양은 서쪽으로 많이 기울었고 시간은 벌써 오후 4시를 훌쩍 넘기고 있다. 연대도 몽돌해안에서 해넘이를 보려면 아쉽지만 여기서 되돌아가야 한다. 데크 해안산책로 우측 아래로는 손바닥만 한 모래해변이 펼쳐져 우리를 유혹하지만 만지도 해안산책로와 만지도 마을 탐방은 내일로 미루고 다시 출렁다리를 건너 연대도 마을로 되돌아온다.

만지도로 향하는 해안산책로

1 담배 가게 옆 몽돌해안 가는 길
2,3 연대마을의 문패들　**4** 마을 골목길 풍경

제각각의 사연 담은 문패들이 말을 걸어오는 골목길 산책

연대도에서 가장 아름다운 노을을 볼 수 있는 곳은 마을 뒤쪽에 위치한 몽돌해안이나 마을에서 에코체험센터로 향하는 데크 해안산책로 끝에 있는 언덕이라고 한다. 안내 표지판을 따라 알록달록 벽화로 아름답게 치장한 담배 가게 오른쪽 골목길로 접어들자 집집마다 제각각의 사연을 담은 문패들이 담벼락에 붙어 있는 것이 눈에 띈다. 문패는 연대도 지형을 꼭 빼닮은 모양인데, 문패에 쓰여 있는 제각각의 문구들을 하나씩 살펴보며 골목을 누비는 재미도 제법 쏠쏠하다.

점빵집으로 불렸다던 김채기 할머니댁을 지나 '노총각 어부가 혼자 사는 집'이라 쓰여 있는 어촌계장님 댁을 지난다. 이 집에 사는 노총각 어부는 화초를 좋아해서 목부작을 잘 만드는데 말이 없어서 답답할 정도, 하지만 사람은 좋은 집이라고 한다.

단풍 든 담쟁이덩굴

붉은 빛을 토해내는 잎새와 말라비틀어진 담쟁이덩굴이 자연 그대로의 아름다운 벽화로 승화한 예쁜 담벼락을 지나면서 보니 골목길 안에 허름한 집 한 채가 눈길을 사로잡는다.

담쟁이덩굴이 담벼락이며 지붕, 부엌문까지 사정없이 침범했는가 하면 부엌 앞 한쪽 귀퉁이에 반원형의 나지막한 돌담장이 얌전하게 자리하고 있는 모습이 퍽이나 이채로웠다. 아마도 이 예쁜 돌담장이 둘러진 공간은 장독대로 쓰였던 곳이 아니었나 생각된다. 이런저런 소박한 골목안 풍경에 눈길을 빼앗기다보니 당연히 발걸음은 느려지는데 또다시 '돌담이 아름다운 집'을 만나게 된다. 이 독특한 모양새의 집은 전통어가를 그대로 간직하고 있으며 영화 '백프로'에도 나왔다고 한다. 여기서 또 걸음을 멈출 수밖에 없었다. 둥글둥글한 몽돌을 높게 쌓아 올린 돌담은 다소 둔탁하게 보이기는 했지만 윗부분을 빗살무늬로 장식한 모습이 꽤나 인상적이었다.

1 독특한 장독대가 있는 집
2 돌담이 아름다운 전통어가와 골목길 풍경(사진 왼쪽이 전통어가)　**3** 몽돌해안

마침내 마을 골목길을 빠져나와 태양광발전소 앞 양귀비 꽃밭에 섰다. 5월에 붉은 꽃빛으로 물들였던 양귀비꽃은 흔적도 없이 사라지고 연분홍 코스모스 몇 송이만이 바람결에 하늘거린다. 양귀비 꽃밭 뒤쪽 낭떠러지 아래로는 환상의 에메랄드빛 몽돌해변이 펼쳐지고, 옆으로는 데크 전망대가, 전망대 아래쪽으로 또 하나의 몽돌해변이 펼쳐진다. 데크 전망대 한쪽에는 '연대건강 몽돌해변' 표지판이 서있는데 환영인사와 더불어 "우리가 가져온 쓰레기는 물론, 파도가 데리고 온 쓰레기도 함께 데려다가 마을입구 집하장에 모아주시면 참 고맙겠습니다."라는 글귀 아래 붉은 글씨로 다음과 같이 적혀있다.

"아이구 허리야, 너거는 놀고가모 그마이지만 우리는 치운다꼬 억수로 욕본다 아이가." - 동네 할부지들 -

참으로 정겹다. 또 한 편으로는 많이 부끄럽기도 하다. 섬은 그래도 덜한 편이지만 여행객들이 버리고 간 쓰레기더미는 전국 구석구석의 여행지에서 자주 보게 되는데 그때마다 얼굴이 뜨거워지는 수치심과 불쾌감으로 마음 한 구석이 많이 아프다. 후손들에게 남겨야 할 소중한 우리의 자연유산은 우리 스스로가 지켜야 한다. 제발 내가 가져간 쓰레기는 반드시 되가져오는 습관을 기르자!

몽돌해안 노을과 일몰 풍경

에메랄드빛 몽돌해변에 펼쳐지는 황홀한 낙조가 장관

데크 전망대에 서니 작은 탄성이 절로 나온다. 양옆으로 검은 병풍처럼 늘어선 해안 절벽 사이로 바다가 펼쳐지고 저 멀리 수평선과 맞닿은 하늘은 벌써 연주황빛 노을로 물들기 시작했다. 바다 건너 아스라이 보이는 섬들은 꼭 가보고 싶은 섬 '연화도'와 '욕지도'일까? 아님 다른 섬들일까? 암튼 하늘에 짙게 깔린 먹구름이 좀 아쉽기는 하지만 그런대로 운치를 더해준다.

몽돌해안 노을과 일몰 풍경

점점 더 짙은 노을빛으로 변하는 하늘을 바라보며 데크 계단을 따라 몽돌해안으로 내려선다. 계단은 곧 두 갈래로 나뉘고 왼쪽으로는 제법 넓은 몽돌해안이 펼쳐진다. 몽돌해안 앞에는 동그란 섬이 하나 떠 있는데 바로 연대도를 감싸고 있는 섬들 중 하나인 '내부지도'이다. 넓은 몽돌해안을 버리고 붉은 석양이 내려앉는 오른쪽 몽돌해안으로 내려선다.

하루 일과를 끝마친 석양은 먹구름 사이를 비집고 나와 온 세상을 황금빛으로 물들이고, 해안에 깔린 둥근 몽돌들은 먼 바다에서 밀려온 파도가 드나들 때마다 하얀 포말을 만들어내며 챠르르~ 챠르르~ 아름다운 해조음 소리를 낸다. 그리고 잠시 후, 마치 시간이 정지 된 듯 주변은 적막감에 휩싸이고, 석양이 내려앉는 바다와 먹빛 구름 짙게 드리운 하늘은 물론이고 양옆에 버티고 서있는 기암절벽과 해안을 뒤덮은 몽돌들, 하물며 낙조를 바라보고 서있는 나그네들까지도 온통 황금빛으로 물들어 황홀경을 이룬다.

에코체험센터 가는 해안산책로

에메랄드빛 바다 마당처럼 거느린 에코아일랜드 체험센터

마을 오른쪽 해안가에 설치한 데크 산책로 끝에서 나지막한 언덕을 오르면 옛 폐교(조양분교)를 리모델링한 '에코아일랜드 체험센터'가 내려다보인다. '연대도 지겟길'은 이곳 언덕에서 오른쪽으로 이어지지만 체험센터를 둘러보기 위해 왼쪽 데크 산책로로 접어든다. 데크 산책로에는 수백 년은 묵었음직한 곰솔들이 데크 안과 밖에 줄지어 서있는 모습이 고졸한 운치를 더하는데, 그 나무들을 베지 않고 그대로 살려둔 채 데크를 설치한 마을 사람들의 사려 깊음에 큰 박수를 보내고 싶다.

체험센터 마당의 은행나무

데크 산책로는 폐교로 이어지고 폐교 앞으로는 '모래해변'이 펼쳐지는데 반은 모래해변이고 나머지 반은 몽돌해변으로 이뤄진 것이 이채롭다. 해변 건너편으로는 학림도가 손에 닿을 듯 가까이 떠있다. 하늘이 흐린데도 불구하고 물빛은 환상이다. 한여름이라면 파도가 드나드는 해안선을 따라 맨발로 걸어보겠지만 지금은 가을과 겨울사이, 안타깝지만 눈으로 가슴으로만 즐겨 볼 수밖에 없다.

아름다운 쪽빛 바다를 마당처럼 거느린 '에코아일랜드체험센터'로 들어서자 잔디밭에 놓여있는 '스카이 뱅뱅'과 '스카이 붐붐' 이라는 자가발전 시소가 눈길을 끈다. 이 시설들은 운동에너지를 전기에너지로 바꾸는 자가발전 놀이기구들이다. 그 외에도 솜사탕을 만드는 자전거, 자전거 노래방, 스카이 씽씽(자가발전 그네) 등 다양한 체험 시설이 있어 아이들과 함께 프로그램에 참여하면 좋은 추억을 남길 수 있을 것 같다.

'에코아일랜드체험센터'는 옛 조양분교를 '패시브 하우스'로 리모델링한 곳으로 사전 예약자에 한하여 다양한 에코 체험 프로그램을 할 수 있다고 한다. 건물 안에는 숙박시설과 식당, 강의실, 샤워실 등이 있다고 하는데 문이 굳게 닫혀있는 관계로 들어가보지는 못했다. 운동장 끝 바닷가 쪽에는 은행나무들이 서있고 은행나무 아래 놓여있는 벤치와 수북이 쌓여있는 샛노란 은행잎들이 가을의 낭만을 더한다.

1 체험센터 담을 통해서 본 해안
2 에코아일랜드 체험센터
3 체험센터 마당에 놓인 자가발전 놀이기구들
4 체험센터 앞 모래해변

1 다랭이 꽃밭의 라벤더　**2** 지겟길에서 내려다 본 학림도

다랭이밭 올망졸망 늘어선 조붓한 오솔길

이른 봄부터 늦가을까지 다양한 꽃들이 피고 진다는 '다랭이 꽃밭'은 계절이 계절이니만큼 잡초들만 무성하고, 한쪽 귀퉁이에 핀 보랏빛 라벤더 꽃무리만이 허전함을 채워주고 있다. 을씨년스러운 다랭이 꽃밭을 뒤로하고 지겟길 이정표를 따라 언덕으로 올라서면 길은 다랭이밭들이 올망졸망 늘어선 조붓한 오솔길로 이어진다. 새벽이슬로 촉촉하게 젖은 흙길은 푹신푹신 걷기에 좋고 길섶에서는 샛노란 들국화가 방긋 웃고 있다.

오른쪽으로는 연대봉을, 왼쪽으로는 바다를 내려다보며 걷다보니 발아래 에코체험센터와 다랭이 꽃밭, 학림도 등이 한눈에 펼쳐진다. 길은 다시 가파른 오름길로 바뀌더니 수백 년은 묵었음직한 향나무 한 그루가 길을 가로막는다. 향나무 뒤에는 이름 모를 노거수 한 그루가 서있는데 그 자태 또한 예사롭지 않다.

1 다랭이밭 사잇길 **2** 이름 모를 노거수

다시 이어지는 오르막 길을 오르다 뒤를 돌아보니 갑자기 가슴이 확 트이면서 바다 위에 올망졸망 떠있는 크고 작은 섬들이 병풍처럼 펼쳐진다. 길가에 세워져 있는 안내판을 보니 멀리 사량도를 비롯하여 수우도와 화도, 가마섬, 곤리도, 소장군도, 소장두도, 유도, 저도 등의 섬들과 학림도 뒤로 달아 전망대와 미륵산까지 눈에 들어온다. 한려해상국립공원의 중심인 통영 앞바다에는 유인도, 무인도를 통틀어 무려 570개의 섬이 뿌려져 있다고 하던데 이만하면 '섬의 왕국'이라 불릴만하지 않은가.

지겟길에서 내려다보이는 통영의 섬들

지겟길 풍경

동글동글 콩짜개덩굴이 발목 잡는 녹음 짙은 원시림

지겟길은 본격적으로 녹음 짙은 원시림으로 이어진다. 우수수 떨어져 뒹구는 황금빛 낙엽은 늦가을 풍취를 더하고, 길섶에 늘어선 나무, 바위 할 것 없이 닥치는 대로 휘감고 오르는 늘 푸른 덩굴식물 송악과 마삭줄은 가을에서 겨울로 치닫는 황량한 숲을 온통 짙푸르게 물들이며 장관을 이룬다. 한사람이 겨우 지날 정도의 조붓한 오솔길은 뱀처럼 구불구불 뻗어나가고 연대마을까지 1.5km 남았다는 이정표를 지난다.

뺨을 스치는 바람은 봄바람처럼 달콤하고 숲에서 뿜어져 나오는 싱그러움은 몸과 마음까지 맑게 정화시켜 준다. 부드러운 흙길, 바스락바스락 낙엽을 밟으며 걷다보니 나무표피에 비늘처럼 다닥다닥 붙어있는 콩짜개덩굴이 눈에 띈다. 신기한 콩짜개덩굴에 발목 잡혔다. 콩짜개덩굴을 처음 본 일행들은 꼭 집에서 키우는 '트리안' 같다고 신기해하며 연신 셔터를 눌러대기 바쁘다.

콩짜개덩굴은 고란초과의 상록 양치식물로 제주도를 비롯한 남부지방과 섬 지역 등지에 서식한다. 주로 숲 속 바위 표면이나 늙은 나무의 표피에 붙어서 자라며, 잎은 콩짜개 모양의 '영양엽'과 주걱모양의 '포자엽'으로 나뉘며, 포자엽에는 포자낭군이 달린다.

한참을 콩짜개덩굴과 송악 등, 나무를 휘감고 오르는 덩굴식물에 정신 빼앗긴 채 사진놀이를 하다가는 다시 길을 재촉하는데 몇 발자국 걷다보니 정상으로 오르는 이정표가 보인다. 허나 정상으로 가는 길은 풀들이 무성하게 우거져 진입하기가 쉽지도 않거니와 애당초 예정에 없었으니 앞으로 직진이다.

1 콩짜개덩굴로 뒤덮인 나무표피
2 연대봉 정상 갈림길

이정표를 보니 선착장에서 겨우 1.1km를 걸어왔고 앞으로 마을까지 남은 거리는 1.2km이다. 오전 8시 40분경부터 걷기 시작해서 현재 시각이 10시 30분이면 약 두 시간이나 지났는데 겨우 1.1km를 걸어온 셈이다. 에코체험센터와 그 앞 해변에서 너무 많은 시간을 소비하기도 했거니와 이런저런 풍광 그리고 콩짜개덩굴에 넋을 빼앗긴 탓이다. 이제부터 발걸음을 빨리해야겠다며 부지런히 걷기 시작하지만 결국 또 발목을 잡히고 만다.

이번에는 천상의 선녀들이 즐겨 먹었다는 '천선과나무' 열매이다. 뽕나무과 무화과속인 천선과나무는 열매의 생김새는 꼭 무화과와 흡사하나 크기는 훨씬 작다. 또한 열매 모양이 엄마의 젖꼭지와 닮았다고 하여 '젖꼭지나무'라고도 불린다. 노랗게 물든 천선과나무 단풍잎과 빨갛게 익은 열매의 유혹을 뿌리치고 다시 길을 걷기 시작한다. 곧 왼쪽으로 시야가 확 트이면서 길게 누워있는 오곡도와 그 뒤로 여러 섬들이 보이더니 길은 다시 짙푸른 동백나무숲으로 들어선다.

1 바다백리길 이정표, 2 천선과나무 열매

1 콩짜개덩굴로 뒤덮인 바위　2 콩짜개덩굴 포자엽(주걱모양)과 포자낭군(밤색)

별처럼 반짝이는 콩짜개덩굴로 뒤덮인 동백나무숲

동백나무숲은 온천지가 콩짜개덩굴로 뒤덮였다. 동백나무 줄기에도 바위 표면에도 동글동글 콩짜개덩굴이 다닥다닥 붙어있는데 마치 숲에서 진초록빛 별들이 반짝이는 것처럼 보인다. '비진도 산호길'을 걸을 때도 콩짜개덩굴 군락을 보기는 했지만 이처럼 광범위하게 분포되어 있지는 않았는데, 암튼 그 어마어마함에 벌린 입이 좀처럼 다물어지지 않는다.

동백나무숲에는 딱 한 송이의 동백꽃이 수줍은 듯 꽃잎을 벌리고 있다. 귀하디귀한 동백꽃 한 송이를 고이 카메라에 담고서는 다시 발걸음을 재촉한다. 나뭇가지에는 '제발 식물을 채취하지 마셔요'라 쓰인 표지판이 애처롭게 매달려 있다. 자연을 아끼고 사랑하는 것, 자연을 훼손하지 말아야 하는 것은 지극히 당연한 것인데 간혹 그 당연한 것들을 망각하는 사람들이 있어 문제다.

옛날 섬 주민들이 지게를 지고 나무를 하러 오르내렸다는 '연대도 지겟길'은 숨이 턱턱 막힐 정도의 가파른 오름길은 없다. 원시림을 방불케 하는 조붓한 오솔길은 연대봉 5부 능선을 따라 약간의 오르막과 내리막길이 이어지기에 사랑하는 사람들과 도란도란 다정하게 이야기 나누며 걷기에 더없이 좋다. 더구나 쉽게 볼 수 없는 콩짜개덩굴 군락지 그리고 초겨울인데도 가끔 눈에 띄는 순백의 산딸기 꽃과 구절초, 감국, 큰천남성 열매, 천선과나무 열매 등이 있어 지루할 틈이 없다.

1 동백나무 숲
2 구절초
3, 4 지겟길

전망대에서 바라본 오곡도와 비진도 선유봉

들꽃이 보이면 쉬고, 신기한 열매가 보이면 또 쉬고, 그렇게 자분자분 걷다보니 오곡 전망대에 닿는다. 전망대에 오르니 오곡도 섬이 손을 뻗으면 닿을 듯 가까이 보이고 그 뒤로 지난 여름 찌는 듯한 무더위 속에서 걸었던 비진도 선유봉이 우뚝 솟아있다.

1 원시림 지겟길 2 들국화
3 팔손이나무와 옹달샘이 있는 풍경

연대도 지겟길에서 만나는 최고의 전망대, 북바위 전망대

군데군데 천선과나무 잎들이 노랗게 물들인 숲길을 걷다보니 팔손이나무가 서있는 옹달샘이 보인다. 옹달샘을 뒤로하고 구불구불 휘어진 숲길을 지나니 갑자기 시야가 확 트이면서 북바위전망대가 나타나는데 전망대에 서는 순간 가슴이 뻥 뚫리는 청량감이 밀려온다. 먹구름을 비집고 빼꼼히 얼굴을 내민 맑은 햇살 아래 펼쳐지는 망망대해, 그 위에 뿌려진 내부지도와 연화도, 욕지도 등의 크고 작은 섬들이 파노라마처럼 펼쳐진다. 연대도 지겟길에서 만나는 최고의 전망대이다.

좀 전에 지난 오곡 전망대에는 벤치가 없어 아쉽더니 이곳에는 편하게 앉아서 쉴 수 있는 벤치도 하나 놓여있다. 마을입구까지는 이제 0.6km 남았으니 거의 다 온 셈이다. 잠시 앉아 아름다운 한려수도의 푸르른 바다풍광을 감상하며 여유로움을 즐겨본다.

전망대를 지나면서 좀 가파른 내리막 계단이 이어진다 싶더니 다시 길은 평탄해지고 전면으로 연대도 마을과 만지도가 시야에 들어온다. 끝이 없을 것 같았던 지겟길의 끝이 보이는 순간이다. 와! 마을이다. 이제야 안도의 한숨을 쉬며 발걸음의 속도를 조금 늦춘다. 이름 모를 덩굴들로 뒤덮인 나무터널을 지나자 어제 해질녘에 멋진 석양을 즐겼던 몽돌해안과 만지도가 왼쪽 산비탈 너머로 얼핏 모습을 드러낸다. 구불거리는 숲길은 다시 이어지고 몽돌해안도 잠시 자취를 감춘다. 가끔 시야가 트이고 먹구름 사이로 투명한 햇살이 반짝 내리쬘 때는 발걸음이 절로 멈춰지지 않을 수 없다. 그냥 멍하니 서서 바다만 내려다 봐도 행복하다. 하늘과 자연이 주는 축복이고 선물이다.

1 북바위 전망대
2 덩굴터널 **3** 만지도와 몽돌해안

에메랄드빛 물빛을 자랑하는 몽돌해안 전경

에메랄드빛 바다
선물처럼 안겨주는 몽돌해안

다시 숲이 열리고, 마을 뒤쪽에 있는 몽돌해안이 드디어 코앞으로 다가왔다. 때마침 먹구름을 헤집고 나온 햇살은 바다에 내려앉아 남해바다 특유의 에메랄드빛 물빛을 선물처럼 안겨준다. 에메랄드빛 찬란한 바다를 품은 채 소나무들을 머리에 이고 있는 손바닥만 한 섬 그리고 그 섬과 본섬을 이어주는 몽돌해안이 한데 어우러진 모습은 한 폭의 그림이 따로 없다. 애초에 오늘 아침 지겟길 걷기를 시작하면서 소원했던 대로 몽돌해안의 찬란한 물빛을 볼 수 있어서 참으로 다행이다.

촉촉한 진록빛 바람이 온몸을 휘감는 대나무 숲을 지나고 태양광발전소 바로 옆에 있는 '연대도 지겟길' 게이트를 빠져나오자 눈부시게 푸른 하늘과 만지도 그리고 발아래 연대도 마을이 시원스레 펼쳐진다. 갑자기 가슴은 뻥 뚫리고 후련함과 성취감, 안도감이 동시에 밀려온다. 지금 시각은 12시 30분, 지겟길을 걷는데 꼬박 4시간이 걸렸다. '연대도 지겟길' 구간은 총 2.3km, 1시간 30분에서 2시간이면 충분하다고 했는데 오늘도 변함없이 남들보다 두 배는 더 걸린 셈이다. 어마어마한 콩짜개덩굴 군락에 혼을 빼앗기고 천선과나무 열매에 발목 잡히고 어린 시절 이야기로 웃음꽃을 피우다보니 결국은 너무 많은 시간을 허비할 수밖에 없었다.

1 대나무숲　2 연대마을과 만지도
3 게이트에서 본 연대마을

연대섬펜션식당의 모듬회

섬에서 즐기는 싱싱한 자연산회 한 접시

섬에 들어왔으니 싱싱한 자연산회를 맛보지 않을 수 없다. 오늘 섬에서의 마지막 만찬은 생선회이다. '연대도섬펜션'에서 운영하는 횟집이 숙소 바로 앞에 있다. 볼락, 농어, 돔으로 구성된 모듬회만 주문하면 50,000원, 매운탕과 밥을 추가하면 15,000원 더해서 65,000원이라고 한다. 그런데 일행이 세 명이라고 하니까 일인당 20,000원이면 회를 포함 매운탕과 밥까지 나온다고 하길래 망설일 것도 없이 사장님이 추천하는 메뉴로 주문한다.

먼저 모듬회 한 접시에 상추와 풋고추, 마늘, 양파, 초고추장, 와사비장 등이 나오고 나중에 매운탕과 공기밥, 볼락조림, 깻잎장아찌, 고추장아찌, 양파장아찌, 풀치무침 등이 정갈하게 차려져 나오는데 싱싱 쫄깃함을 자랑하는 회는 물론이고 육지에서 쉽게 맛볼 수 없는 볼락조림과 풀치무침은 정말 일품이다. 풀치는 처음 맛보는데 새끼갈치 말린 것이라고 한다.

이번 연대도 섬 여행은 이래저래 아쉬움이 많이 남는 여행이다. 하룻밤 더 묵으며 출렁다리 건너 만지도 마을과 이웃섬인 학림도까지 둘러보고, 나가는 길에 통영항과 한려수도의 비경을 한눈에 조망할 수 있는 '미륵도 케이블카'도 타보고, 달아전망대에서 통영 최고의 낙조까지 보고 간다면 더할 나위 없이 좋으련만 오후부터 며칠간 계속 비가 내린다는 일기예보 때문에 아쉽지만 서둘러 돌아가기로 한다.

잠시 맑게 개었던 하늘은 다시 어두워지고, 급기야는 빗방울까지 뿌려댄다. 2시 30분 출항 예정인 여객선은 40분이 다 되어서야 도착하고, 서둘러 떠밀리듯 섬을 빠져나온다.

1 만지마을로 향하는 해안산책로 **2** 만지도 선착장과 마을

연대도 주요 핵심정보

연대도는 우리나라 최초의 '탄소 제로 섬' 에코아일랜드로 주목을 받고 있는 섬이다. 때 묻지 않은 순수 자연의 아름다움과 소박한 섬사람들의 이야기를 직접 보고 느낄 수 있는 '한려해상 바다백리길' 중 4구간인 '연대도 지겟길'과 낭만과 스릴이 넘치는 출렁다리 그리고 물빛 고운 몽돌해안을 품고 있다.

'연대도 지겟길' 구간은 총 2.3㎞, 약 1시간 30분에서 2시간 정도 소요되는 원점회귀형이다. 선착장을 시작으로 연대마을 → 에코체험센터 → 다랭이밭 사잇길 → 원시림 → 연대봉 정상 갈림길 → 콩짜개덩굴 군락지 → 오곡전망대 → 옹달샘 → 북바위전망대 → 몽돌해변 조망점 → 태양광발전소를 지나 연대마을로 되돌아와도 되고 연대마을에서 태양광발전소 옆 게이트를 지나 반대방향으로 돌아도 된다.

에코체험센터 바로 옆에 꽃양귀비, 수레국화, 벌노랑이, 벌개미취, 구절초 등등의 다양한 꽃들이 피고 지는 '다랭이꽃밭'이 있는데 5월이면 붉은 양귀비꽃이 피어 황홀경을 이룬다고 한다.

이웃 섬 만지도(晩地島)와는 2015년 1월 보도교(일명 출렁다리)가 완공되면서 출렁다리를 건너 만지도까지 손쉽게 다녀올 수 있을 뿐만 아니라 독특한 경관과 낭만, 바다 위를 걷는 듯한 아찔한 스릴까지 선사한다.

섬과 섬을 잇는 이 출렁다리는 연대도 여행길에 꼭 한번 건너봐야 할 다리이다. 또한 마을 뒤편에 에메랄드빛 물빛을 자랑하는 몽돌해안이 있는데 이곳에서 바라보는 노을이 장관이다. 놓치지 말고 꼭 챙겨보도록 하자.

- 탄소제로 섬을 꿈꾸는 에코아일랜드 '연대도'로 가려면 통영 미륵도 남단에 위치한 달아 선착장으로 가야 한다. 서울에서 대중교통을 이용할 경우 서울고속버스터미널이나 서울남부버스터미널에서 통영종합버스터미널로 이동 후에 바로 옆에 있는 시외버스터미널 정류장에서 달아마을까지 일반버스(530번, 536번)를 이용하면 된다.

- 달아 선착장에서 연대도로 가는 배편은 정기여객선 '섬나들이호'와 주말과 공휴일에만 운항하는 '진영호'가 있다. 산양읍 5개 섬을 오가는 차도선 '섬나들이호'는 1일 4회~11회(주말과 공휴일) 운항, 소요시간은 약 30분정도 걸리고, 연대도 직항 '진영호'는 1일 7회 운항, 약 15분정도 걸린다. '섬나들이호'는 저림연곡도선운영회에서 운항하는 정기여객선으로 승객 40명, 차량 2대를 선적할 수 있는 33톤급 소형카페리이다.

- 주말과 공휴일에만 운항하는 진영호 배편 이용시 주의할 점은 반드시 타고 들어갔던 배로 되돌아 나와야 한다는 점이다. 섬에 머무는 시간은 약 3시간~3시간 30분정도 여유를 준다. 섬나들이호 주말 배편 또한 나오는 시간이 정해져 있다(단, 섬에서 투숙 할 시는 예외).

※ 통영종합버스터미널에서 달아항(달아마을) 가는 버스 : 530, 536(소요시간 약 1시간 10분)

교통편 및 배편 정보 (2017년 4월 기준)

배편 달아 선착장 ⇌ 연대도

달아 선착장에서 연대도행

◯ 정기 여객선 '섬나들이호'

문의전화(섬나들이호 매표소) : 055-643-3363, 055-644-3364

주소 : 경상남도 통영시 산양읍 미남리 822-14

운항정보 및 운항시간, 요금
- 평일 : 1일 4회(07:50 / 11:10 / 14:10 / 16:10)
- 주말과 공휴일 : 1일 11회(07:50 / 09:00 / 10:00 / 11:10 / 12:00 / 13:00 / 14:10 / 15:00 / 15:30 / 16:10 / 17:10)
- 소요시간 약 30분
- 요금(편도) : 일반 4,000원, 초중고 2,500원

※ 학림도, 송도, 저도, 연대도, 만지도 순으로 운행된다.
※ 운항시간 변경 또는 기상악화 시 결항될 수 있으니 반드시 매표소에 확인
※ 매표시 전원 신분증 제시

◯ 진영호(주말과 공휴일에만 운항)

운항정보 및 운항시간, 요금
- 주말과 공휴일 : 1일 7회(08:30 / 09:30 / 10:30 / 11:30 / 12:20 / 13:20 / 14:20)
- 소요시간 약 15분
- 요금(편도) : 일반 4,000원, 초중고 2,500원

※ 진영호 이용시 유의할 점 : 반드시 타고 들어갔던 배편으로 되돌아 나와야 한다(승선표에 출도시간 확인).

숙소 및 식당 정보

선착장 입구에 연대도식당이 있으며 주변에 출렁다리횟집 등 민박집에서 운영하는 노상 횟집들이 있다. 그 외에 라면과 에스프레소, 아메리카노 커피 등을 파는 슈퍼와 바다상회 등이 있다. 숙박은 몇몇 새로 지은 펜션과 민박집들이 있다. 자세한 정보는 연대도 홈페이지(www.yeondaedo.com)에서 알아볼 수 있다.

· 연대도

연대도출렁다리펜션(+식당)   055-643-7150, 010-8014-7151

연대도섬펜션(+식당)   055-642-5511/ 010-4557-5511

※ 모둠회 50,000원(매운탕, 공기밥 추가시 +15,000원)
※ 농어, 볼락, 전어, 숭어 등의 생선회와 해삼, 멍게모둠은 2~3만원

산토리니펜션   055-648-5000/ 010-9397-5000

연대도맑은뜨락   010-3833-3756

숙이네민박   055-643-7139

팔도민박   055-643-7174, 010-7420-7174

연대도식당(민박)   010-4871-2276, 010-4572-2277

※ 아침, 점심, 저녁 식사 가능(백반 8,000원)

· 통영 강구안

원조밀물식당(통영 강구안 맛집 추천)   055-643-2777

※ 멍게비빔밥 10,000원, 멍게전골(소) 30,000원

추가 정보

여행 참고 사이트

통영시 문화관광   www.utour.go.kr
통영 섬여행   www.badaland.com
한려해상 바다백리길   www.ecotour.knps.or.kr
에코체험센터(055-649-2263, 예약필수)   www.yeondaedo.com